介護福祉士養成課程・介護職等のための

医療的ケア

柊崎京子・荏原順子　編著

はじめに

　介護福祉士の資格は，昭和63（1988）年に施行された「社会福祉士及び介護福祉士法」によって誕生した。これまで，介護福祉士は生活モデルの視点に立った実践を通し，要介護者のニーズに応じた「生活支援」の役割を担ってきた。そして現在，介護福祉士を取り巻く状況は資格創設時に比べて大きく変化している。資格取得後のキャリアパスの整備という点からは，職業能力を評価する「キャリア段位制度」が平成24年度から開始され，介護福祉士の上位資格として「認定介護福祉士」（仮称）の創設が目指されている。また，認知症高齢者に対する専門的支援，予防や看取り，障害者の状況に応じた生活支援や自立支援など，社会的な要請に応えるための実践能力の向上も求められている。

　こうした中，介護福祉士および一定の研修を受けた介護職員等においては，一定の条件下で「喀痰吸引等」の医行為が実施可能となった。介護福祉士養成課程における領域「医療的ケア」は，この「喀痰吸引等」の教育を目的としている。

　本書は，喀痰吸引等が医行為であることを踏まえ，安全な実施に必要な知識・技術・価値の修得を目的に執筆した。喀痰吸引は医行為であるとともに，生活支援に必要な行為であることを認識の出発点としている。

　付録のDVDには，喀痰吸引等の実施手順のほかに，自宅での生活を支援するホームヘルパーの仕事の様子を収録している。喀痰吸引等の研修（第3号研修）を受けたホームヘルパーが，生活の流れの中で，必要に応じて喀痰吸引等を手順に沿って行っているのを知ることができる。同時に，素晴らしい生活支援の実践を知ることもできるであろう。喀痰吸引等の安全な実施と豊かな生活支援は別の目的のもとにあるのではなく，生活・人生を支援する目的においては同じなのである。本書の根底にある考え方は次のとおりである。

①医師・看護職との連携のもとで，喀痰吸引等を安全・適切に実施できるよう，手技・手順にとどまらず，実施の根拠となる知識・技術・価値を修得することが大切である。
②安全な医療的ケアの実施は，人間の生活・人生を支援することである。

　本書は上記の目的で執筆・編集されたが，教育が始まって間もないため，本書の不十分な点は今後の課題としたい。そして，生活モデルを基盤にした介護福祉の実践や，生活支援における医療的ケアの実施という視点も踏まえ，医療的ケアの教育に関する検討を重ねていきたい。

編　者
2015年2月

目次

解説編

I. 介護福祉士が行う医療的ケアの根拠と基礎

第1章 医療的ケアを学ぶために …… 2
1. 生活を支援する介護福祉 …… 2
2. 医療的ケアを学ぶ目的 …… 2
3. 「医療的ケア」「喀痰吸引等」の用語 …… 5
4. 高齢者人口の増加と医療的ケアニーズの増加 …… 6
5. 障害者（児）の医療的ニーズ …… 7
6. 医療的ケアをめぐる歴史的変遷 …… 8
7. 介護福祉士の定義に追加された「喀痰吸引等」 …… 10

第2章 喀痰吸引等の安全な実施 …… 12
1. 介護職と医行為 …… 12
2. 医行為 …… 12
3. 喀痰吸引等を実施するための教育・研修 …… 14
4. 喀痰吸引等の実施場所 …… 17
5. 喀痰吸引等の実施の実際 …… 17
6. 記録と報告，連携 …… 19

第3章 保健医療制度とチーム医療 …… 20
1. 保健医療に関する制度 …… 20
2. チーム医療と介護職との連携 …… 24

第4章 介護における生活支援と介護の倫理 …… 29
1. 介護における生活支援 …… 29
2. 医療的ニーズのある利用者の暮らしと介護 …… 29
3. 個人の尊厳と自立 …… 31
4. 介護の倫理と医療の倫理 …… 31

第5章 健康状態の把握 …… 36
1. 健康とは …… 36
2. 平常の健康状態の観察 …… 37
3. バイタルサイン …… 38
4. バイタルサイン測定 …… 38
5. バイタルサインの正常と異常 …… 42
6. バイタルサインの記録 …… 42
7. 急変状態 …… 42

第6章 清潔保持と感染予防 …… 46
1. 医療における清潔の意味 …… 46
2. 感染予防 …… 47
3. 消毒と滅菌 …… 50
4. 介護職自身の健康管理 …… 53
5. 療養環境の清潔，消毒法 …… 57

II. 喀痰吸引・経管栄養の基礎知識と実施手順

第7章 呼吸の働きと喀痰吸引 ... 61

1. 呼吸のしくみと働き ... 61
2. 呼吸の苦しさがもたらす苦痛と障害 ... 64
3. 喀痰吸引とは ... 65
4. 呼吸器系の感染と予防 ... 68
5. 喀痰吸引により生じる危険の種類 ... 69
6. 人工呼吸器と吸引 ... 69
7. 吸引を受ける利用者や家族の気持ちと対応 ... 76
8. 日常生活におけるケア ... 79

第8章 喀痰吸引の実施手順 ... 82

1. 喀痰吸引の必要物品 ... 82
2. 吸引器・器具・器材のしくみ ... 83
3. 必要物品の清潔保持（消毒薬，消毒方法）... 85
4. 喀痰吸引の技術と留意点 ... 85

第9章 食事と経管栄養 ... 94

1. 生命維持における食事と消化の重要性 ... 94
2. 食事行為と消化機能 ... 94
3. 経管栄養とは ... 98
4. 注入する内容に関する基礎知識 ... 100
5. 経管栄養実施で起こりうるからだの異常 ... 101
6. 経管栄養を受ける利用者や家族の気持ちと対応，説明と同意 ... 102
7. 日常生活におけるケア ... 103

第10章 経管栄養の実施手順 ... 105

1. 経管栄養の必要物品 ... 105
2. 挿入部の清潔と消毒 ... 105
3. 経管栄養の技術と留意点 ... 107

第11章 子どもの医療的ケア ... 114

1. 医療的ケアの必要な子ども ... 114
2. 喀痰吸引が必要な子ども ... 115
3. 経管栄養が必要な子ども ... 115
4. 家族・地域・社会の支援と連携 ... 117

III. リスクマネジメントと緊急時の対応

第12章 リスクマネジメントと喀痰吸引等の安全な実施 ... 118

1. 介護の現場とリスクマネジメント ... 118
2. リスクマネジメントのプロセス ... 120
3. 事故報告 ... 128

第13章　救急蘇生法 ……………………………………… 129

　1. 救急蘇生法 ……………………… 129　　3. 応急手当 ……………………… 131
　2. 一次救命処置の方法 …………… 130

演習編

喀痰吸引

口腔内・鼻腔内吸引（通常手順）………………………………………… 136

気管カニューレ内部吸引
（通常手順）（人工呼吸器装着者：侵襲的人工呼吸療法）……………… 151

経管栄養

経鼻経管および胃ろう（腸ろう）による経管栄養
【液体栄養剤の場合】………………………………………………………… 167

胃ろう（腸ろう）による経管栄養
【半固形化栄養剤の場合】…………………………………………………… 179

救急蘇生法（一次救命処置）……………………………………………… 190

チェックリスト ……………………………………………………………… 196

索　引 ………………………………………………………………………… 205

解 説 編

Ⅰ. 介護福祉士が行う医療的ケアの根拠と基礎

Ⅱ. 喀痰吸引・経管栄養の基礎知識と実施手順

Ⅲ. リスクマネジメント緊急時の対応

Ⅰ. 介護福祉士が行う医療的ケアの根拠と基礎

第1章 医療的ケアを学ぶために

- 医療的ケアを学ぶ目的について理解できる。
- 利用者の医療的ニーズと医療的ケアが必要な背景について説明できる。
- 介護福祉士の定義に追加された「喀痰吸引等」の内容について説明できる。
- 介護福祉士が医療的ケアを行うための根拠となる法律について理解する。

1. 生活を支援する介護福祉

　「生活」という言葉には,「生きていること」「暮らしていること」「暮らしていくこと」などの意味がある。生活のありようは誰一人として同じではない。また,同じ人間でも年齢,社会的役割,心身の状態,意思などによって生活は変化する。生活には個別性・多様性があるが,介護福祉士は身体介護や家事援助,相談・助言,レクリエーションや外出などの支援といった方法で利用者それぞれの生活を支援している。

　介護福祉士の実践では,介護を要する人の個人の尊厳を保持し,その人らしく生活していけるような自立支援を行うことが大切である。ここで学ぶ医療的ケアは,人間の生活にかかわる行為である。介護福祉士としてどのような視点をもって医療的ケアを行うのか,介護サービス利用者で医療的ニーズのある人にどのような生活支援ができるのかを,これからの学習を通して考えてほしい。

2. 医療的ケアを学ぶ目的

事例

　Aさん(85歳,男性)は,妻と二人暮らしである。脳梗塞で入院,治療後に,住み慣れた生活環境で家族関係を維持しながら生活を送りたいと希望し,介護保険法の地域密着型サービスに位置づけられる小規模多機能型居宅介護の施設を利用している。サービスの利用状況は,週3回の「通い」,随時の「訪問」,週1回の「宿泊」である。
　Aさんは,脳梗塞後遺症により嚥下反射や咳嗽反射が低下している。最近は,唾液を飲み込めずに口角から出たり,食後に痰や咳が増える。また,自分で痰を出すことが十分にはできない。
　「喀痰吸引等」の研修を受けた介護職は,Aさんの自宅で訪問介護を行う際や,Aさんが施設を利用する際に,喀痰吸引を行っている。

第 1 章 ◆ 医療的ケアを学ぶために

1 日常生活における介護と医療の必要性

　Aさんは喀痰吸引を常時必要とし、介護サービスを利用しながら地域で生活している。介護サービス利用者はさまざまなニーズを有しているが、高齢や障害があるために医療と関連するニーズも多い。これらのニーズは、本人が自宅や施設などの生活の場所で日常生活を営み、生活を継続するために必要な事柄である。

　今後の高齢社会では、Aさんのように医療的なニーズがある高齢者世帯の利用者や、認知症を有する人の増加が見込まれる。そのため介護サービス提供の場では、病院で行われる治療目的の医行為ではなく、日常生活を継続するためのニーズとして医療的ケアが求められている。

2 地域包括ケアシステムの構築と介護職の課題

　高齢者の多くは慢性疾患があり、医療と介護の両方を必要としていることが多い。Aさんは脳梗塞で入院した後に退院し、自宅で生活している。多くの人はこのように入院、退院（在宅復帰）の過程をたどるが、その人にとって必要な医療・介護サービスが切れ目なく提供されることは大切である。

　国は、各サービスが地域で包括的・継続的に提供される仕組みである「地域包括ケアシステム」[*1] の実現に向けた取り組みを進めている。そのひとつに「医療と介護の連携強化」があり、「24時間対応の定期巡回・随時対応型訪問介護看護」の創設などが実施されている。また、「介護人材の確保とサービスの質の向上」にも取り組まれており、「介護福祉士や一定の教育を受けた介護職員等によるたんの吸引等の実施」は、これらの取り組みに位置づけられる。

　「地域包括ケアシステム」は、単語を結合した複合語だが、ケアのあり方を示している[1]。「地域」の言葉には、サービスを利用・提供する場として日常生活圏内が想定されており、地域でケアを行うという意味もある。「包括」は、利用者のニーズに応じて保健・医療・福祉サービスを一体的・総合的に提供するケアの考え方である。「システム」は、地域で包括的ケアを提供する仕組みを意味するが、効果的なサービス提供のための連携の仕組みや、関係機関の組織化、地域づくりなど、複数の要素が含まれる。

　このように、利用者のニーズに応じて必要なサービスを一体的に提供する仕組みが地域で進められている。そして、「包括的ケア」は、サービスの継続性、柔軟性、効率性、適切性などの観点から進められており、地域包括ケアの提供体制の充実に向け、介護職が介護に加えて医療的ケアを担う重要性も生じている。

　医療的ケアを学ぶ人たちは、他科目で介護の知識や技術、価値についてすでに学んでいる。生活支援で大切にしたい考え方や生活支援の知識・技術として学習した内容を活かすことは、介護職の立場で生活支援をどう行うかの基本である。例えば、Aさんが利用する小規模多機能型居宅介護では、利用者の在宅での24時間365日の生活を支えるために、通い・訪問・宿泊を組み合わせて柔軟なサービスを提供している。通い・訪問・宿泊に対応するためには、認知症や身体疾患に基づく生活障害を理解した支援技術だけでなく、身体介護、家事援助、生活機能の維持向上や活動・参加を支援するレクリエーション（アクティビティ）、リハビリテーションなどの知識・技術が必要である[1]。医療的ケアだけが重視されているわけではないということを心にとめておきたい。

*1 **地域包括ケアシステム**：国は平成37（2025）年を目途に、重度の要介護状態になっても可能な限り住み慣れた地域で自分らしい暮らしを人生の最期まで続けることができるよう、住まい・医療・介護・予防・生活支援が一体的に提供される地域包括ケアシステムの構築の実現を目指している。

3 求められる介護実践

国は、介護福祉士の人材養成に関する目標を、「求められる介護福祉士像」として以下のように示している。

求められる介護福祉士像
1. 尊厳を支えるケアの実践
2. 現場で必要とされる実践的能力
3. 自立支援を重視し、これからの介護ニーズ、政策にも対応できる
4. 施設・地域（在宅）を通じた汎用性ある能力
5. 心理的・社会的支援の重視
6. 予防からリハビリテーション、看取りまで、利用者の状態の変化に対応できる
7. 多職種協働によるチームケア
8. 一人でも基本的な対応ができる
9. 「個別ケア」の実践
10. 利用者・家族、チームに対するコミュニケーション能力や的確な記録・記述力
11. 関連領域の基本的な理解
12. 高い倫理性の保持

(社会保障審議会福祉部会：介護福祉士制度及び社会福祉士制度の在り方に関する意見. 2006年12月12日)

求められる介護福祉士像は、社会が介護福祉士に対して求める役割や資質を表している。それは、国が目指す制度やケアモデルに対応するために、介護福祉士が身につけるべき能力や、実践のあり方を示すものでもある。

具体的には、利用者の尊厳保持や自立支援、施設や地域で実践できる能力、利用者の状態の変化に対応できることなどが12項目に整理されている。私たちが「医療的ケア」を学ぶ目的も、この12項目に示された能力を身につけたり、実践のあり方を具現化するためであるといってもよいであろう。

4 利用者のニーズに対応するために学ぶ医療的ケア

利用者にとっては、ニーズに応じた柔軟なサービスの提供や、ニーズへの対応のあり方が重要である。

小規模多機能型居宅介護を利用しているAさんのニーズに対応して、介護職は施設やAさんの自宅で喀痰吸引を行っている。Aさんは、なぜ食後に痰や咳が増えるのか、なぜ痰を吐き出せないのか。介護職は、他科目で学んだ知識を活かして、医療的ケアを必要とする人の個別の状況を理解することが大切である。

また、介護職は喀痰吸引をどのような条件下で行っているのか、安全・適切に実施するためにはどのような点に留意し、どのような方法で行えばよいのか、実施の基礎となる事柄も知っておく必要がある。

本項は、**喀痰吸引等**の医療的ケアの実施が求められる背景、実施できる条件、安全な実施のために必要な知識・技術、利用者の生活支援の中でどのように実施するかの考え方などについて述べている。利用者のニーズへの対応、介護における生活支援のあり方を考えつつ、学びを深めてほしい。

3. 「医療的ケア」「喀痰吸引等」の用語

1 医療的ケアのさまざまな定義

　本書の書名である「医療的ケア」という言葉は，どのような意味で用いられているのだろうか．実は，医療的ケアの定義は定まっておらず，使用する人によって異なる場合がある．例えば，「医療的ケア」の定義には，次のようなものがある．

> **定義1**：経管栄養・吸引などの日常生活に必要な医療的な生活援助行動を，治療行為としての医療行為とは区別して「医療的ケア」と呼ぶ．
> （日本小児神経学会：学校教育における「医療的ケア」の在り方についての見解と提言．2002年10月15日）
> **定義2**：「医療的ケア」とは，急性期における治療行為としての「医行為」とは異なり，経管栄養・吸引・摘便などの日常生活に不可欠な生活援助行為であり，長期にわたり継続的に必要とされるケア．
> （全国身体障害者施設協議会：障害者支援施設等における医療的ケア実践ハンドブック（暫定版），2009）

　2つの定義に共通する点は，医療的ケアは，①医療的な行為である，②治療目的の行為ではない，③人が日常生活を送るうえで必要な行為である，④日常生活を支援するための生活支援行為である，ということである．つまり，医療的ケアは**医療的な行為**であるが，その行為を必要とする人にとっては「日常生活を送る」ために必要であり，その行為を行う者（介護者など）にとっては**生活支援**の目的があると考えることができる．

　一方，2つの定義には，「行為」として例示した内容に違いがある．定義1の行為の範囲は「経管栄養・吸引など」である．定義2は，「経管栄養・吸引・摘便など」である．そして両者とも「など」が用いられている．「など」に含まれる行為は明らかではないため，これ以外にも複数の行為を含むことが可能な表現となっている．

2 本書での用語「医療的ケア」「喀痰吸引等」について

　先の定義は学会や団体が示したものであるため，これらの定義に含まれる意味内容を，現代社会における共通理解とすることは可能であろう．しかし，医療的ケアという言葉はあらゆるところで用いられている反面，法律で定義されているわけではない．

　法律関係で唯一用いられている「医療的ケア」は「社会福祉士及び介護福祉士法施行規則等の一部を改正する省令」（厚生労働省令第132号，2011年10月21日）である．この中で，医療的ケアとは，「社会福祉士及び介護福祉士法」の第2条に示された行為をいう．つまり，ここでは「喀痰吸引等」と記され，その範囲は「喀痰吸引」「経管栄養」となっている．

　本書では「医療的ケア」「喀痰吸引等」の2つの用語を用いており，これ以降この2つの言葉を使用する場合は，法律で指定された範囲の行為をさす．

　先に述べたように，医療的ケアの用語は現行の法律で示している範囲よりも広い行為や視点を含んでいることがある．そのような広い意味で医療的ケアを本書で使用する場合は，何らかの説明を書き添えることとする．

4. 高齢者人口の増加と医療的ケアニーズの増加

1 高齢化の現状と将来推計

(1) 高齢化率の上昇と高齢者世帯の増加

「平成26年度版高齢者白書」によると，平成25（2013）年10月1日現在の総人口に占める65歳以上人口の割合（高齢化率）は25.1％（前年24.1％）に上昇した。このうち，「75歳以上人口」（後期高齢者）は，総人口の12.3％である。また，65歳以上の高齢者のいる世帯は全世帯の43.4％を占める。その内訳は，単独世帯（23.3％），夫婦のみ世帯（30.3％）で過半数を占めている（2012年現在）。

(2) 日本の将来推計人口

平成24（2012）年に国立社会保障・人口問題研究所が発表した「日本の将来推計人口」によれば，今後の日本は次のようになることが推計されている[2]。

① 9,000万人を割り込む総人口：2010年の総人口は1億2,806万人であったが，2048年には1億人を割り，2060年には8,674万人になる。

② 2060年には，4人に1人が75歳以上：高齢者人口は増加を続け，2042年をピークにその後は減少する。総人口が減少する一方，高齢者が増加することにより高齢化率は上昇し，2060年の高齢化率は39.9％（国民の2.5人に1人が65歳以上）となる。2060年，総人口に占める75歳以上の割合は26.9％（国民の4人に1人が75歳以上）になると推計される。

③ 現役世代1.3人で高齢者を支える社会：現役世代の人口減少と高齢化率の上昇により，2060年には，1人の高齢者を現役世代1.3人で支える社会になる。

2 医療的ニーズの高い要介護高齢者の増加

(1) 介護保険施設利用者の重度化傾向

介護保険施設における「要介護度別在所者数」の構成割合をみると，介護老人福祉施設（特別養護老人ホーム）と介護老人保健施設の利用者の要介護度は，2012年現在**表1-1**のとおりである。

介護保険施設の利用者の要介護度は重度化の傾向にあり，介護老人福祉施設では「要介護5」が35.3％と最も多い。高齢者は複数の慢性疾患を有していることも多く，要介護度が上がるに従い医療的なニーズも高くなる傾向がある。

(2) 介護老人福祉施設利用者の医療的ニーズ

全国の特別養護老人ホームを対象とした平成23（2011）年の調査結果による，特別

表1-1 介護保険施設利用者の要介護度別の割合

	要介護1	要介護2	要介護3	要介護4	要介護5
介護老人福祉施設	3.0%	8.6%	20.5%	32.6%	35.3%
介護老人保健施設	9.7%	18.1%	24.1%	27.0%	21.0%

（厚生労働省：平成24年介護サービス施設・事業所調査結果の概要. 2014より引用）

表1-2 特別養護老人ホームの利用者の医療的なケア内容

・吸引（咽頭手前までの口腔内） ・吸引（鼻腔） ・吸引（咽頭より奥または気管切開） ・気管切開のケア ・人工呼吸器の観察 ・酸素療法（酸素吸入） ・ネブライザー ・経鼻経管栄養 ・胃ろうによる経管栄養	・導尿 ・膀胱（留置カテーテル）の管理 ・浣腸 ・摘便 ・人工肛門（ストーマ）のケア ・創傷処置 ・褥瘡の処置（Ⅰ度・Ⅱ度） ・褥瘡の処置（Ⅲ度・Ⅳ度） ・服薬管理（麻薬の管理除く）	・インスリン注射 ・疼痛管理（麻薬の使用あり） ・疼痛管理（麻薬の使用なし） ・点滴 ・中心静脈栄養（ポートを含む） ・持続モニターの管理（心拍・血圧・酸素飽和度など） ・その他

（三菱総研：特別養護老人ホームにおける医療的ケアの提供体制に関する調査研究事業報告書（平成22年度厚生労働省老人保健事業推進費等補助金事業），p.69，2011 をもとに作成）

養護老人ホームの利用者が必要とする医療的なケア内容を**表1-2**に示す。この調査での「医療的ケア」には，喀痰吸引や経管栄養以外の行為も含まれている。つまり，看護職などの医療関係者が行う業務も含んでいる。また，これら医療的ケアが必要な入所者数は，1施設当たり平均40.95人（57.3％）であった（入所定員の平均は71.47人）。このことから，介護老人福祉施設の利用者の約6割が何らかの医療的ニーズを有していること，その医療的ニーズは多様であることが推測できる。

5. 障害者（児）の医療的ニーズ

1 障害者の場合

「**障害者総合支援法**」[*2]における「障害者」とは，身体障害者，知的障害者および精神障害者（発達障害者を含む），政令で定める**難病**[*3]により障害がある人である。医療的ニーズの高い人は，特に身体障害や難病のある人に多い。身体障害の原因や難病の原因疾患は多様であり，原因によって身体の機能や健康状態は異なる。

例えば，身体障害である脊髄損傷が「完全損傷」の場合は，損傷部位以下には脳からの命令は届かず，運動機能が失われる。また，感覚情報を脳へ送ることができなくなるため，感覚機能も失われる。この脊髄損傷が脊髄の高い位置の頸髄レベルで損傷を受けると，四肢麻痺だけでなく呼吸筋の麻痺によって自発呼吸ができず，人工呼吸器が必要になることがある（死亡することもある）。また，頸髄損傷が低い位置の頸髄レベルの損傷であっても呼吸筋に影響を受ける場合があり，肺活量低下や咳がうまくできないため喀痰排出ができずに肺炎を起こしやすくなる。その他，起立性低血圧や徐脈などの循環器症状，胃腸の蠕動運動が悪くなるために便秘や腸閉塞を引き起こしたり，排尿機能の障害により尿路感染を起こすなど，全身と関連する合併症が出やすい。

身体障害のある入所施設利用者の生活ニーズを，本人の主観的ニーズにより把握した調査で，脳性麻痺と頸髄損傷の障害別に比較した結果によれば，頸髄損傷者のニーズが脳性麻痺者に比べて有意に高いのは，自分の身体・健康に関するニーズとしては「身体・健康の維持改善」「医療的ニーズ」，日常生活に関しては「排泄コントロール」であった[3)]。これら自分の身体・健康，日常生活に関するニーズは，人生・生活の継続にかかわるニーズであり，人間が生きるために必要なニーズである。施設から地域への移行が

*2 **障害者総合支援法**：正式な名称は「障害者の日常生活及び社会生活を総合的に支援するための法律」。

*3 **難病**：治療方法が確立していない疾病その他の特殊の疾病であって，政令で定めるものによる障害の程度が厚生労働大臣が定める程度である者で18歳以上である者。

課題となる中,「施設生活の継続」を希望する頸髄損傷者は少なくない。それは, 24時間介護を必要とする重度障害者や, 医療的ニーズの高い人にとって, 地域生活における医療的ケアや介護の体制の確保が課題となるからである。

難病は, 全身にわたる多くの疾患がある。例えば筋萎縮性側索硬化症（ALS）は, 運動神経細胞の神経変性を起こす進行性の疾患で, 運動神経以外は障害されないが, 筋肉の萎縮と筋力の低下をきたす。嚥下障害に対しては経管栄養, 呼吸筋麻痺に対しては人工呼吸器が選択される場合がある。難病はその原因と経過により状態はさまざまであるが, 24時間介護や多様な医療的ケアを必要とする人がいる。

2 子どもの場合

医療的ニーズを有する子どもの場合も, 障害の原因となった主病名はさまざまである。脳性麻痺, 髄膜炎, 脳炎, 脳症, 脳出血, 新生児疾患, 事故などの後遺症, 筋ジストロフィー, その他である。そして1人が複数の医療処置を必要とする傾向がある。

子どもを取り巻く特徴として, 介護が母親に集中することがあげられる。主介護者である母親は子どもから離れることができない, 心身ともに疲労する, 働けないなどの状況がある。また, 子どもには教育を受ける権利があるが, 医療的ニーズを有する子どもが普通の学校で学ぶには, 通学や授業中の介護などを保護者が担わなければならない現状があり, 多くの面で困難を伴う。さらに, 子ども同士のかかわり合いは成長の大切な要因になるが, 医療的ケアの必要な子どもが親の付き添いなしで通える保育所は少ない。

以上のように医療的ニーズを有する子どもには, 親の介護負担の問題, 教育上の課題があり, 療育環境や社会資源を改善するとともに, 介護と医療の連携, 教育と医療の連携は不可欠である。また, これらの子どもの多くは特別支援学校で学んでいる。特別支援学校には看護師が配置されているが, 教育の保障などの理由により, 一般の教職員や保育士が医療的ケアの研修を受け, 喀痰吸引等を行っているところもある。

6. 医療的ケアをめぐる歴史的変遷

ここでは, 学校や介護現場で行われてきた医行為を「医療的ケア」と表現し, その歴史を述べる。**特別支援学校**と介護現場では, 歴史的には「医療的ケア」の目的や経緯が異なる。

1 特別支援学校における医療的ケア

昭和54（1979）年の養護学校義務制により, 障害のある児童・生徒の全員就学が実施された〔養護学校は平成19（2007）年に「特別支援学校」と名称変更〕。重度の障害や病気のために通学が困難な場合は, 教員が児童のいる家庭や病院, 施設を訪問する訪問学級制の教育を行っている。

医療技術の進歩や在宅医療の普及, 障害の重度化を背景に, 特別支援学校には医療的ニーズを有する児童・生徒が多数在籍している。学校の中で,「医療的ケア」の問題が顕在化したのは, 医療的ケアが必要な児童・生徒は特別支援学校に通わず,「原則として訪問学級」という見解を昭和63（1988）年に東京都が出してからである[4]。以降, 各地域で課題解決に向けた実践が行われた。東京都の場合は, 平成6（1994）年に医療

的ケアの安全な実施のために特別支援学校に指導医を配置し，一定の条件下で教員などが医療的ケアを実施できるようになった。この教員などによる実施の動きは全国に広がった。

医療的ケアが必要な子どもの場合，学校で医療的ケアが可能になると，通学や授業の継続が可能になることが多い[5]。そして，教員が医療的ケアにかかわることにより，教育内容が深まるという教育的意義や，家族の負担軽減などの福祉的意義もあり，学校の中で教員などによる医療的ケアが行われてきた[5]。「医療的ケア」の言葉が初めて用いられたのも，これらの歴史をもつ学校教育の中であった（図1-1）。

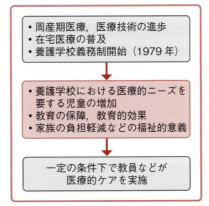

図1-1　学校教育における医療的ケア実施の流れ

研修事業やモデル事業を経て，平成16（2004）年に厚生労働省が文部科学省に「盲・聾・養護学校におけるたんの吸引等の取り扱いについて」（協力依頼）の通知を出したことにより，特別支援学校では，教員などによる「たんの咽頭前の吸引，経管栄養，自己導尿の補助」の3行為が，一定の条件下で認められてきた。しかし，平成24（2012）年の「介護サービスの基盤強化のための介護保険法等の一部を改正する法律」に合わせる形で，実施できる行為や研修体制は介護職と同じに改められた。

2 介護現場における「当面のやむを得ない必要な措置」としての対応

(1) 在宅ALS患者の介護から始まった「家族以外の者による痰の吸引」

人工呼吸器を使用するALS患者は痰の吸引が欠かせない。吸引の頻度は本人の状態によって異なるが，夜間も数回の吸引が必要になることが多い。しかし在宅の場合には，医師や看護師などがすべてに対応していくことは困難である。そのため家族は本人に準ずるとして，家族による医行為は事実上容認されている。したがって，家族介護者が吸引を行うことになるが，家族が24時間休みのない介護を続けることは心身ともに負担が大きい。このような状況の中，日本ALS協会は，家族の介護負担の軽減や在宅療養者の生活の質の向上の観点から，家族以外の介護者にも痰の吸引行為を認めるように，平成14（2002）年に17万8千人の署名を添えて厚生労働省に要望書を提出した。

これを受けて厚生労働省は検討会を設置し，平成15（2003）年に「ALS（筋萎縮性側索硬化症）患者の在宅療養の支援について」の通知を出した。通知では，在宅ALS患者の痰の吸引は，「その危険性を考慮すれば，医師又は看護職員が行うことが原則」としつつ，現状から考えて家族の負担軽減のために，「家族以外の者が痰の吸引を実施する」ことは，「当面のやむを得ない措置として許容されるもの」とした。

(2) 「当面のやむを得ない必要な措置」としての対応

喀痰吸引等の医行為の必要な人は在宅ばかりでなく，障害者施設や高齢者施設にもいる。ALS患者以外の在宅の療養患者・障害者からも要望が出され，国は，平成17（2005）年に在宅患者・障害者に対し，ALS患者に対する痰の吸引を容認する場合と同様の条件下で，家族以外の者による痰の吸引を認めた。

また，特別養護老人ホームでは，高齢化や重度化に伴い医療的ケアを必要とする入所

I. 介護福祉士が行う医療的ケアの根拠と基礎

者が増加した（**図1-2**）。しかし，施設は病院の職員配置と異なるため，「看護師や医師の不足・不在」「緊急時の体制不十分」など，医療提供体制が十分ではない。そのため，医療的ケアが可能な人数を一定程度にとどめるために，新規入所の際に医療的ケアの必要な人を制限する施設もあった。そこで，国はモデル事業の結果をふまえ，介護職による口腔内の痰の吸引，胃ろうによる経管栄養の実施を，一定の条件下で平成22（2010）年に特別養護老人ホーム全体に許容した。

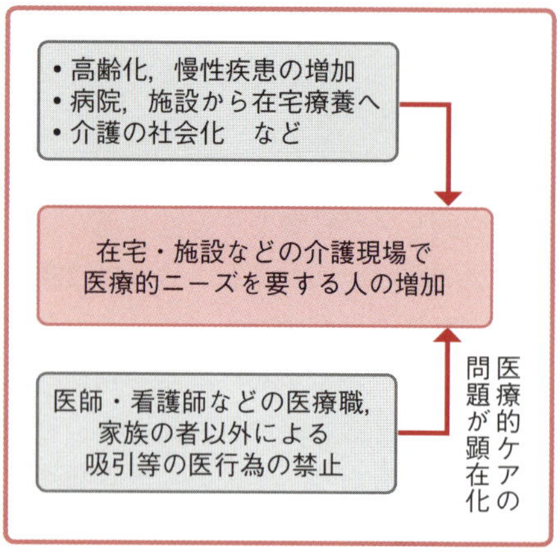

前述のように，医師および看護師などでない者が痰の吸引や，経管栄養のうちの一定の行為を実施することは，「当面のやむを得ない必要な措置（**実質的違法性阻却**）*4」という運用により認められた。これらはすべて，厚生労働省による通知で周知されてきた。

図1-2 介護現場における医療的ケア問題の顕在化

- 高齢化，慢性疾患の増加
- 病院，施設から在宅療養へ
- 介護の社会化 など

↓

在宅・施設などの介護現場で医療的ニーズを要する人の増加

↑

医師・看護師などの医療職，家族の者以外による吸引等の医行為の禁止

→ 医療的ケアの問題が顕在化

*4 **実質的違法性阻却**：違法と推定される行為について，その行為が正当化されるだけの事情があるかの判断を実質的に行い，正当化される特別の事情があるために違法性がない（違法性が阻却される）という考え方。

*5 **社会福祉士及び介護福祉士法（定義）第2条第2項**：この法律において「介護福祉士」とは，第42条第1項の登録を受け，介護福祉士の名称を用いて，専門的知識及び技術をもって，身体上又は精神上の障害があることにより日常生活を営むのに支障がある者につき心身の状況に応じた介護（喀痰吸引その他のその者が日常生活を営むのに必要な行為であって，医師の指示の下に行われるもの（厚生労働省令で定めるものに限る。以下「喀痰吸引等」という。）を含む。）を行い，並びにその者及びその介護者に対して介護に関する指導を行うこと（以下「介護等」という。）を業とする者をいう。（平成26年12月1日現在）

7. 介護福祉士の定義に追加された「喀痰吸引等」

1 追加の背景と基本的な考え方[6]

前述のように，痰の吸引などは，在宅・特別養護老人ホーム・特別支援学校で，「当面のやむを得ない必要な措置（実質的違法性阻却）」という運用によって，一定の条件下で実施されてきた。しかし，運用の対応ではなくて法律に位置づけるべき，グループホームや障害者施設でも実施できるようにすべきなどの課題が指摘されていた。

また，平成22（2010）年には政府の閣議決定において，2つの提言が行われた。1つは，「医療・介護サービスの基盤強化」「医療・介護従事者の役割分担を見直す」というもの。もう1つは，「医行為の範囲を明確化」し，「介護職員が実施可能な行為の拡大について検討する」というものである。加えて総理大臣からは，「介護福祉士等の介護職員が，たんの吸引や経管栄養等といった日常の『医療的ケア』を実施できるよう，法整備の検討を早急に進めること」という指示が出された。

これらを受けて，2010年に検討会が設置され，介護職が実施できる痰の吸引などの範囲，実施の条件，教育・研修の内容などがまとめられた。

制度のあり方として，検討会で示された考え方には，次のような点が含まれている。

①介護職員による喀痰吸引等については，介護サービス事業者等の業務として実施することができるように位置づける。
②現在の実質的違法性阻却論により運用の下で行われていることができなくなるなど，不利益がないように配慮する（したがって，現在も，実質的違法性阻却の形で喀痰吸引等を実施することは保障されている）。

③まずは，たんの吸引及び経管栄養を対象として制度化を行うが，将来的な拡大の可能性も視野に入れた仕組みとする。
④教育・研修の在り方は「不特定多数の者を対象とする」場合と，「特定の者を対象とする」場合を区別して扱う。研修体系は複数の類型を設ける。
⑤「医行為」の考え方は，現行の法規制・法解釈を前提として制度を考える。
⑥医療機関の実施は対象外とする（実地研修を除く）。理由は，制度化の趣旨が，(a) 介護現場のニーズに対し，看護職員のみでは十分なケアができないという現実の課題に対応した措置であるため，所定の看護職員が配置されている医療機関を積極的に認める必要はない，(b) 医療機関は「治療の場」であり，患者の状態なども安定していないなどの課題もあるため対象とすべきでない，などの意見があったためである。

2 法律で介護福祉士の業と位置づけられた「喀痰吸引等」

平成23（2011）年に「**社会福祉士及び介護福祉士法**」*5,6 が改正され，介護福祉士の「定義」として介護福祉士の「業」を示している「心身の状況に応じた介護」に，「喀痰吸引等」が追加された。法律で「喀痰吸引等」は，「医師の指示の下に行われる」と定められている。また，同法律において，介護福祉士は「診療の補助として喀痰吸引等を行うことを業とすることができる」と示された*7。

(1) 喀痰吸引等の行為
法律で指定された喀痰吸引等の行為は，以下のとおりである。
①喀痰吸引：口腔内，鼻腔内，気管カニューレ内部の喀痰吸引。
②経管栄養：経鼻経管栄養，胃ろう・腸ろうによる経管栄養。

(2) 喀痰吸引等の行為の条件や範囲
介護福祉士が行う喀痰吸引等の行為には，次のような条件や範囲が決められている。
①日常生活を営むのに必要な行為であって，医師の指示のもとに行われるもの。
②喀痰吸引は，咽頭の手前までを限度とすること。
③胃ろう又は腸ろうによる経管栄養の実施の際には，胃ろう・腸ろうの状態に問題がないことを確認すること。
④経鼻経管栄養の実施の際には，栄養チューブが正確に胃の中に挿入されていることの確認を医師または看護職員が行うこと。

*6 **社会福祉士及び介護福祉士法の改正**：2011年6月に公布された「介護サービスの基盤強化のための介護保険法等の一部を改正する法律」（2012年4月1日施行）により，介護福祉士および一定の研修を受けた介護職員などにおいて，一定の条件下で「喀痰吸引等」が実施可能となった。これに伴い，「社会福祉士及び介護福祉士法」が改正された。

*7 **「保健師助産師看護師法」との関係（第48条の2第1項）**：介護福祉士は，保健師助産師看護師法（昭和23年法律第203号）第31条第1項及び第32条の規定にかかわらず，診療の補助として喀痰吸引等を行うことを業とすることができる。

文 献
1) 柊崎京子：地域包括ケアを担う人材養成の課題．介護福祉 89：2013．
2) 国立社会保障・人口問題研究所：日本の将来推計人口（平成24年1月推計）．2012．
3) 柊崎京子・畠山千春：身体障害のある施設利用者の生活ニーズ—主観的ニーズからみた分析と実践への示唆．社会福祉学 52(2)：121-135，2011．
4) 下川和洋：養護学校等における「医療的ケア」に関する取り組みの到達点と今後の課題．特殊教育学研究 45(2)：107-113，2007．
5) 北住映二・杉本健郎・日本小児神経学会社会活動委員会編：新版医療的ケア研修テキスト—重症児者の教育・福祉・社会的生活の援助のために．クリエイツかもがわ，2012．
6) 介護職員等によるたんの吸引等の実施のための制度の在り方に関する検討会：介護職員等によるたんの吸引等の実施のための制度の在り方について—中間まとめ．平成22年12月13日．

I. 介護福祉士が行う医療的ケアの根拠と基礎

第2章 喀痰吸引等の安全な実施

- 介護職が実施可能な医行為について説明できる。
- 介護福祉士が医療的ケアを行うための根拠となる法律について説明できる。
- 喀痰吸引等を安全に実施するための条件について説明できる。
- 記録と報告・連携の目的と方法について確認できる。

1. 介護職と医行為

　法律における定義から，介護福祉士の「業」は「心身の状況に応じた介護」であるといえる。その介護の内容は**表2-1**のように，①介護職が担う生活支援，②介護職が行うことのできる「医行為」に分けて考えることができる。

2. 医 行 為

　医行為とは「医師の医学的判断及び技術をもってするのでなければ人体に危害を及ぼし，又は危害を及ぼすおそれのある行為」，**医業**とは「医行為を，反復継続する意思をもって行うこと」と，行政上は解釈されている（「医師法」第17条）。

1 原則として医行為ではない行為

　厚生労働省は平成17（2005）年，体温測定や血圧測定などの11項目を**医行為範囲外**として通知した（**表2-2**）。これにより，介護職ができる行為として認められた。医行為範囲外（原則として医行為でないと考えられる行為）は，すべての行為について，使用する器具，行為の対象となる人の健康状態，行為の範囲などの何らかの条件が定められている。

2 一定の教育・研修を修了した介護者のみ，一定の条件下で実施できる医行為

　平成23（2011）年に公布された「介護サービスの基盤強化のための介護保険法等の一部を改正する法律」により，介護福祉士と一定の研修を受けた介護職員などにおいては，一定の条件下で「喀痰吸引等」の医行為が実施可能となった。可能となった行為は，p.11の（1）「喀痰吸引等の行為」に含まれる内容である。

表 2-1　介護福祉士による生活支援と医行為

①介護職が担う生活支援の内容	②介護職が行うことのできる「医行為」	
	原則として医行為でない行為 (「医行為範囲外」11項目)	一定の教育・研修を修了した介護職のみ、一定の条件下で実施できる医行為
・入浴，排泄，食事などの介護 ・調理，洗濯，掃除などの家事 ・生活などに関する相談，助言 ・レクリエーション，その他	「医行為範囲外」とされた医行為で，「使用器具，健康状態，行為の範囲」など，実施の条件を満たせば実施できるもの	喀痰吸引等

表 2-2　原則として医行為でない行為

行　為	条件（使用器具，健康状態，行為の範囲）
一般的な方法による体温測定	1. 水銀体温計・電子体温計による腋窩での計測 2. 耳式電子体温計による外耳道での測定
自動血圧測定器による血圧測定	
パルスオキシメータの装着	1. 新生児以外の者であって入院治療の必要がない者 2. 動脈血酸素飽和度の測定を目的とすること
軽微な切り傷・擦り傷・やけどなどの処置（汚物で汚れたガーゼの交換を含む）	専門的な判断や技術を必要としない処置であること
医薬品の使用の介助 1. 皮膚への軟膏の塗布（褥瘡の処置を除く） 2. 皮膚への湿布の貼付 3. 点眼薬の点眼 4. 一包化された内用薬の内服（舌下錠使用も含む） 5. 肛門からの坐薬挿入 6. 鼻腔粘膜への薬剤噴霧	1. 医師等が以下の3条件を満たしていることを確認していること 　①入院・入所して治療する必要がなく容態が安定している 　②副作用の危険性・投薬量の調整などのため，医師などによる連続的な容態の経過観察が必要でない 　③誤嚥や出血の可能性など，医薬品の使用方法そのものについて専門的な配慮が必要でない 2. 免許を有しない者による介助ができることを，本人または家族に伝え，事前に本人または家族の具体的な依頼を受けていること 3. 医薬品が医師の処方によるものであること 4. 医師・歯科医師の処方，薬剤師の服薬指導，看護職員の保健指導を遵守すること
爪を爪切りで切る，爪ヤスリでやすりがけする	1. 爪に異常がないこと 2. 爪周辺の皮膚に化膿・炎症がないこと 3. 糖尿病等の疾患で専門的管理が必要でないこと
日常的な口腔ケア	重度の歯周病などがないこと
耳垢の除去	耳垢塞栓の除去を除く
1. ストーマ装具のパウチにたまった排泄物を捨てること 2. ストーマ装具の交換	肌への接着面に皮膚保護機能を有するストーマ装具の交換は，ストーマおよび周辺の状態が安定しており，専門的な管理が必要とされない場合
自己導尿補助のため導尿カテーテルの準備，体位の保持を行うこと	
市販のディスポーザブルグリセリン浣腸器による浣腸	使用する使い捨て浣腸は下記の条件を満たすこと 　①挿入部の長さが5〜6cm程度以内 　②グリセリン濃度50% 成人用では40g程度以下，小児用では20g程度以下，幼児用では10g程度以下の容量のもの

（医師法第17条，歯科医師法第17条及び保健師助産師看護師法第31条の解釈について（通知）：平成17年7月26日（医政発第0726005）をもとに作成．ストーマについては平成23年7月5日（医政発第0705第3号）による）

I. 介護福祉士が行う医療的ケアの根拠と基礎

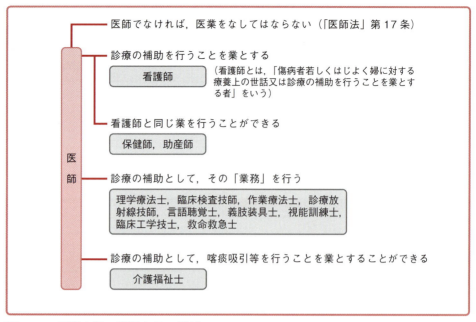

図2-1　医業を行う職種とその役割

3 「喀痰吸引等」が介護福祉士の業となる理由

「医師法」は、「医師でなければ、医業をなしてはならない」（第17条）と、医師以外の者による医業を禁止している。そして、「医師、歯科医師、看護師等の免許を有さない者による医業（歯科医業を含む）」は、「医師法」第17条、「歯科医師法」第17条および「保健師助産師看護師法」第31条、その他の関係法規によって禁止されている。また、看護師は「診療の補助」を業務独占している。そのため、医療職に位置づけられる他の職種の業務は、「保健師助産師看護師法」（第31条、第32条）の規定にかかわらず、「診療の補助として業を行うことができる」と各法律に表記されている（図2-1）。

喀痰吸引等は、現行法においては「医行為」である。この医行為を介護福祉士が業務として実施できる根拠は、「診療の補助として喀痰吸引等を行うことを業とすることができる」と「社会福祉士及び介護福祉士法」に定められたからである（平成26年10月現在）。

3. 喀痰吸引等を実施するための教育・研修

1 教育・研修体制

教育・研修の内容は、喀痰吸引等を行う者にとって喀痰吸引等を行う対象者が**不特定多数**か、**特定の者**に限られるかによって異なる（図2-2）。

(1)「不特定多数を対象とする者」への教育・研修

不特定多数を対象とする者への教育・研修は、①介護福祉士養成施設などの教育機関で行われる「医療的ケア」の教育と、②介護現場などの職員が受講する**喀痰吸引等研修**

①介護福祉士養成課程における「医療的ケア」の内容と,喀痰吸引等の対象者

領域	対象者（利用者）	講義 50時間	演習（各行為5回以上のシミュレーター演習）					救急蘇生法	実地研修
			喀痰吸引			経管栄養			（教育機関の在学中,または介護福祉士資格取得後に実施できる）
			口腔内	鼻腔内	気管カニューレ内部	胃ろう腸ろう	経鼻		
「医療的ケア」	不特定多数		○	○	○	○	○	1回以上	演習に合格したすべてについて実地研修を実施できる

②「喀痰吸引等研修」の3課程の内容と,喀痰吸引等の対象者

研修課程	対象者（利用者）	基本研修							実地研修
		講義（講義に含まれる科目と時間数が指定されている）	演習（各行為5回以上のシミュレーター演習）					救急蘇生法	
			喀痰吸引			経管栄養			
			口腔内	鼻腔内	気管カニューレ内部	胃ろう腸ろう	経鼻		
第1号研修	不特定多数	50時間	○	○	○	○	○	1回以上	演習に合格したすべてについて実地研修を実施できる
第2号研修	不特定多数	50時間	○	○	×	○	×	1回以上	演習に合格し,気管カニューレ内・経鼻経管栄養の実地研修を除き,実施できる
第3号研修	特定の者	講義および演習9時間							特定の者に対し必要な行為のみ実施する

平成26（2014）年12月1日現在

図2-2　「喀痰吸引等」の教育・研修体制

で行われる**第1号研修**と**第2号研修**がある（**図2-2**）。

（2）「特定の者を対象とする者」への研修

「喀痰吸引等研修」における**第3号研修**は「特定の者を対象とする者」への研修である。日常的に医療的対応を必要としながら在宅や施設で生活する筋萎縮性側索硬化症（ALS）患者や重度障害児・者の介護者,特別支援学校などにおける教職員などを想定して創設された。

在宅ALS患者の24時間介護には,介護福祉士を含め多様な人がかかわっているので,すべての介護職が長時間の研修を受けることは困難である。また,ALSのような重度神経疾患患者や重度障害児・者にとっては,その人の状況をふまえたコミュニケーションや個別的な状況を理解したかかわりが必要である。「特定」を対象とする研修は,「その個人（特定の者）が必要とする行為を行うことができるようになる」ことを目的に行われる。よって,研修を受けた「特定の者」以外に対して喀痰吸引等を実施することはできない。研修時間は9時間であり,実地研修を重視している（**図2-2**）。

2　介護福祉士養成課程における領域「医療的ケア」

（1）教育の目的・内容

介護福祉士養成課程における領域「医療的ケア」の**目的**,教育内容などは,**表2-3**のとおりである。

表2-3 領域「医療的ケア」

領域「医療的ケア」の目的		
医療職との連携のもとで，医療的ケアを安全・適切に実施できるよう，必要な知識・技術を修得する		
教育内容	ねらい	教育に含むべき事項
医療的ケア（50時間以上）	医療的ケアを安全・適切に実施するために必要な知識・技術を修得する	①医療的ケア実施の基礎 ②喀痰吸引（基礎知識・実施手順） ③経管栄養（基礎知識・実施手順） ④演習

(社会福祉士養成施設及び介護福祉士養成施設の設置及び運営に係る指針について，平成20年3月28日社援発第0328001号より引用)

領域「医療的ケア」の目的は，「医療職との連携のもとで，医療的ケアを安全・適切に実施できるよう，必要な知識・技術を修得する」と定められている。

介護福祉士養成課程で「医療的ケア」を履修した学生が，現場で喀痰吸引等を実施できるまでの一般的な流れは，**図2-3**のとおりである。

(2) 演習評価（プロセス評価）

表2-3中の，「教育に含むべき事項」の①②③は，「講義（50時間）」の科目である。この科目で実施する試験に合格した者は，④「演習」の評価を受けることができる。演習の評価は，**図2-2**に示した5行為について行われる。演習の評価に「合格」するという意味は，次のようなことである。

- 1行為に対し，演習の評価を5回以上実施する。
- 演習の評価を5回実施し，5回目の評価において，評価票のすべての項目が「手順どおりに実施できている」と認められた場合，「合格」の評価になる。
- 演習の評価で「合格」となる場合の具体例は下記のとおりである。

①5回行い，5回目が手順どおりにできた場合，評価数5回で合格（終了）。

回数	1	2	3	4	5
成否	×	×	×	×	○

②3回目が手順どおりにできていても，5回目まで行う。5回目は「否」だったが，6回目に手順どおりできた場合は合格（終了）。

回数	1	2	3	4	5	6
成否	×	×	○	×	×	○

3 不特定多数を対象とする場合の「実地研修」の内容と要件

演習評価（プロセス評価）に合格した者が，**実地研修**を受けることができる。そして，実地研修を修了した者だけが，研修を修了した当該行為を現場で実施することができる。実地研修ができるためには，以下の要件を満たす必要がある。

- 介護職員などによる喀痰吸引等の実施を必要とする利用者が，現にいる。
- 実地研修の実施に関して，利用者またはその家族などから同意が得られる。
- 実地研修に関して，かかりつけ医などから書面による指示を受けられる。
- 「指導看護師養成研修」を修了した看護師から指導を受けられる。
- 指導看護師がすべてに立会いのうえで実施し，指導看護師より各プロセスの評価を受けられる。

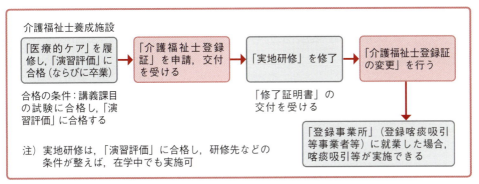

図2-3 介護福祉士養成施設で学ぶ学生が介護福祉士として喀痰吸引等が実施できるまでの流れ

表2-4 事業者登録の対象施設とその根拠法

介護保険法	障害者総合支援法
介護老人福祉施設 介護老人保健施設 訪問介護 通所介護 短期入所生活介護 特定施設入所者生活介護 地域密着型介護老人福祉施設 認知症対応型共同生活介護 小規模多機能居宅介護 その他	居宅介護 重度訪問介護 生活介護 施設入所支援 その他、自立支援サービス
	その他
	特別支援学校 保育所 有料老人ホーム サービス付き高齢者向け住宅 その他

4. 喀痰吸引等の実施場所

　介護職員などの喀痰吸引等が行われる場所を、**登録喀痰吸引等事業者**（**登録特定行為事業者**）という。事業者登録の対象となる施設などは**表2-4**のとおりである。

5. 喀痰吸引等の実施の実際

(1) 医師の文書による指示

　喀痰吸引等は医師の指示に基づき実施する。医師の指示は**図2-4**のように文書として示され、これを**医師の指示書**というが、正式名称は**介護職員等喀痰吸引等指示書**である。指示内容は個々の利用者によって異なるが、記載された指示期間、指示内容、使用医療機器などに基づいて実施する。

(2) 施設内における実施体制

　介護老人福祉施設や自立支援施設など、「施設」が**登録喀痰吸引等事業者**となる場合に、喀痰吸引等を施設内で実施するためのサービス提供イメージを**図2-5**に示す。
　喀痰吸引等を行う介護職員は医師・看護師と連携するとともに、登録喀痰吸引等事業者である施設は、実施のための体制整備を行う。施設、介護職員、医師や看護師は、それぞれの役割分担を理解し、連携・協働することが求められている。

Ⅰ. 介護福祉士が行う医療的ケアの根拠と基礎

介護職員等喀痰吸引等指示書

標記の件について，下記のとおり指示いたします。

指示期間（○○年 ○月 △日〜××年 ●月 ▲日）

事業者	事業者種別	特別養護老人ホーム
	事業者名称	○○ホーム

対象者	氏名	○○ △△△	生年月日 明・大・㊐・平 ○年 ○月 ○日（ 85 ）歳
	住所	○○	電話（　　）　－
	要介護認定区分	要支援（ 1　2 ）　要介護（ 1　2　3　④　5 ）	
	障害程度区分	区分1　区分2　区分3　区分4　区分5　区分6	
	主たる疾患(障害)名	脳梗塞	
	実施行為種別	○口腔内の喀痰吸引　○鼻腔内の喀痰吸引　気管カニューレ内部の喀痰吸引　胃ろうによる経管栄養　腸ろうによる経管栄養　○経鼻経管栄養	

指示内容	具体的な提供内容	
	喀痰吸引（吸引圧，吸引時間，注意事項等を含む）	吸引圧：20 kpa 以下 吸引時間：口腔内・鼻腔，ともに10秒以内 口腔内より先に吸引し，痰の貯留音が続く場合は鼻腔より吸引。左鼻腔は出血しやすいので注意する
	経管栄養（栄養剤の内容，投与時間，投与量，注意事項等を含む）	注入内容：経腸栄養剤○○ 350 mL（350 kcal）×3回／日　毎回の終了後に白湯50 mL 注入開始時刻：7:00　12:00　18:00　注入時間：約120分 栄養剤注入後の嘔気・嘔吐，下痢の有無を観察する
	その他留意事項（介護職員等）	異変時は，速やかに看護職に報告すること
	その他留意事項（看護職員）	毎食前に経鼻経管カテーテルの確認をすること

（参考）使用医療機器等	1. 経鼻胃管	サイズ：　10　Fr, 種類：
	2. 胃ろう・腸ろうカテーテル	種類：ボタン型・チューブ型 サイズ：　　Fr,　　　cm
	3. 吸引器	小型吸引器　○○
	4. 人工呼吸器	機種：
	5. 気管カニューレ	サイズ：外径　　mm　長さ　　mm
	6. その他	

緊急時の連絡先 不在時の対応法	担当看護師　○○　　Tel ○○○ 主治医　○○　　Tel ○○○

※ 1.「事業者種別」欄には，介護保険，障害者自立支援法等による事業の種別を記載すること。
　 2.「要介護認定区分」または「障害程度区分」欄，「実施行為種別」欄，「使用医療機器等」欄について

上記のとおり，指示いたします。
　　　　　　　　○○年　○月　○日
　　　　　　　　機関名　　さくら○○ホーム
　　　　　　　　住所
　　　　　　　　電話
　　　　　　　　（FAX）
　　　　　　　　医師氏名　　　　　　　　　　　　　　印
（登録喀痰吸引等（特定行為）事業者の長）　殿

図2-4　介護職員等喀痰吸引等指示書（医師の指示書）の例

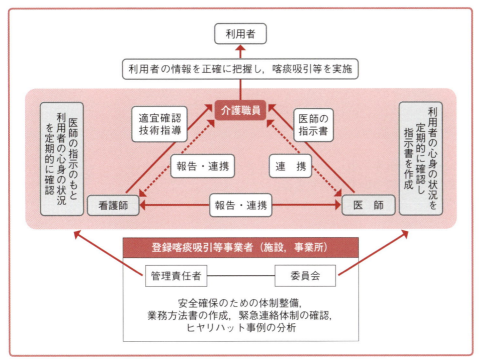

図2-5 喀痰吸引等を施設内で実施するためのサービス提供イメージ

6. 記録と報告，連携

　記録と報告，連携の目的と方法については，一般的な介護業務においても医療的ケアの実施においても変わらない。
　ここでは特に医療的ケアの実施に関連して留意すべきことを以下にあげる。

1 記録

- 「いつ」「どこで」「誰が・何が」「どのように」「どうしたか・どうなったか」の事実を，具体的に正確に記録する。
- 経過がわかるように，時系列で順を追って書く。
- 利用者の言語表現はそのまま書く。
- 常体（〜である，〜であった）で書く。
- 医学的な専門用語を理解し，正しく使用する。

2 報告，連携

　介護職や医師・看護職などの職種が円滑に利用者の生活支援を行うためには利用者の情報を共有して連携する必要がある。つまり，医療的ケアのニーズのある利用者は身体的問題を有しているため，些細なことでも情報を共有し，健康状態の変化や急変・事故時に速やかに対応できる連携体制をつくる必要がある。
　医師・看護職などへの報告は，記録と同じように，「いつ」「どこで」「誰が・何が」「どのように」「どうしたか・どうなったか」の事実を，具体的に正確に報告する。

I. 介護福祉士が行う医療的ケアの根拠と基礎

第3章 保健医療制度とチーム医療

- 医療的ケアに関する主な保健医療制度について説明できる。
- チーム医療と介護職との連携について説明できる。
- 介護福祉士がかかわるチーム医療の実践について理解できる。

1. 保健医療に関する制度

1 医療的ケアに関する保健医療制度について

　介護福祉士などによる医療的ケアが想定される実施機関と、それに関連する制度と法律について、図3-1に整理する。詳細な実施場所については、第2章4を参照のこと。

2 保険医療に関する諸制度の概要

(1) 介護保険法

　医療・保健・福祉を総合し、国民の共同連帯による介護保険制度の設立を主な目的とする「介護保険法」が平成12（2000）年に施行され、その目的として以下の5点が掲げられた。
①社会全体で介護を支える「介護の社会化」。

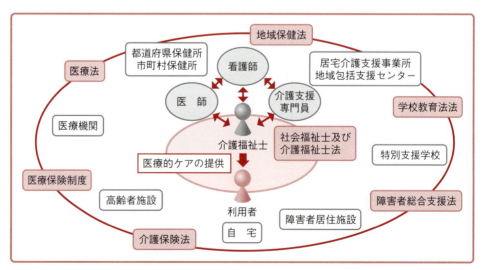

図3-1　医療的ケアに関する保健医療制度

②介護サービス利用の措置制度から利用契約方式への転換。
③保健・医療・福祉に分立していた介護サービスやその手続き，費用負担などの統一。
④サービス供給主体の多様化による競争原理の導入によるサービスの質の向上。
⑤ケアマネジメント導入による介護の科学化。

　保険者は，国民に最も近い行政単位である市町村（特別区を含む）が担い，被保険者は40歳以上の者とし，65歳以上の第1号被保険者と，40歳以上65歳未満の医療保険加入者である第2号被保険者とに区分されている。介護区分は，**要介護等認定等基準時間**[*1]を基礎として，2つの調査を経て，自立，要支援1・2，要介護1〜5に決定される。介護認定を受けた被保険者は，居宅サービス計画や施設サービス計画をもとに，契約によりサービスを受ける仕組みとなっている。

　同制度は5年ごとに見直しが行われることになっており，平成15（2003）年に高齢者介護研究会により厚生労働省に提出された「2015年の高齢者介護」[*2]で指摘された「尊厳を支えるケアの確立への方策」に基づいて，平成17（2005）年に法改正（2006年施行）が行われた。法改正の主な概要は次のとおりである。

*1　**要介護等認定等基準時間**：「介護の手間」を表す「ものさし」としての時間。その時間と認知症加算の合計をもとに要支援1〜要介護5に判定する。

*2　**2015年の高齢者介護**：「戦後のベビーブーム世代」が65歳以上に達する2015年までに実現すべきことを念頭に置いて，高齢者介護のあり方を中長期的な視野でとらえて描かれた報告。

1　予防重視型システムへの転換
　・新予防給付の創設，地域支援事業の創設
2　施設給付の見直し
　・居住費用・食費の見直しなど
3　新たなサービス体系の確立
　・地域密着型サービスの創設
　・地域包括ケアシステムの確立
　・居住系サービスの充実
4　サービスの質の確保と向上
　・介護サービス情報の公表
　・ケアマネジメントの見直し
5　新しいケアモデルの確立：「身体ケアモデル」から「身体ケア＋認知症ケア」モデルへ

　さらに，2012年施行の介護保険法改正により，高齢者が地域で自立した生活を営めるよう，医療・介護・予防・住まい・生活支援が切れ目なく一体的に提供されるための**地域包括ケアシステム**の基盤強化が，2025年を目標として進められることとなった（「介護保険法」第5条第3項）。本施策に取り組むにあたって厚生労働省より示された5つの視点は以下のとおりであり，包括的・継続的に行うことが求められている。

---

①医療との連携強化
②介護サービスの充実強化
③予防の推進
④見守り，配食，買い物など，多様な生活支援サービスの確保や権利擁護など
⑤高齢期になっても住み続けることのできる高齢者住まいの整備（国交省と連携）

(厚生労働省老健局：介護保険制度改正の概要及び地域包括ケアの理念. p.20, 2012)

（2）医 療 法

「医療法」は昭和23（1948）年に制定され，集団健診など疾病の早期発見と治療を目

的として、診療所（19床以下）や病院（20床以上）などの医療機関での医療提供を中心に規定されてきたが、平成18（2006）年の改定において患者の視点に立った目的規定と全体的な構造の見直しが行われた。主な内容として、医療機関の情報提供の推進をはじめ、医療計画制度の見直しなどを通じた医療機能の分化・連携の推進が盛り込まれ、**地域連携クリティカルパス**[*3]の普及などを通じ、切れ目のない医療を提供すること、早期に在宅生活へ復帰できるよう在宅医療の充実を図ることなどが謳われた。

このような流れの中、平成26（2014）年度の診療報酬改定では、急性期後の受け入れをはじめとする地域包括ケアシステムを支える病棟の充実を図るために、現在の亜急性期入院医療を廃止し、**地域包括ケア病棟**が新設されることになった。急性期後医療と在宅医療との橋渡し機能を有する地域包括ケア病棟には、在宅患者急変時の24時間対応が求められている。今後の急性期後医療は、在宅医療のサポートも視野に入れた医療へと方向転換が求められている。

一方、平成24（2012）年度の診療報酬改定により「喀痰吸引等指示料」が創設され、介護職への医師の指示が評価されることになった。

(3) 医療保険制度

わが国の医療保険制度は、すべての国民に疾病などの治療を要する医療費を保障するための「国民皆保険」「現物給付方式」「フリーアクセス」を特徴として、昭和36（1961）年にスタートした。

医療保険の種類を大別すると、被用者[*4]や自営業者対象の**職域保険**と、その他の一般住民対象の**地域保険**、75歳以上の高齢者を対象とする**後期高齢者医療制度**に分けられ、強制加入の方法をとっている（**表3-1**）。

現行ではどの保険に加入していても、自己負担割合は原則として3割とされているが、就学前の小児や70〜74歳は2割、75歳以上は1割とするなど、年齢層によって軽減策が講じられている。

医療保険制度は発足以来、高齢化の進行に伴う老人医療費の増大が運営上の課題となってきたが、景気低迷による国の財政難を背景として平成18（2006）年には「医療制度改革関連法」（2008年施行）が成立した。その基本指針として、質の高い医療サービスが適切に提供される医療提供体制の確立と、治療重点の医療から疾病の予防を重視した保健医療体系への転換が謳われた。また、急性期から回復期を経て自宅に戻るまで、患者が一貫した治療方針のもとに切れ目ない医療を受けることができるよう、地域医療を見直し、医療計画において事業別の医療連携体制を構築することが示された。

さらに、平成20（2008）年の関連法の施行により、昭和57（1982）年に創設された「**老人保健法**」[*5]は「**高齢者の医療の確保に関する法律**」に改称され、全面的に改正された。

(4) 後期高齢者医療制度

2008年に施行された「後期高齢者医療制度」は、「高齢者の医療の確保に関する法律」に基づいて提供されている。被保険者は、運営主体である**後期高齢者医療広域連合**[*6]（以下、広域連合）の区域内に住所を有する75歳以上の者（後期高齢者）および65歳以上74歳未満の一定の障害の状態にあり広域連合の認定を受けた者である。

本制度は従来は保険料の負担がなかった高齢者が、所得に応じて負担（**応能負担**[*7]）をすることを基本としつつ、保険制度間の公平な負担が確保されることを特徴としている。医療給付の財源負担は、後期高齢者が1割、現役世代からの保険料支援金が4割、

[*3] **地域連携クリティカルパス**：急性期から回復期病院を経て、早期に自宅に帰れるような診療計画を作成し、各医療機関で共有して用いるもの。あらかじめ診療内容を患者に提示・説明することにより、患者が安心して医療を受けることができるようにする。

[*4] **被用者**：労働契約に基づいて使用者から賃金を受け取って労働に従事する人のこと。被用者は所属先が属する保険に加入する。

[*5] **老人保健法**：高齢者の健康の保持や医療の確保を図るために、疾病の予防、治療、機能訓練などの保健事業を総合的に実施し、国民保健の向上、老人福祉の増進を図ることを目的として制定された。

[*6] **後期高齢者医療広域連合**：制度運営の仕組みは、保険料徴収は市町村、財政運営は都道府県単位で設置される広域連合。

[*7] **応能負担**：医療・介護・福祉サービスにおいて、所得に応じて対価や保険料を支払うこと。また、所得に応じて租税を負担すること。

残りが公費負担部分となっている。

(5) 障害者総合支援法

障害者施策は社会福祉基礎構造改革を受けて、「身体障害者福祉法」「知的障害者福祉法」「児童福祉法」などの改正とともに、「措置制度から契約制度への転換」と「地域生活支援」が図られ、2003年に支援費制度が施行された。

2006年に支援費制度から「障害者自立支援法」に代わった後、「地域社会における共生の実現に向けて新たな障害保健福祉施策を講ずるための関係法律の整備に関する法律」(2012)をもとにして、平成25(2013)年に施行された「障害者の日常生活及び社会生活を総合的に支援するための法律」(いわゆる**障害者総合支援法**)に名称変更された。

障害者自立支援法と障害者総合支援法の主な変更点について、**表3-2**に示す。

障害者総合支援法では、障害福祉サービスを「自立支援給付」と「地域生活支援事業」に大別して体系化している。自立支援給付はさらに「介護給付費」「訓練等給付費」「地域相談支援給付費」「計画相談支援給付費」「自立支援医療費」「補装具費」などに分け

表3-1 対象者別の医療保険の種類と根拠法

分類			被保険者	保険者	根拠法
職域保険	被用者保険	一般 組合管掌健康保険	大企業(700人以上)の従業員とその被扶養者	健康保険組合	健康保険法
		一般 協会管掌健康組合	中小企業の従業員とその被扶養者	全国健康保険協会(協会けんぽ)	健康保険法
		特定 共済組合	公務員や私立学校教職員とその被扶養者	各共済組合	国家公務員共済組合法、地方公務員等共済組合法、私立学校教職員共済法
		特定 船員保険	船員とその被扶養者	全国健康保険協会	船員保険法
	自営業者保険	国民健康保険	65歳未満の自営業者の人など	国民健康保険組合	国民健康保険法
地域保険		国民健康保険	65歳未満の職域保険に属さない人	市区町村	国民健康保険法
		前期高齢者医療制度	65〜74歳の職域保険に属さない人	市区町村	国民健康保険法
後期高齢者医療制度			原則として75歳以上の人	後期高齢者医療広域連合	高齢者医療確保法

表3-2 障害者自立支援法と障害者総合支援法のポイント

障害者自立支援法	障害者総合支援法
①障害者施策に精神障害者を対象に含め、一元化。3障害の格差の是正 ②市町村に実施主体を一元化し、都道府県はこれをバックアップ ③33種類の施設体系を6つの事業に再編。あわせて「地域生活支援」「就労支援」のための事業や重度の障害者を対象としたサービスを創設 ④規制緩和を進め、既存の社会資源を活用 ⑤障害程度区分の導入、支給決定プロセスの透明化 ⑥利用者の応分負担	①「自立」を「基本的人権を享有する個人としての尊厳」に変える ②障害者・児の範囲の見直し。一定の難病患者を対象に加える ③「障害程度区分」から「障害支援区分」への名称・定義の改正(2014年度より) ④障害者に対する支援の見直し。「共同生活介護(ケアホーム)」は「共同生活援助(グループホーム)」に一元化。グループホームにおける外部サービスの利用可能へ 「重度訪問介護」および「地域移行支援」は、それぞれ利用対象者が拡大される

られている。地域生活支援事業は，地域で生活する障害者のニーズを踏まえ，自治体の創意工夫によって事業の詳細が決定される。

障害支援区分は，障害者などに対する介護給付の必要度を表す1〜6段階の区分に分けられている。利用者負担は応能負担としているが，利用したサービスにかかる費用の1割のほうが低額な場合は1割を負担するとしている。

障害者に向けた医療的ケアに関しては，在宅療養の筋萎縮性側索硬化症（ALS）患者の支援や，特別支援学校や在宅において介護職による支援が一部認められてきたが，法改正による介護サービスや地域支援事業の拡大に伴いニーズがさらに増加することが予想される。

(6) 地域保健法

「**地域保健法**」は平成6（1994）年に「保健所法」から名称変更したものであり，基本指針には，「地域保健対策の中核としての保健所，市町村保健センター等の機能を位置づけ，地域の特性，社会福祉，介護保険等の関連施策との連携及び科学的な根拠に基づく地域保健対策の推進に配慮することにより，地域住民の健康の保持及び増進並びに地域住民が安心して暮らせる保健医療体制を確保する」ことが示されている。

主な担い手としては，専属の医師や保健師が保健所などに配置され，健診・検診や健康教育，保健指導・健康相談などのほかに，家庭訪問などを通して乳児〜高齢者まですべての住民の健康ニーズに対応している。

介護保険法施行・改正に伴い，この基本指針も改正が繰り返されてきたが，平成24（2012）年の改正では，「都道府県及び都道府県設置の保健所は，広域的な観点から都道府県管内の現状を踏まえた急性期，回復期及び維持期における医療機関間の連携，医療サービスと介護サービス及び福祉サービス間の連携による地域包括ケアシステムの強化に努める」ことが明記された。

(7) 学校教育法

法改正前は実質的違法性阻却の考え方に基づき喀痰吸引等を実施してきた特別支援学校の教員などについても，2012年から制度上実施することが可能となった。しかし，特別支援学校と小・中学校などにおいて，医療的ケアを必要とする児童・生徒などは，障害が重度でかつ重複しており，医療的ケアの実施や健康状態の管理に特別な配慮を要する者が多いことから，新制度においても，経管栄養を行う際のチューブ確認などは引き続き看護職が行うものとされた。また，教員やそれ以外の者が喀痰吸引等の特定行為を行うにあたっては，看護職との定期的な連携が求められるとされている。

2. チーム医療と介護職との連携

1 チーム医療とは

(1) チーム医療の定義と意義

チーム医療の定義は，「多種多様な医療スタッフが，各々の高い専門性を前提に，目的と情報を共有し，業務を分担しつつ互いに連携・補完し合い，患者の状況に的確に対応した医療を提供すること」（厚生労働省チーム医療の推進に関する検討会）とされ，医療にかかわる専門職がチームメンバーであることを前提とされてきた。

しかし，近年は病院内での治療だけでなく，患者の社会的・心理的な観点や生活への配慮が求められるようになり，退院支援や，在宅医療およびケアの継続などの観点からも，医療従事者だけでは対応が困難になってきた。このような中で，厚生労働省は平成21（2009）年からチーム医療の推進に向けて検討を重ね，医療と介護，行政などの連携を見据えたチーム医療の意義を探るとともに，介護ニーズの増大などを背景として地域包括ケアシステムの構築が推進されることとなった。

（2）地域包括ケアとチーム医療のあり方

2013年12月に成立した「**社会保障制度改革プログラム法**」*8 では，医療・介護サービスの提供体制の改革を謳い，病床の機能分化と連携を進め，発症から入院，回復期（リハビリテーション），退院までの流れをスムーズにして，早期の在宅・社会復帰を可能にするとしている。同時に，地域包括ケアシステムの構築について，介護が必要になっても住み慣れた地域で暮らせるよう，介護・医療・予防・生活支援・住まいが一体的に提供されるための取り組みについて提唱した（図3-2）。

このような流れの中でチーム医療の推進が求められるようになったが，チーム医療を効果的に実践するには，①**コミュニケーション**，②**情報の共有化**，③**チームマネジメント**の3つの視点をもつ必要がある。

専門職間のコミュニケーションを高めるには，カンファレンスを充実させ，カンファレンスを情報交換の場だけではなく，議論・調整の場にすることが重要である。また，情報の共有の手段としては，定型化した書式による情報の共有化や電子カルテを活用した情報の一元管理などが有効であり，そのための診療情報管理体制の整備なども求められる。

チームマネジメントを効果的に進めるには，最初に所属する機関における実情を十分に把握し，各業務における管理者と担当者の間の責任の所在を明確にする必要がある。また，安心・安全な医療・福祉を提供するために，具体的な連携・協力方法を決定し，医師などによる包括的指示を活用することも重要である。

さらに，患者も自らの治療などの選択について医療従事者にすべてを任せるのではなく，チームの一員として医療従事者から十分な説明を受けるためにケースカンファレンス（事例検討会）などに参加できるような環境を整備する必要がある。

2 チーム医療における介護職の役割

（1）介護職と医療従事者との連携

近年，介護職は福祉施設だけでなく，医療機関においても**生活支援専門職**として働く機会が増え，医療従事者との連携がよりいっそう求められるようになった。また，介護福祉士などによる医療的ケアは，看護職の負担軽減や，患者・家族へのサービス向上を推進する観点から，地域包括ケアシステムの基盤強化を推進するための具体的な実施方策として制度化されることとなった。

地域包括ケアシステムの推進を図るには，チーム医療の充実が不可欠であり，そのためには介護福祉士の専門性に関する教育内容に加えて，連携する専門職に関する業務内容やチームケアに関する教育が必要となる。介護福祉士の専門性に関する教育を縦糸とするならば，他の専門職やチームケアに関する教育が横糸となって，地域や医療・福祉などの専門機関内で活躍できる介護福祉士が育つと思われる。

*8 **社会保障制度改革プログラム法**：正式名は「持続可能な社会保障制度の確立を図るための改革の推進に関する法律」であり，社会保障4分野（少子化対策，医療制度，介護保険制度，公的年金制度）の講ずべき改革の措置などについて，内容や時期などを規定している。

Ⅰ. 介護福祉士が行う医療的ケアの根拠と基礎

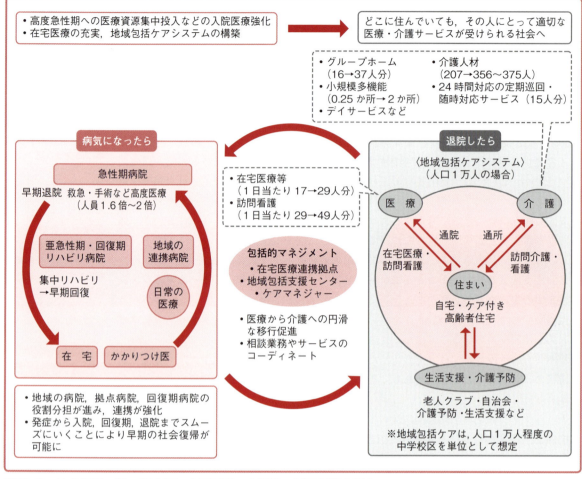

図 3-2　社会保障・税一体改革による医療・介護サービス保障の強化
※数字は，現状は 2011 年，目標は 2025 年のもの．
(厚生労働省：社会保障・税一体改革で目指す将来像．http://www.mhlw.go.jp/seisakunitsuite/bunya/hokabunya/shakaihoshou/dl/shouraizou_120106.pdf をもとに作成)

(2) チーム医療を担う専門職と医療的ケア

　チーム医療を実施する際に，介護福祉士が関係すると想定される専門職の主な業務と医療的ケアに関する行為について，以下に整理する[1]．

1) 医　師

　医療行為は，「医療法」第 17 条に定められているように基本的には医師が行うものとされている．ただし，一部については他の医療職が担うことが認められている．また，「医師法」第 20 条には「医師は，自ら診察しないで治療を（中略）してはならない」とあり，個々の医療行為を他職種が分担する場合でも，医師の診察が基本となっている．このため，医師は医療がスムーズに遂行されるように統括し，最終責任者としてチーム医療の中でその任を果たすことが求められている．

2) 看 護 師

　看護師は，「(前略) 疾病者若しくは褥婦に対する療上の世話又は診療の補助を行うこ

とを業とする者」(「保健師助産師看護師法」第5条)とされ，医師の指示のもとで医薬品の投与や診療機器などを使用して医療行為を行う者である。医療現場や福祉現場などで医療場面から生活場面において幅広い業務を担いうることから，「チーム医療のキーパーソン」として，他の専門職への情報提供や連携のための調整役としての役割が期待されている。

また，介護福祉士などが医療的ケアを実践する際には，看護職からの指示やアドバイスを受けることが必要とされている。

3) リハビリテーション関係職種

「理学療法士及び作業療法士法」において，**理学療法士**（PT）は「身体に障害がある者に対して，基本的動作能力の回復を図るため，運動療法ならびに物理療法などの治療手段を加える行を行う者」，**作業療法士**（OT）については「身体または精神に障害がある者に対してその応用動作能力又は社会適応能力の回復を図るため，手工芸等の作業を行わせる業を行う者」であると定められている。両者とも同法において，医師の指示のもとにそれぞれの療法を実施することが明記されている。

また，**言語聴覚士**（ST）は，「言語聴覚士法」において「音声機能，言語機能又は聴覚に障害のある者についてその機能の維持向上を図るため，言語訓練その他の訓練，これに必要な検査及び助言，指導その他の援助を行うことを業とする者」と定義されている。言語や聴覚だけでなく，嚥下機能の回復訓練も業としている。

理学療法士が体位排痰法を実施する際や，作業療法士が食事訓練を実施する際，言語聴覚士が嚥下訓練などを実施する際に，喀痰などの吸引が必要となる場合は，実施できる行為として取り扱われている。

4) 管理栄養士

特別治療食について，医師に対し食事内容や形態を提案することや，患者に対する栄養指導について，医師の包括的な指導（クリティカルパス[*9]による明示など）を受けて，適切な実施時期を判断し，実施する。経管栄養法を行う際に，医師に対し，使用する経管栄養剤の種類の選択や変更などの提案などをする。栄養士の指導も行う。

5) 臨床工学技士

医療技術の操作や管理の専門家として，喀痰などの吸引については，人工呼吸器の操作を安全かつ適切に臨床工学技士が実施することができる行為として認められている。また，人工呼吸器を操作して呼吸療法を行う場合の動脈留置チューブからの採血を実施する。

6) 医療ソーシャルワーカー（MSW）

保健医療機関において社会福祉の立場から，①療養中の心理的・社会的問題の解決，調整援助，②退院援助，③社会復帰援助，④受診・受療援助，⑤経済的問題の解決，調整援助，⑥地域活動を行う専門職であり，社会福祉士や精神保健福祉士資格者が主にその職についている。チーム医療を実践する際には，患者やその家族のニーズに対応し，医療機関内の専門職間の連携，退院後の地域機関や在宅サービスとの連携を支える「キーパーソン」となる。回復期リハビリテーション病棟では，平成26（2014）年度の診療報酬改正により，病棟に専従の医師のほかに常勤社会福祉士1名以上を配置する強化策が講じられ，在宅に向けた調整役としての役割がさらに高まっている。

*9 **クリティカルパス**（critical path）：良質な医療を効率的にかつ安全，適正に提供する手段として開発された診療計画表のこと。診療の標準化，根拠に基づく医療の実施，インフォームドコンセントの充実，業務の改善，チーム医療の向上などの効果が期待されている。クリニカルパス（clinical path）と同義語で使用されている。

(3) 介護福祉士がかかわるチーム医療の実践

1) 回復期・慢性期医療におけるチーム医療

近年,回復期や慢性期病棟では,患者の日常生活を基本とした専門職のかかわりが重要視され,病棟に医師,看護師,リハビリテーションスタッフのみならず介護福祉士,社会福祉士,管理栄養士,歯科衛生士などを含めた専門職が配置されるようになった。

このような病棟において介護福祉士は,患者の基本的な日常生活を支援するとともに,在宅復帰に向けた生活支援を実施することが求められている。他の専門職とともにチームの一員として,アセスメントやケアプランの作成,カンファレンスに参加し,患者の生活面でのエンパワメントを促進する役割を担うことになる。

また,介護福祉士に医療的ケアが認められたことにより,病棟内では看護職との連携強化が必要とされ,在宅復帰に向けたチームアプローチでは,訪問介護の介護福祉士や訪問看護師との連携強化が必要とされている。

2) 特別養護老人ホームにおけるチーム医療

在宅サービスが推進される一方,特別養護老人ホーム(以下,特養)利用者の介護度は重度化する傾向があり,終末期(ターミナル)を含めた医療的ニーズが年々高まっている。このような流れの中で,生活支援を主体にしてきた特養において,介護福祉士などによる医療的ケアは制度化されたが,同時にチーム医療の推進を図る必要性が生じるようになった。

特養では介護職のほかに看護職や管理栄養士が職員配置基準として示されているが,重度化する利用者のニーズに対応して,リハビリテーションスタッフや歯科衛生士などが専従するケースも増えている。このような専門職がチーム医療として機能するには,アセスメントから実践の段階まで,全専門職が連携して利用者にかかわる必要があるが,調整役を担うのはケアマネジャーである。

しかし,生活を主体とする特養において,直接利用者にかかわるのは主に介護福祉士であり,個々の利用者のニーズに対応する立場にある。したがって介護福祉士には,生活場面で気づいた個々の利用者のニーズをケアマネジャーに伝えて,実践場面において他の専門職と連携して,利用者の尊厳ある生活を支えることが求められている。

3) 在宅におけるチーム医療(医療・介護・福祉の連携)

地域包括ケアシステムを確立するには,訪問診療,訪問歯科診療,訪問服薬指導,訪問看護,訪問リハビリテーションおよび訪問介護,通所系サービス,福祉用具サービスなどによるチームアプローチが重要となる。

入院時から24時間対応の在宅生活をイメージしたチーム医療が確立されることにより,利用者は退院直後から在宅生活を不安なく過ごすことができるようになる。病状が悪化して再入院した場合や終末期では,特に医療と介護の連携が必要となるが,チーム医療が確立されることにより,情報共有が容易となる。

また,介護福祉士などの医療的ケアが医師の指示のもとで訪問介護において実践されることで,利用者にとっても慣れ親しんだ介護者からケアを受けることが可能となり,自己負担額の緩和も期待できるだろう。

文 献

1) 水木清久ほか編著:実践チーム医療論—実際と教育プログラム.pp.14-43,医歯薬出版,2011.

Ⅰ. 介護福祉士が行う医療的ケアの根拠と基礎

第4章 介護における生活支援と介護の倫理

- 介護における生活支援で，医療的ケアをどのように実施したらよいかについて考えることができる。
- 介護の倫理と医療の倫理にはどのようなものがあるかを説明できる。
- 専門職として医療的ケアを実施するときの倫理・態度を理解できる。

1. 介護における生活支援

　介護を専門とする介護福祉士は，急速な高齢者人口の増加，核家族世帯の増加，扶養意識の変化，女性の就労率の増加などによってこれまで家族が担ってきた介護などの家族機能が低下したこと，福祉に対するニーズが多様化・高度化し専門的対応が必要になってきたことなどの社会情勢の変化を背景に，昭和62（1987）年に国家資格として誕生した。

　その後，社会の変化とともに介護へのニーズも変化している。特に平成12（2000）年に始まった介護保険の理念である利用者が自ら介護サービスを選び，決定する「自己選択」「自己決定」や「自立支援」という考え方は，介護のあり方を大きく変えた。入浴，排泄，食事などの身体介護や環境整備などの援助は，生活を送るうえで必要な援助である。しかし，人は生きるために食事や清潔の確保を必要とするのであって，食事や清潔の確保が生きる目的ではない。生活とは幸せを求めて，より良く生きることである。生活の質を決めるのは生存することを確保したうえで，自分らしく自己実現を目指す生活を送ることができるかどうかである。

　介護は障害があっても，要介護状態であっても，その人らしい生活が送れるような生活支援を行うことである。介護の利用者の中には，慢性疾患のある人，認知症高齢者，重度の障害をもつ人なども多く，生活面への支援だけでなく保健・医療のサービスも必要としている。そのため現在では，保健・医療のサービスを包含した新たな生活支援における介護が求められている。

2. 医療的ニーズのある利用者の暮らしと介護

　障害が重度であっても，自立した生活を送りたい，できることなら施設ではなく住み慣れた地域で家族とともに生活したい，人に気兼ねをすることなく自分らしく生活したい。これらは，多くの利用者とその家族が強く望んでいるところである。また，医療や医療機器の進歩により，自宅で医療を受けながら外出や学習・活動することで自己実現

を果たしている人も増えてきた。

しかし、喀痰吸引等を必要とする人は24時間体制での介護が必要となるため、家族の協力がなければ地域で生活することは難しい。利用者は、家族に負担をかけたくないと思い、我慢をすることも少なくない。医療的ニーズのある利用者は、家族に負担をかけることへの心配のほかにも、経済的な心配、仕事の心配、孤独、病気による痛みや苦しみといったさまざまな不安を抱えている。このような不安や心配を抱えている状態では、その人らしく生きることにはつながりにくい。

一方、家族も、医療機器の取り扱いや医療処置の難しさ、常時目を離すことができないプレッシャー、痰がうまく引けないときの不安など、身体的にも心理的にも負担を感じながら介護をしている。したがって利用者のみならず家族の思いも理解し、家族の心身の負担を軽減し、家族間の交流など家族にしかできない介護を家族に担ってもらえるような家族支援が必要である。

以下は、在宅で家族と生活する利用者の事例である。加齢に伴い身体機能が低下した結果、経管栄養や喀痰吸引が必要になった。しかし、その人の生活は、人生の長い歴史や家族などの影響を受けて営まれている。何が好きで、どんな人たちに囲まれて生活をしてきたのかなどを一番よく理解しているのは家族である。

事例1

Bさんは95歳。5年前に脳梗塞を発症して右上下肢麻痺となり、食事や排泄など、生活全般にわたって支援が必要となった。家族の支援と、デイサービスを利用しながら在宅生活を続けている。

嚥下状態が悪くなってからは、小さく刻んだり軟らかく煮たものを食べていたが、半年前に肺炎を発症して入院したのをきっかけに、口から食べることが困難になり胃ろうを造設した。今は家でもデイサービスでも経管栄養である。

自宅では、いつも家族と一緒に食卓を囲んでいる。夕食がお寿司の日、家族はにぎり寿司だが、Bさんは経管栄養と少量のペースト食である。Bさんは、時々手を伸ばしてお寿司を取ろうとする。家族は「お寿司が大好きだったものね。食べさせてあげたいけど…」と複雑な気持ちで、何とかならないかと考えている。

また、Bさんは痰を自力ではうまく出せず、「ゼロゼロ」と痰がらみの咳をする。自宅でもデイサービスでも痰の吸引が必要であるが、Bさんは家族が吸引チューブを持って近づくと、布団をかぶって顔を隠してしまう。「痰がからむと危ないよ」「取ったらすっきりするから」と言っても、家族の腕を力いっぱい握って離さない。口に入れさせまいとして一生懸命抵抗する。家族が「きゅういん」と口にするだけで、机をバンバンたたいて（Bさんにできるせいいっぱいの抗議だろうか）怒ることもある。

Bさんはもともと社交的で、ダンスを習ったり、絵を描いたりして暮らしていた。はっきりとした言葉はしゃべれないが、ダンスのショーを見たり、好きだった民謡を聞くと、今でも「アァ～、アァ～」と声を出して一緒に歌おうとする。家族はそのようなBさんの姿を見て、だんだんとできることが少なくなっていくが、Bさんが好きだったことや、楽しみにしてきたことを、毎日の暮らしの中で、できるだけ実現させたいと思っている。

3. 個人の尊厳と自立

　人間の**尊厳**とは,「すべての人が社会の人々から敬愛され,一人ひとりの個性が尊重されること」[1]であり,**自立**は,「自己の意思によって主体的な生活を営むこと」[2]である。

　人は,誰しもその人らしく,幸せに生きたいと願っている。個人の尊厳と自立は,何ものからも侵されることのない人としての**権利**である。この権利は誰にとっても平等で,その権利は互いに尊重されなければならない。個人の尊厳と自立は,憲法第11条の「基本的人権の享有」,第13条の「個人の尊厳」,第25条の「健康で文化的な生活の保障」により,国民は誰でも,人間的な生活を送ることができることを宣言している。

日本国憲法
第11条　国民は,すべての基本的人権の享有を妨げられない。この憲法が国民に保障する基本的人権は,侵すことのできない永久の権利として,現在及び将来の国民に与へられる。
第13条　すべて国民は,個人として尊重される。生命,自由及び幸福追求に対する国民の権利については,公共の福祉に反しない限り,立法その他の国政の上で,最大の尊重を必要とする。
第25条　すべて国民は,健康で文化的な最低限度の生活を営む権利を有する。
　2　国は,すべての生活部面について,社会福祉,社会保障及び公衆衛生の向上及び増進に努めなければならない。

　われわれは普段,個人の尊厳を保持し,自立した生活を送ることを当たり前のことのように,意識することなく生活している。しかし,人として侵されることがあってはならない人権が,老いや病,障害などにより支援を必要とする状態になったときには,容易に侵害されてしまうことがある。特に,知的障害者や認知症高齢者など,障害や病気によって物事を判断する力が低下している場合には,「利用者のために」といいながら介護職の思いの押しつけになってしまったり,介護職が主導的に介護を行って利用者の主体性を損ねたり,威圧的な態度や暴力などにつながる危険性をはらんでいる。介護者は自らを律し,利用者や家族の人権を侵す行為は絶対に行ってはならない。

4. 介護の倫理と医療の倫理

1 介護の倫理

　倫理とは「社会の中で筋を通すこと,社会の中で人々が相互にうまくやっていく規範[*1]」[3],個人と個人との関係においての行動指針[*2]である。介護の専門職である介護福祉士は,利用者の健康と安全を守り,権利を擁護するために,利用者の意思決定を最大限尊重した支援を行わねばならない。介護福祉士の職能団体である日本介護福祉士会では,自らの社会的な役割や責任を果たすために,職業人としての行動を律する基準・規範などを**倫理綱領**として公表している。倫理綱領を遵守することは,良質な介護を提

*1　**規範**：行動や判断の基準となる模範。手本。

*2　**行動指針**：どのように考え,どのように行動するかの基本となる方針。

供することにつながるものである。

> 日本介護福祉士会倫理綱領（1995 年 11 月 17 日宣言）の項目
> 1. 利用者本位，自立支援
> 2. 専門的サービスの提供
> 3. プライバシーの保護
> 4. 総合的サービスの提供と積極的な連携，協力
> 5. 利用者ニーズの代弁
> 6. 地域福祉の推進
> 7. 後継者の育成

2 医療の倫理

　日本医師会，日本看護協会などの医療関係の職能団体も，自らの社会的な役割や責任を果たすために，職業人としての行動を律する基準・規範などを倫理綱領として公表している。長い間，医師は患者のために治療に専念するのが当然であると考えられていた。また，患者は医療の専門知識がなく正しい判断をすることは難しいため，医療における治療方針などの決定は医師に任せておけばよいと考えられていた。しかし現在では，利用者（患者）の人権意識の向上と自分の健康は自らの責任において決定するものであり，医療者側の主導ではなく利用者（患者）側との双方の責任において医療が行われるべきであると考えられている。

　医療倫理の原則とは，医療活動に際して医療従事者がとるべき行動や姿勢に関する倫理原則のことである。ビーチャムとチルドレスは「自立尊重，無危害，仁恵，正義」の 4 原則を提唱している。

> 医療倫理 4 原則
> ①自律尊重原則：患者の考え，選択，行動を尊重すること。
> ②無害原則：患者に危害を与えないこと。
> ③仁恵原則：患者の幸福や利益になるよう行動すること。
> ④正義原則：担当患者を平等に扱うこと，資源を公平に配分すること。

　介護福祉士には，喀痰吸引等の医行為が業務に加えられたことによって，介護倫理とともに医療倫理を理解し，利用者との関係を築いていくことが求められる。

3 利用者（患者）の権利

　すべての患者は個人として人格を尊重され，最善の医療を受ける権利がある。この**患者の権利**は，アメリカ病院協会の「患者の権利章典」(1972) や，世界医師会の「患者の権利に関するリスボン宣言」(1981) などで明確に規定されている。

　より良い医療を提供していくためには，「医療の中心は利用者（患者）」ということをあらためて認識し，利用者（患者）と医療従事者が互いの信頼関係に基づき，両者が協力してその実現を目指す必要がある。患者の権利に関するリスボン宣言では，医師や医療従事者，医療組織が保障すべき利用者（患者）の主要な権利である「良質の医療を受ける権利」「選択の自由の権利」「自己決定の権利」「情報を得る権利」「守秘義務に対す

る権利」「健康教育を受ける権利」「尊厳を得る権利」「宗教的支援を受ける権利」をあげ，また，意識のない患者への対応，法的無能力の患者への対応，患者の意思に反する処置についてを定めている。

利用者（患者）の権利が当たり前のこととして認められ，医療者との間に信頼関係が構築できれば，最善の治療結果が得られることになる。

4 利用者・家族に対するインフォームドコンセント（説明と同意）

インフォームドコンセントとは，「十分な説明を受けたうえでの患者の**同意・承諾**」のことで，医療の場での患者の自己決定権が論じられるときに用いられる。不治の病や重篤な障害が残る病気などの**告知**は，患者に絶望を与えるという理由から行わないことが主流の時期もあったが，現在では，「インフォームドコンセントの概念を医療の場における意思決定の中軸としてとらえ，それを促進することによって，患者は，より『良い』，より『主体性に富んだ』決断を下せるようになり，医師側としても，患者との信頼の向上と法律的責任への不安の減少が期待でき，両者ともに益するものである」[4]とされている。

インフォームドコンセントは，病名の告知や治療方針の決定の際に行われるものだけを指すのではない。信頼関係を構築するための出発点であり，継続して本人や家族を支えていくためのかかわりの中で常に繰り返し行われるものである。

（1）インフォームドコンセントを支えるかかわり

次に紹介するのは，ケアチームが利用者と家族のインフォームドコンセントにかかわった事例である。夫婦での話し合いも行われ，選択した結果に対する満足が述べられている。

> **事例2**
> 脳梗塞（こうそく）による麻痺（まひ）で嚥下（えんげ）が困難になった78歳のCさんは，食事が摂れず，みるみるやせていった。日に日に食べる意欲をなくし，「何もしたくない」と言っていた。悩んでいたCさんの妻は，主治医や訪問看護師，訪問介護員を含むケアチームとの話し合いで，胃ろうの造設や経口摂取の可能性について，訪問介護・介護サービス内容についての詳しい説明を受けた。
> 夫婦で話し合い，補足説明を受けるなどした後，Cさんは胃ろう造設の手術を受けることにした。その結果Cさんは入院中は処方された栄養剤のみだったが，自宅に戻ってから嚥下訓練を受け，大好きなプリンが食べられるようになった。
> 食べる意欲を取り戻したCさんは，1年で豆腐やうになどの軟らかい物からマグロやうなぎまでも食べられるようになった。2年後には一番の好物であるすき焼きを食べながら「生きていてよかった」と夫婦で喜び合う姿があった。

（2）インフォームドコンセントが不足したかかわり

次は利用者に代わって家族が胃ろうを選択し，後にその選択が正しかったかどうかを家族が悩んだ例である。利用者や家族は医学専門用語を理解できなかったり，十分に周囲の人々の意見を聞くこともできないまま治療方法の選択をしなければならない場面を経験することがある。こうした状況が起こりうるということを介護職は理解し，患者お

よび家族ができるだけ納得できるように支援する必要がある。

事例3

Dさんの父親（88歳）は，特別養護老人ホームに入所していたが，誤嚥性肺炎を起こして入院した。熱が出たり，小康状態に戻ることを繰り返し，3か月近くが経ち，Dさんは医師からの呼び出しを受けた。

「Dさんのお父さんは現在は意識ももうろうとしていて，点滴のみで栄養補給をしている状態です。このままだとあと1週間くらいかもしれません。栄養補給するためには胃ろうという方法がありますが，どうしますか？ 手術は15分くらいの簡単なものです」と医師から告げられた。

Dさんは，胃ろうという言葉は知ってはいたが実際に見たことはなく，よくわからなかった。何を質問してよいかもわからないまま，一人悩んだ。「父は胃ろうをつくりたくないかもしれない，でも胃ろうをつくらなければあと1週間か…」そのとき，「なるべく長く生きてほしい」というDさんの母親のつぶやきを聞いた。その瞬間，胃ろうをつくることにDさんの心は決まった。

父親は意識が戻らないまま，半年後に亡くなった。Dさんは，今でも自分の決断が正しかったのかどうかを考えている。

（3）判断能力が低下した利用者のインフォームドコンセント

幼い子どもや，知的障害者，認知症高齢者，何らかの精神的・神経的な疾患を患っている人，一時的に意識不明や昏睡状態にある人などは，意思決定能力が低下し，自分自身で意思決定を行うことが難しい場合がある。事例3においても，利用者の代わりに娘のDさんが説明を受け，利用者や他の家族の意思を推測しながら選択，同意を行っている。日ごろから延命治療が必要になったときにはどうしたいのかを家族で話し合い，互いの意思を確認し，リビングウィル*3 を作成しておくことも有効な手立てである。

介護福祉士は理解力や記憶力に障害のある利用者に対して，医療的ケアを行う場合には，そのつど利用者が理解・納得できるように，わかる言葉で，またさまざまなコミュニケーション方法を使って説明をし，利用者が安心して医療的ケアを受けられるようにしなければならない。

（4）医療的ケアの実施とインフォームドコンセント

利用者（患者）は医師からのていねいな説明を受けたうえで，治療に同意をしていることを前提としている。しかし場合によっては，医師の説明内容が難しくて理解できなかったり，自己決定するための情報が少ないまま治療に同意したり，医療的ケアが苦痛を伴うことによりケアを拒否することもある。介護福祉士は生活支援を通して，利用者が現在受けている治療に対し十分に理解しているか，説明をどのように受け止めているか，治療への不安を抱えていないかなど，利用者の思いを知りうる立場にある。適切な医療を選択し決定できるように，利用者の代弁者として，医療の内容についてわからないことを質問したり，一緒に説明を受けることも必要な支援のひとつである。

介護福祉士の行う喀痰吸引等は，医師の指示書を受けて実施するものである。しかし，医師の指示書を受けていても，実施するたびに介護福祉士からも利用者への説明を行い，利用者の納得と同意のうえで行われなければならない。

*3 リビングウィル (living will)：事故や重症疾患によって判断能力が失われた際にどのような医療を希望または拒否するかを，意識が清明なうちに文書として残しておくこと。

(5) 個人情報の保護

　介護福祉士は，利用者の生活支援という専門性から，個人のプライバシーにかかわることが多い。「社会福祉士及び介護福祉士法」第46条（**秘密保持義務**）には，「社会福祉士又は介護福祉士は，正当な理由がなく，その業務に関して知り得た人の秘密を漏らしてはならない。社会福祉士又は介護福祉士でなくなった後においても，同様とする」とあり，罰則規定も設けられている。**守秘義務**は法によって定められており，守られるべきものであり，これを侵すことは，利用者との信頼関係の崩壊，人権の侵害にもつながる。

　個人情報の取り扱いについては，トラブルが多発していることを受けて，平成15（2003）年に「個人情報の保護に関する法律」が制定された。第3条（基本理念）において，「個人情報が，個人の人格尊重の理念の下に慎重に取り扱われるべきものである」とされ，個人情報を取り扱うすべての者は，個人情報の性格と重要性を十分に認識し，その適正な取り扱いを図らなければならないことが明記され，「個人情報の適正な取り扱いの確保に関する活動を支援するためのガイドライン」が定められている。個人情報を取り扱うすべての者の範囲は，病院，診療所，薬局，介護保険法に規定する居宅サービス事業を行う者などの事業者などである。

文　献

1) 黒澤貞夫：介護福祉士養成テキスト　人間の尊厳と自立―生活場面における「人間」の理解．p.10，建帛社，2009．
2) 黒澤貞夫：介護福祉士養成テキスト　人間の尊厳と自立―生活場面における「人間」の理解．p.29，建帛社，2009．
3) 関根透：日本の医の倫理―歴史と現代の課題．pp.11-12，学建書院，2003．
4) 医療倫理Q&A刊行委員会編：「医療倫理Q&A」．p.265，太陽出版，1998．

Ⅰ．介護福祉士が行う医療的ケアの根拠と基礎

第5章 健康状態の把握

- 平常の健康状態の観察の意義，観察内容について説明できる。
- 健康状態の観察方法として，バイタルサインの見方を説明できる。
- バイタルサインの測定を実施できる。
- 急変状態，急変時の対応について説明できる。

1. 健康とは

「あなたの現在の健康状態はいかがですか」という意識調査に答える場合，「良い」「まあ良い」「普通」「あまり良くない」「悪い」の選択肢から，あなたはどの回答を選ぶだろうか。あるいは，選択肢が「健康である」「あまり健康とはいえないが，病気ではない」「病気がちで寝込むことがある」「病気で一日中寝込んでいる」の場合は，どれを選ぶだろうか。

このような意識調査に答える場合，多くの人は，健康状態を体調や具合の良し悪し，体の病気であるか否かで判断する。また，健康に対するとらえ方は人によってさまざまであり，病気の症状があっても「楽しく暮らせているから健康には満足している」という人もいれば，病気の症状はないが「あまり健康とはいえない」という人もいる。このように健康は病気の有無で判断されやすい一方で，健康に対する考えは個人の価値観や生活環境，文化，あるいは宗教などにも左右されることがある。

健康の定義については，世界保健機関（WHO）憲章の前文に記載された次の定義が知られている。

> **健康の定義（WHO憲章，1948）**
> 　健康とは単に病気でない，虚弱でないというのみならず，身体的，精神的そして社会的に完全に良好な状態を指す。
> （厚生労働省「健康日本21（第2次）の推進に関する参考資料」第1章．平成24年7月）

WHOは健康の定義を，「単に病気・虚弱でない」だけでなく，「身体的・精神的・社会的に良好な状態」としている。この定義が示されたことにより，健康の概念は，疾病中心の健康観から人間を総体的にとらえた健康観へと変化した。また，健康を心身の状態だけでなく，社会的な状態からもとらえている。

2. 平常の健康状態の観察

> **事 例**
> 　Eさん（76歳）の平熱は36.8℃，Fさん（83歳）の平熱は35.8℃である。Fさんはいつもどおりに過ごしているが何となく元気がない。二人とも今朝の熱は36.8℃である。「二人とも熱がない」と判断するのか，「Fさんの体温は問題かもしれない」と考えるのでは，介護職の対応は異なってくる。

1 観 察

　観察とは，「物事の状態や変化を客観的に注意深く見ること」，つまり特定の目的のために現象や事実を確かめることである。

　利用者の健康状態は，身体面・精神面・社会面から広く観察するとともに，年齢や個人差などを考慮して観察する必要がある。例えば，心理・精神的なものが原因で食欲低下という身体面での変化がある場合は，身体面の観察で食欲低下の事実は確認できても，それだけで原因の理解はできない。また，健康状態は加齢や疾病による影響があり，個人差もある。さらに，利用者は健康状態が不安定な人も多い。普段から健康状態を観察し，その人の平常の健康状態を知ることは，健康の維持や異常の発見につながる。

2 健康状態の観察

　観察の方法は，①自分の感覚機能を使う，②測定器具や機械を用いて検査・測定する，③記録を読む，④コミュニケーションを通して情報を得るなどがある。利用者の生活に密接にかかわる介護職が，日常で観察・把握できる内容を**表5-1**にあげる。

表5-1　健康状態の観察項目

既往歴・現病歴	記録類や医療職から情報を得て，既往歴・現病歴，服用している薬の内容や副作用を把握する
意識	利用者の会話や行動，他者とのかかわりを通して意識状態を観察する
気分	元気がない，ボーっとしている，興奮している，落ち着かないなど
顔色や表情	顔面紅潮，顔面蒼白，表情がいつもと異なる，活気があるなど，体調の変化を知ることができる
皮膚	皮膚の色，張り，湿り具合，乾燥，温度の状態，チアノーゼ，発汗，疼痛，搔痒感，発赤，腫脹，傷，褥瘡，浮腫の有無など
動作	体の動きが遅い，ぎこちない，傾いているなど
睡眠	夜間の睡眠時間，昼間の睡眠時間，目覚めの状況など
口唇・口腔	口唇の色や乾燥，口腔内の乾燥，口臭，舌や歯の状態，のどの発赤など
食欲	食欲の有無，食事摂取量，嗜好など
排泄	量，回数，色，混入物，便秘の有無，失禁の有無，排泄時の痛みや排泄状況など
体重	体重の増減
その他	呼吸困難，頭痛，腹痛，胸痛，嘔吐，しびれ，発熱の有無など

3. バイタルサイン

1 バイタルサインとは

*1 バイタルサイン：vital signs

バイタルサイン*1の和訳は「生命徴候」である。つまり、ヒトが生きていることを示すしるしで、生きていることを外から把握することのできる項目をいう。

具体的には、「体温」「脈拍」「呼吸」「血圧」を指すが、救急医療では「意識レベル」も含む。広義には、精神状態、皮膚の温度、発汗、排尿・排便、食欲、神経反射、睡眠なども含まれる。

2 バイタルサイン測定の目的

バイタルサインは体の状態を把握するうえで欠かせない情報である。バイタルサイン測定の目的は、体の状態を数値として客観的に確認することである。具体的には以下の目的がある。
①健康状態の把握、平常状態の把握。
②異常の発見。
③異常の程度の把握。

4. バイタルサイン測定

1 体温測定

(1) 体温とは

体温とは、身体内部の温度のことをいう。脳の視床下部には体温調節中枢があり、体温を一定に保つように働いている。体内で産生する熱と体外へ放散する熱のバランスを保っていれば、体温はほぼ一定である。

(2) 体温計の種類

*2 水銀体温計：WHOは、水銀を使った体温計や血圧計などの使用を2020年までにやめることを目指している。

体温を測定する体温計は、水銀式、電子式(サーミスタ式)、赤外線式などがある(図5-1)。体温測定は、「腋窩」「口腔」「直腸」「耳孔」などの部位で行う。
①水銀体温計*2：ガラス管の先端に水銀槽があり、平型や棒状をしている。42℃までし

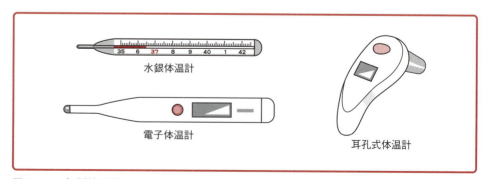

図5-1 各種体温計

か測れない。ガラス管なので水洗いや消毒液に浸けることができるため衛生的であるが、破損しやすい。使用前に破損の有無、目盛りが35℃以下に下がっていることを確認する。

②**電子体温計**：実測式と予測式の2種類がある。実測式は平衡温（体の内部の温度と同じくらいの温度）に達するまで計測するので、腋窩温で通常10分間以上測定する。予測式は一定時間（30秒、60秒など）測定し、平衡温を予測する。腋窩用、腋窩と口腔兼用、基礎体温計がある[1]。水洗いできる防水タイプもある。

③**赤外線式体温計**：人体表面から出ている赤外線を検知することにより体温を測定する。耳・鼻・額・頸部・舌下などの部位に計器を当て、約1秒で測定できる。耳孔式の場合は耳内で測定するが、他は皮膚に触れずに測定するため衛生的である。

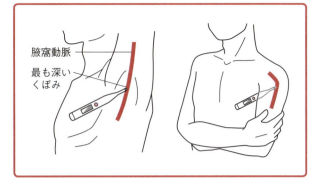

図 5-2　腋窩での体温測定法

（3）電子体温計による体温測定

体温測定の方法は、測定部位、体温計の種類によって異なる。ここでは、電子体温計を使用し、腋窩で測定する方法について述べる。

1）体温計の点検

電源スイッチを入れる（88.8などの表示が出る）。

2）利用者の条件を整える

①腋窩の発汗の有無を確認し、発汗があるときは拭く（発汗があれば気化熱によって熱を奪われ、正確に測れない）。
②利用者がやせている、衰弱している場合は、腕を押さえ腋窩の皮膚を密着させる。
③麻痺がある場合は、健側*3で測定する。
④左右差のある場合があるので、測定側は一定にする。

3）体温計を正しい位置に挿入する

体温計の感温部（先端）を腋窩動脈走行部である腋窩中央に向け、斜め30〜45°の角度で当てる（図 5-2）。

前腕を腹部につけると、腋窩の皮膚が密着し体温計を固定しやすい。

4）測定結果を読む

計測が終わると電子音が鳴る。体温計を測定部位から取り出し、表示温度を読む。

5）後片づけ

アルコール綿で拭き、ケースに入れ、所定のところにしまう。

2 脈拍測定

（1）脈拍とは

心臓は収縮と拡張を繰り返すことで全身に血液を送り出すポンプの役割をしている。心臓の**拍動***4により左心室から血液が**拍出***5され、動脈を通じて全身に血液が送られ

*3　**健側**：麻痺や痛みなどのないほうをいう（麻痺の場合は非麻痺側ともいう）。麻痺や痛みなどがあるほうは患側という。

*4　**拍動**：心臓が律動的に収縮運動をし、収縮と拡張を繰り返すこと。拍動する回数を心拍数という。

*5　**拍出**：心臓から血液が出されること。

る。拍動により心臓から血液が送り出されると，動脈内圧の変動や動脈血管壁の振動が生じる。振動は体表面の動脈から触知でき，これを**脈拍**とよぶ。脈拍は心臓の拍動とほとんど一致するため，脈拍の速さやリズムなどで心臓の状態がわかる。

(2) 脈拍の測定部位

一般的には橈骨動脈で測定するが，図5-3の部位でも測定できる。

(3) 脈拍測定

①測定者の手はあたたかくしておくように心がける。

②脈拍の変動要因を排除し，測定前は5分以上安静にする。

③食後や入浴後は，30分以上経ってから測定するほうがよい。利用者が安楽な姿勢で測定する。

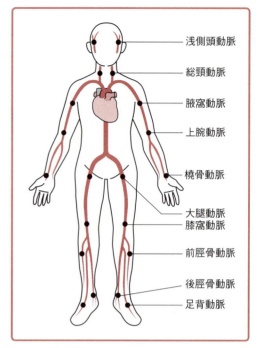

図5-3 脈拍の主な触知部位

④第2・3・4指の3指を少し立て，動脈の走向に沿って軽く置き，脈拍を触知する（図5-4）。

⑤脈拍の回数を正確に1分間測定するのが基本であるが，以下の方法も用いられる。ただし，脈拍が不規則な場合は1分間測定する。

- 脈拍が規則的で60〜100回/分の場合は15秒測定し，その脈拍数を4倍して1分間の脈拍数とする[1]。
- 100回/分を超える場合や60回/分未満の場合は，30秒測定し，その脈拍数を2倍する[1]。

⑥回数を数えながら，脈拍のリズム，強弱などを観察する。

3 呼吸数の測定

(1) 呼吸とは

呼吸は「体に酸素を取り込み，二酸化炭素を排出する」という血液中のガス交換を目

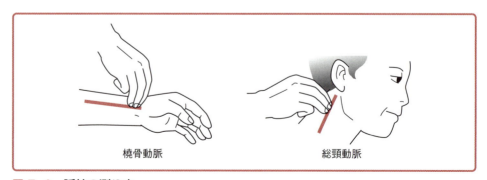

図5-4 脈拍の測り方

的として行われる生理的運動である。

(2) 呼吸測定

①胸部や腹部の動きを観察し，呼吸の回数を正確に1分間測定する。

②回数を数えながら，呼吸のリズム，深さ，呼吸音，努力呼吸の有無などを観察する。

- 測られる人が意識しないように，胸郭(きょうかく)や腹壁(ふくへき)の動きを測定する。
- 呼吸が微弱な場合は，胸や腹部に手を軽く当てて動きを観察する。薄紙を鼻孔(びこう)（鼻の穴）に近づけてその動きを見る，鏡を鼻孔に近づけてくもり具合を見るなどの方法で測定する。

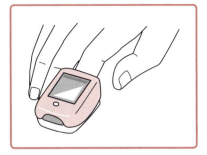

図 5-5　パルスオキシメータ

(3) 呼吸状態を測定するためのパルスオキシメータ

酸素（O_2）は血液中のヘモグロビン（Hb）に結合し，全身に運ばれる。酸素に結合したヘモグロビンを「酸化ヘモグロビン（HbO_2）」という。動脈血中の全ヘモグロビンに占める酸化ヘモグロビンの割合（比率）を，**動脈血酸素飽和度**（SaO_2）[*6] という。酸素飽和度は，呼吸機能（ガス交換）を知る指標となる。

パルスオキシメータとは，経皮的に（皮膚表面から），動脈の拍動を感知して動脈血酸素飽和度を測定する機器であり，図 5-5 のように指先にキャップのようなプローブ（測定端子）をつけて測定する〔耳朶(じだ)（耳たぶ）で測定できるものもある〕。パルスオキシメータで測定した値を**経皮的動脈血酸素飽和度**（SpO_2）[*7] という。

パルスオキシメータで正確な測定ができない状況として，皮膚表面から脈拍を検出できないほどに血圧が低下している場合や，手指に浮腫がある，手指の血液循環が悪い，マニキュアを塗っている場合などがある[2)]。

SpO_2 の正常値は，おおよそ100～95％である（加齢によって低下する）[3)]。90％以下の場合は，末梢(まっしょう)組織へ酸素を十分に渡せない呼吸不全の状態にあると評価される[2)]。

[*6] SaO_2：saturation of arterial oxygen

[*7] SpO_2：saturation of pulse oximetry oxygen

4 血圧測定

(1) 血圧の意味

1) 血圧とは

血圧とは，「血流が血管壁に与える圧力」のことである。血圧は動脈圧と静脈圧があるが，通常は**動脈圧**を指す。

2) 収縮期血圧と拡張期血圧

血圧値を規定する主な因子は，血管を流れる血液量（心拍出量）と，血管の硬さ（血管抵抗）である。心臓は周期的に収縮と拡張を繰り返すが，心臓の収縮により血圧が大動脈から全身に送り出されたときには血圧が最も高くなり，これを**収縮期血圧**（**最高血圧**）という。心臓の拡張により血液が肺静脈から心臓へ戻るときには血圧が最も低くなり，これを**拡張期血圧**（**最低血圧**）という。120/80 mmHg[*8] のように表記する。

3) 血圧を測るしくみ

血圧計の測定方法は，血管の音を聴いて測るコロトコフ法と，血管の振動で測るオシロメトリック法の2つが有名である。電子式血圧計はオシロメトリック法である。

[*8] mmHg：「水銀柱ミリメートル」または「ミリメートルエッチジー」と読む。

(2) 血圧計の種類

血圧計の種類は，電子血圧計（**図5-6**），アネロイド血圧計，水銀レス血圧計などがある。

(3) 血圧測定

電子血圧計を用い，上腕動脈で血圧測定を行う方法は次のとおりである。

1）血圧計の点検

血圧計が正確に機能するかを確認する。

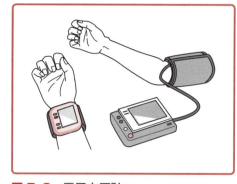

図5-6 電子血圧計

2）利用者の条件を整える

①運動，食事，寒冷など，測定値に影響する要因を測定前に避けるようにする。測定前に，排尿・排便をすませる。
②15分以上の安静をとった後に測定する。
③測定部位は一定にする（右上腕動脈で測定するのが基本）。
④上腕を緊縛する衣服を着ている場合は脱衣する。
⑤仰臥位または座位により，上腕を心臓の高さにする。

3）測定方法

①スイッチを押し，表示された数値を読む。
②測定終了後，血圧計をはずす。
③利用者の衣類や体位を整える。

5. バイタルサインの正常と異常

利用者が生理的に正常であるか，異常であるかは，**表5-2**を参考に判断するとよい。身体に何らかの変化があればバイタルサインは変化する。しかし，バイタルサインは年齢や運動，食事などの要因によっても変化するうえに，異常な状態をもたらす要因もさまざまある。また，正常や異常な状態は個人差があることも忘れてはならない。

6. バイタルサインの記録

バイタルサインの測定結果は，**表5-3**のように記録する。観察した項目がほかにあれば，その内容も記録する。

7. 急変状態

急変の意味は，「状態が急に変わること」である。介護・医療の現場では，生命に危機を及ぼす変化が急に生じたり，事前に予測できなかった変化が急に生じた状態を表し，**急変状態**という言葉が用いられている。

表 5-2　バイタルサインの正常と異常

	正常	異常
体温	①成人の腋窩温：36〜37℃ ②測定部位による差 　直腸温＞口腔温（舌下温）＞腋窩温 　　口腔温は直腸温より約0.5℃、腋窩温は約0.8℃低い ③年齢による差 　新生児＞成人＞高齢者 ④日差（日内変動）：午前5〜6時が低く、午後3〜6時が高い（差は1℃以内） ⑤年齢が同じでも個人差がある	体温の異常は、高体温（発熱、うつ熱）、低体温がある ①発熱（腋窩温の場合） 　37.0〜38.0℃未満：微熱 　38.0〜39.0℃未満：中等度熱 　39.0℃以上：高熱 ②低体温 　直腸温（深部体温）が35℃未満の場合をいう
脈拍	脈拍数　新生児　120〜140回/分 　　　　幼児　　100〜110回/分 　　　　学童　　80〜90回/分 　　　　成人　　60〜80回/分 　　　　高齢者　60〜70回/分 リズム　規則的で乱れがない（整脈） 左右差　なし	不整脈（数の異常な状態） 　脈拍数　　　頻脈：100回/分以上 　　　　　　　徐脈：60回/分以下 　リズム不整　脈拍のリズムがずれる 　結滞（欠滞）正常脈拍が抜ける状態 　脈拍緊張度　硬脈：指で動脈を圧迫したとき、脈が触れなくなるまでに強い力が必要 　　　　　　　軟脈：弱い力で触れなくなる
呼吸	呼吸数　新生児　40〜60回/分 　　　　幼児　　20〜30回/分 　　　　学童　　18〜22回/分 　　　　成人　　12〜20回/分 リズム　吸息、呼息のリズムが規則的	呼吸数　　　　　　頻呼吸：25回/分以上 　　　　　　　　　徐呼吸：12回/分以下 換気量　　　　　　過呼吸：1回換気量が増加 　　　　　　　　　減呼吸：1回換気量が減少 呼吸数と換気量　　多呼吸：呼吸数と換気量が増加 　　　　　　　　　少呼吸：呼吸数と換気量が減少 無呼吸　　　　　　呼吸が一時的に停止した状態 呼吸パターンの異常　チェーン・ストークス呼吸 　　　　　　　　　ビオー呼吸、クスマウル呼吸 努力呼吸　　　　　下顎呼吸、鼻翼呼吸、肩呼吸 呼吸困難　　　　　呼吸が苦しい、努力を要するなどの自覚症状を有する状態
血圧	正常血圧 「収縮期血圧130 mmHg未満」かつ「拡張期血圧85 mmHg未満」 至適血圧（動脈硬化が起きにくい血圧） 「収縮期血圧120 mmHg未満」かつ「拡張期血圧80 mmHg未満」	高血圧 「収縮期血圧140 mmHg以上」または「拡張期血圧90 mmHg以上」

（日野原重明監修：バイタルサインの見方・読み方．pp.62-64，照林社，2009．山口瑞穂子：看護技術講義・演習ノート（下巻）．医学芸術社，pp.293-323，2007をもとに作成）

表 5-3　バイタルサインの記録の例

体温（body temperature）	体温 36.8℃	または	T：36.8℃
脈拍（pulse）	脈拍 75回/分（整）	または	P：75回/分（整）
呼吸（respiration）	呼吸 18回/分	または	R：18回/分
血圧（blood pressure）	血圧 128/80 mmHg	または	BP：128/80 mmHg

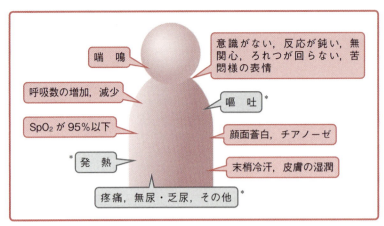

図 5-7 医師・看護職に連絡すべき急変状態

1. 医師・看護職に連絡すべき急変状態

　急変や生命に危険を及ぼす徴候は，①意識や外見の異常，②呼吸の異常，③循環の異常として観察できる。医師・看護職に連絡すべき急変状態を図 5-7 に示す。

　また，急変状態以外にも，強い痛みや発熱，無尿・乏尿，嘔吐，熱傷，骨折，窒息などがあった場合は，医師・看護職に連絡することが必要である。これらは図 5-7 では＊で示した。

2. 急変時の対応

(1) 事前に連絡体制を確認しておく

　急変時に対応できるように，緊急時の連絡体制を整え，事前に連絡方法を確認しておく。管理者，医師や看護職，家族，その他関係者など，必要な範囲の連絡網を作成しておく。

(2) 医師・看護職への報告

　①利用者の氏名，②急変時の利用者の状態（いつ，どこで，どのような状態になったか），③現在の状態を報告する。報告したうえで，④今後どのように対応するかを確認する。

(3) 対応の心構え

　急変状態には，以下のように対応する。
①あわてず，落ち着いて対応する。
②自分ひとりで自己判断しない。
③協力を求め，複数で対応する。

(4) 記録

　推測を含めず，事実を記録する。①いつ，②どこで，③どのような状態になり，④どのように変化したか，⑤どのように対応したか，を記録する。

文　献

1）田中裕二編：わかって身につくバイタルサイン．p.41,学研，2013.
2）日野原重明監修：バイタルサインの見方・読み方．pp.62-64，照林社，2009.
3）医療情報科学研究所編：病気がみえる 4 呼吸器　第 2 版．p.55，メディックメディア，2013.

Ⅰ．介護福祉士が行う医療的ケアの根拠と基礎

第6章 清潔保持と感染予防

- 医療における清潔とは何かを説明できる。
- 感染はどのようにして起こるのかについて説明できる。
- 感染を防ぐための方法に何があるかを説明できる。
- 消毒と滅菌の違いを説明できる。
- 介護職が感染しないための方法について説明できる。

1. 医療における清潔の意味

　医療における**清潔**の考え方は，私たちの日常的な使い方と違いがある。日常的な清潔とは，広辞苑によると「汚れがなくきれいなこと，不正がなく清らかなこと」とある。「清潔なハンカチ」や「あの人は清潔感がある」といった使われ方である。一方，医療の清潔は「ヒトの皮膚，粘膜を含むすべての物体の表面に，病原体が付着していない状態」[1]を意味し，主に感染予防に対する狭義の意味で使われている。

　医療では「清潔」に対する言葉として，「病原体が付着している状態」を意味する**不潔**または**汚染**を用いる。後に述べる**スタンダードプリコーション**[*1]（標準予防策）の考え方にあるように，血液，排泄（はいせつ）物（尿，便），嘔吐（おうと）物，体液などは，「不潔」として扱わなければならない。

　病原体そのものは目に見えない。したがって医療的ケアにあたる介護職は，「清潔」と「不潔」の区別を常に意識することが求められる。具体的には，日常の介護の中で，「清潔」「不潔」の領域を分けて清潔の保持に努めること，不潔領域を広げないことが大切である。

　以上のことを理解し，介護職が適切な感染予防を行うことは，利用者の暮らしの質を保つうえで欠かせない。日常の介護の中で，不潔領域を広げる可能性のある状況について**表6-1**に示す。なぜ，そのような状況になるのか，理由を考えてみよう。

*1 スタンダードプリコーション：standard precaution

表6-1　不潔領域を広げる行動

- 施設などで床に膝をつきながらコミュニケーションをとる
- おむつ交換で使用した手袋をそのまま使い続けている
- 床に落とした食べ物をワゴンの上に戻した
- 排泄物の付着したおむつや衣類を床に直接置く
- 寝衣交換後の汚れた（汗，垢，便，尿の付着している可能性のある）衣類を床頭（しょうとう）台（食べ物を置く可能性のある）に置く
- 食べた後の食器，または経管栄養で使用した物品を，手洗いやうがいをする流し台に直接置く
- 使用後の吸引チューブを拭いた清浄綿を，ワゴンの上に直接置く

2. 感染予防

1 地域集団，施設・組織としての予防策

(1) 感染と感染症

感染とは，細菌やウイルスなどの**病原微生物（病原体）**が生体の表面や体内に定着して増殖することをいう。そして，その感染により生じる病気を**感染症**という。

感染したからといって，必ずしも異常をきたし感染症を発症するわけではない。感染をしても症状が現れず，本人の自覚のないまま治癒してしまう**不顕性感染**と，症状の現れる**顕性感染**とがある。

感染症の成立には，①**感染源**，②**感染経路**，③**宿主**[*2] の3つの要因がある。

(2) 感染予防

利用者が健康で質の高い生活を送るためには，感染を予防することが重要である。

感染の予防には，感染源を除去し，感染経路を遮断するとともに，感染を受けやすい宿主（ヒト）の感受性を抑えるよう健康管理に努めることが必要である。予防について最も基本的な考え方は「感染経路の遮断」である。

1) 感染源の除去

感染源とは，病気のもとになる病原体に接触（付着）したヒトや物，環境をいう。特に不顕性感染している場合は，介護者が自分では気づかぬまま感染源になることがある。したがって介護者自身が感染しないこと，介護者から利用者に感染させないことが大切となる。

また療養環境では，室内の温度や湿度，汚染物の除去などに注意して感染源となる病原体を増殖させないよう，環境の整備に努めることが求められる。

2) 感染経路の遮断

病原体がヒトに侵入する経路を感染経路という。日常生活において注意すべき主な感染経路と病原体は**表6-2**のとおりである。

感染経路を遮断するために，飛沫感染ではマスクの着用やうがい，接触感染では手洗いが有効である。しかし，空気感染ではマスクの着用だけでは十分に予防ができないため，隔離などの対応が必要となる。

3) 抵抗力増進

抵抗力増進のためには，日常的な健康管理が必要となる。利用者の状態・状況に応じ

*2 宿主：寄生生物の寄生対象となる生物をいう。つまり，感染予防を考える際の，病原体が侵入する対象となるヒトのこと。

表6-2 病原体の感染経路

感染経路	病原体の侵入経路	病原体
空気感染	空気中に浮かぶ飛沫核（飛沫の水分が蒸発したもの）に含まれる病原体を吸うことにより感染する	結核菌，麻疹，水痘など
飛沫感染	咳やくしゃみ，会話の際に飛んだ飛沫に含まれる病原体を吸うことにより感染する	インフルエンザ，マイコプラズマ，風疹など
接触感染	病原体に汚染された食べ物や手，物を介して口から体内に侵入することで感染する	ノロウイルス，大腸菌，緑膿菌など

I. 介護福祉士が行う医療的ケアの根拠と基礎

た適切な食事や適度な運動，十分な睡眠・休息が保たれるよう環境を整えていくことが重要である。また，季節や年齢に適した形での予防接種も有効である。

(3) スタンダードプリコーション（標準予防策）

スタンダードプリコーションとは，1985年にアメリカ疾病予防センター（CDC）が提唱した病院感染対策のガイドラインをもとに，1996年にCDCがまとめた。わが国でも厚生労働省提唱の感染対策マニュアルに取り入れられた**感染予防策**である。

このスタンダードプリコーションでは，感染症の有無にかかわらず，対象となるすべてのヒトの「血液，体液，分泌物，嘔吐物，排泄物，創傷皮膚，粘膜などは，感染する危険性があるものとして取り扱わなければならない」[2]という考え方を基本としている。

具体的には，正しい手洗いの実行や防護具（マスク，手袋，ガウンなど）の着用，汚染物の適切な処理，器具の正しい取り扱いなどを指す。このスタンダードプリコーションを介護職や利用者の家族らが実施し，常に感染の予防に注意し感染のない状態を維持

①装飾品をはずす
腕時計や指輪などをはずす。爪を短く切る。マニュキアや人工爪をつけない。服の袖を上げる

②流水で流す

手の表面に付着した汚染物をあらかじめ除去することで，効果的な手洗いとなる

③液体石けんをつける

④手の平を洗う
両方の手の平をこすり洗いする

⑤手の甲を洗う

片方の手の平でもう一方の手の甲を包むようにこすり洗いする

⑥指の間，指のつけ根を洗う

両方の手を組むように揉み洗いする

⑦指先を洗う

指先をもう一方の手の平でこすり洗いする

⑧親指を洗う

片方の手の平でもう一方の手の親指を包み，ねじり洗いする

⑨手首を洗う

手首をもう一方の手の平でねじり洗いする

⑩しっかりすすぐ

石けんの残りかすが付着しないようよく流す

⑪ペーパータオルで拭く
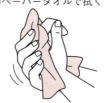
タオルで拭く場合には，乾燥した清潔なタオルを用いる（濡れたタオルには細菌が増殖する）。ペーパータオルで拭くことが有効であるといわれる

固形石けんでも液体石けんでも細菌が増殖する可能性はある。ボトルは使い切り，注ぎ足しや詰め替えをしない。詰め替える場合にも，よく乾かすなど管理を適切に行う

図 6-1　流水と石けんによる手洗いの手順（全行程40〜60秒）

することが重要である。そして一人ひとりが確実に実施する仕組みを整え，施設や事業所が責任をもって管理することのできる体制を整備することが求められる。

2 手洗い・うがい

(1)「1ケア1手洗い」を習慣化

　手洗いは，感染の伝播を防ぐために，最も簡単で最も重要な方法である。**1ケア1手洗い**を習慣化し，介護者が病原体を媒介[*3]することのないように，また体に侵入，付着，増殖していくことを防ぐことが重要である。基本的な方法は，流水と石けんによる手洗いである（図6-1）。流水の設置のない場所では，擦り込み式アルコール製剤を用いた手洗いを適時行う（図6-2）。消毒薬を用いる際には，設置場所に留意し，利用者の誤嚥などの事故につながらないようにする必要がある。

　手洗いの実施では，以下の点に注意する。

- 目で見て手が汚れていたり，たんぱくを含んだ物質（血液，体液など）で汚染したときには，石けんと流水または，消毒効果のある洗剤と流水で手を洗う[3)]。
- 熱い温水を使用しない。
- 共用のタオルを使用しない。
- 手洗い後は濡れたままにしない。
- 濡れた手で周囲の物に触れない。
- 手荒れを防ぐ。

(2) 洗い残ししやすいところ

　指先，指の間，親指，手首およびそれらのしわに洗い残しが発生しやすい（図6-3）。

*3　媒介：仲をとりもつこと。この場合，介護職が周囲の環境から病原体の感染を受け，利用者に感染させてしまうこと。

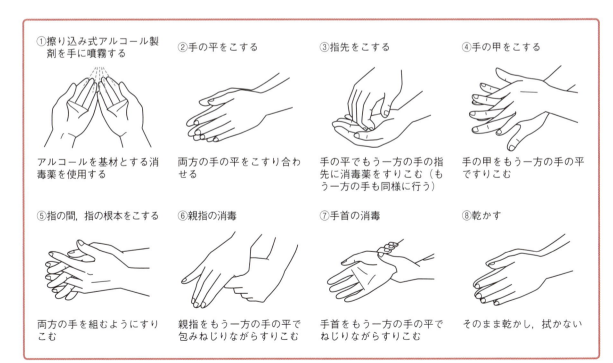

図6-2　擦り込み式アルコール製剤を用いた手洗いの手順（全行程20〜30秒）

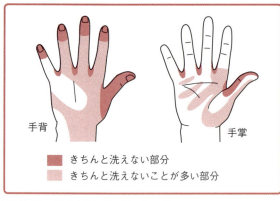

手背　手掌

きちんと洗えない部分
きちんと洗えないことが多い部分

図6-3　洗い残しやすいところ

表6-3　うがいの方法

うがいの種類	方　法
①1回目のうがい（ブクブクうがい）	口に強く含んで口腔内の汚れを除去する
②2回目のうがい（ガラガラうがい）	上を向き，15秒程度うがいする
③3回目のうがい（ガラガラうがい）	仕上げのうがいをし，適時繰り返す

(3) うがい

　うがいは，口やのどに付着した病原体を洗い流し，感染症の予防に効果的である。ヒトののどに付着した細菌は，くしゃみや咳によって放出されると，周囲のヒトに感染を引き起す危険がある。また，介護者自身が感染症を予防するためにも重要である。
　うがいには，口腔内を洗浄するブクブクうがいと，咽頭部を洗浄するガラガラうがいがある（表6-3）。

3. 消毒と滅菌

1 消毒と滅菌とは

　地球上には多くの微生物が存在している。これらの微生物は，人体で重要な役割を担っているものもあれば，重大な病を引き起こすものもある。私たちの体で重要な働きをしている微生物でよく知られているものに腸内細菌がある。一方，重大な病を引き起こす微生物は，細菌やウイルスなどである。細菌やウイルスが生物の体内または表面に付着し，感染症を引き起こす。さらに，健康なときには体に影響を及ぼさない微生物も，抵抗力が落ちたり，通常では生存しないような場所に入り込むなどして感染症を起こすことがあり，これを**日和見感染**[*5]という。これらの感染を防止するために，介護施設において医療的ケアを行う際に必要とされるのが，消毒と滅菌についての理解である。
　消毒とは，「人体に有害な微生物の感染性をなくすか，数を少なくすることをいう。消毒後，非病原微生物が残存していても消毒は認められる」[4)]とされている。
　消毒には**表6-4**のような方法がある。消毒を効果的に実施するためには，対象，場所，種類，方法，時間などの条件を考え，方法を選択することが望ましい。
　滅菌とは，「すべての微生物を死滅させるか，完全に除去することをいう（この状態を**無菌**という）」[4)]とされている。これから学ぶ医療的ケアでは，無菌の状態にある気管内部の吸引を行う。したがって，外部から気管内部に病原体を持ち込むことは感染症を起こすことにつながり，対象者の生命を危険にさらすことになりかねない。手指の消毒を十分に行い，滅菌した物品を適切に使用することで，対象者の安全が守られることを

*5　**日和見感染**：健康人では保菌・定着しかしない非病原性あるいは弱毒性の病原体（平素無害菌）が，宿主の免疫低下に応じて感染を生じるもの。

表 6-4　消毒の種類と方法

種　類	方法と特徴	対象物品
流通蒸気法	100℃の蒸気の中に 30〜60 分間接触	食器，リネン類など
煮沸法	沸騰中の熱湯の中で 15 分間以上煮沸する	
	80〜100℃の熱水または蒸気中で，1 日 1 回 30〜60 分間ずつ，3〜6 回加熱を繰り返す。加熱していないときは，20℃以上で微生物の発育至適温度に維持する	
熱水消毒	80℃の熱水に 10 分間浸ける 洗浄機は熱水を水流にして使用する	食器，リネン類，衣類，差し込み便器など
薬剤による消毒法	浸漬法（容器に消毒薬を入れた中に浸す），清拭法（消毒薬をガーゼ，布などにしみ込ませて対象物の表面を拭きとる）などがある。微生物への有効性を考えて使用する	生体，熱に弱いもの
紫外線	照射されている部分のみ消毒する 照射時間は 1〜2 時間である	ガウン，スリッパ，クリーンルームなど

表 6-5　滅菌の種類と方法

種　類		方　法
加熱滅菌法	高圧滅菌法	加圧した飽和水蒸気中で加熱する
	乾熱法	乾熱空気中で加熱する方法。160〜170℃で 120 分間，170〜180℃で 60 分間，180〜190℃で 30 分間
照射滅菌法	放射線照射法	ガンマ線，X 線，電子線などを利用
ガス滅菌法	低温滅菌法	酸化エチレンガス，過酸化水素ガスプラズマを利用

理解しよう。

　滅菌法には，加熱滅菌，ガス滅菌，照射滅菌，電子線滅菌など（**表 6-5**）がある。いずれの方法も滅菌を行うにあたっては専用の施設や設備を必要とするため，簡単に行うことはできない。このため介護施設や在宅サービスにおいては，医療機関や業者などから市販の滅菌してある物品（滅菌物）を購入して使用することになる。

　滅菌物の使用にあたっては，滅菌状態が保持されていることを以下のような事柄で確認する必要がある。
①滅菌済みの表示。
②使用期限。
③開封されていないか，水にぬれていないか，汚れがないかなど。

2　消毒薬の種類と使用上の留意点

経管栄養，喀痰吸引で主に使用される消毒薬の特徴と消毒方法を**表 6-6，7**に記す。

表6-6 経管栄養，喀痰吸引で使用される主な消毒薬の特徴

消毒薬（商品名）	消毒効果と留意点など	消毒の対象	使用濃度，時間
次亜塩素酸ナトリウム（ミルトン®，ピューラックス®，ハイター® など）	・ノロウイルスをはじめとする多くの細菌，ウイルスに有効 ・強アルカリのため，皮膚に付着させないようにする ・腐食性があるので金属には使用しない ・次亜塩素酸ナトリウムの含有量は商品によって異なる	食器（経管栄養使用物品を含む）	0.01% 10分以上
		嘔吐物に汚染された床，トイレ	0.5～1% 注いで5分以上放置し拭き取る
消毒用エタノール（消毒用エタノール）	・揮発することで消毒効果が得られる ・揮発性のため密栓で保管する ・発火性があるので火気厳禁とする ・ノロウイルスには無効	正常な皮膚 医療器具，生活環境	70% 拭き取り後，揮発したらよい
ベンザルコニウム塩化物（オスバン® など）	・芽胞を除く細菌，真菌に有効 ・普通石けんと同時に使用すると効果が減弱する ・低濃度アルコールを組み合わせた擦り込み式アルコール製剤（ウエルパス® など）が医療や福祉の現場で使用されている	手指，粘膜	0.05～0.2%を塗布
		吸引びん 吸引チューブ（気管内）	0.1% 30分浸漬

表6-7 経管栄養，喀痰吸引で使用される物品の消毒方法

対象	消毒法	備考
気管内部吸引チューブ	①使用後に，吸引チューブの外側を清浄綿で清拭する ②吸引チューブ内腔の粘液などの除去のため，滅菌水を吸引する ③8%のエタノール添加の0.1%ベンザルコニウム塩化物へ浸漬する ④使用前に消毒薬の除去のために滅菌水を吸引する	・経済的理由などで繰り返し使用する場合には，そのつど消毒を行う ・劣化が認められた場合には，ただちに取り替える
吸引びん	90℃1分間の蒸気滅菌 0.1%のベンザルコニウム塩化物への30分間の浸漬	・取扱者への危険防止のために消毒を行う ・吸引びんにあらかじめ5%クロルヘキシジン20mLを入れておく方法もある
イルリガートル，栄養点滴チューブ	0.01%次亜塩素酸ナトリウムへの1時間の浸漬	・イルリガートル（バッグ型）と栄養点滴チューブはチューブ乾燥機での乾燥も有効 ・栄養点滴チューブは24時間ごとに使い捨てとするのが望ましい ・イルリガートル（ボトル型）は80℃で10分間の熱水消毒や，食器洗浄機の利用も有効

4. 介護職自身の健康管理

　介護職は社会生活の中で，多くの人々や環境と接触する機会がある一方で，利用者とも密接にかかわる機会が多い。感染症のうちインフルエンザは，施設職員が最も施設内にウイルスを持ち込む可能性が高いとの報告[5]もある。施設，在宅にかかわらず，介護職が病原体を媒介する可能性が高いといえる。

　さらに，社会福祉施設は生活の場であるため，複数の共有スペースで利用者同士が自由に交流している。また，利用者の中には免疫力の低い人もいるため，病原体が持ち込まれた場合は感染が広がりやすく重症化しやすい。したがって介護職は正しい感染予防の方法を身につけるとともに，自らの健康管理が求められている（**表6-8**）。

1 ワクチン接種

　「予防接種ガイドライン」において，**ワクチン**による**予防接種**[*4]は，多くの疾病の流行の防止に大きな成果をあげ，感染症による患者の発生や死亡者の大幅な減少をもたらしてきたと述べられている[5]。介護職の予防接種は，免疫力を向上させ，感染症への罹

*4 **ワクチンと予防接種**：感染症の原因となるウイルスや細菌または菌がつくり出す毒素の力を弱めるなどしてワクチンをつくり，それを体に接種してその病気に対する抵抗力（免疫）をつくることを予防接種という。すべての病気（細菌やウイルス）に対してワクチンがつくれるわけではなく，できないものもある。

コラム

インフルエンザ

　2009年に新型インフルエンザ（H1N1型）が世界中に流行（パンデミック）し，18,000人以上が死亡した。体内に入ったウイルスは，少しずつ形を変えながら増殖していくため，薬剤に耐性をもったウイルスが誕生し，今日においてもヒトからヒトへと新たな形で感染している。

　では，抵抗力の弱い高齢者ではどうだろうか。冬季には，毎年インフルエンザが流行し，肺炎の合併とともに死亡する例も報告されている。特に，A型インフルエンザ罹患後に，死亡原因第3位といわれる肺炎を合併する頻度は高いとされている。このことからもインフルエンザへの対策は重要である。

　また，人工呼吸器を使用する難病患者はどうだろうか。人工呼吸器装着後の問題点として，「感染症にかかりやすい」ことがあげられる。例えば，日本全国の筋萎縮性側索硬化症（ALS）罹患者数は推定6,600名ほど，そのうち人工呼吸器装着あるいはそれに近い状態の人は2,000名程度だといわれている。ALSの特徴のひとつとして，気道感染を起こしやすいことがある。実際に，かぜをひくとALSの進行を速めるきっかけとなることの報告がされており，軽いかぜを引いただけでもたった1日で呼吸不全が進行し，夜中に救急車で運ばれる事態になることもある。かぜ症候群の仲間であるインフルエンザは感染力も強く症状の重いことから大きな影響がある。

　しかしながら，インフルエンザといっても普通のかぜと見分けがつかないことも多い。とにもかくにも，やはり日頃からのスタンダードプリコーションの実行が基本であり，利用者が安心・安全な生活を送るためには欠かせない。

表6-8 介護職の健康管理の内容

- 日常生活の管理：睡眠，活動，栄養，休息など
- 日常生活での感染予防：うがいの励行，正しい手洗いの励行
- スタンダードプリコーションの実施
- 予防接種の実施
- 定期に健康診断を受ける義務（「労働安全衛生法」第66条5項に規定）
- 介護職が感染症の症状を呈した場合の就業停止の検討
- 定期的な職員研修の実施：感染予防についての正しい知識の習得

（平成24年度厚生労働省老人保健事業推進費等補助金（老人保健健康増進等事業分）：高齢者介護施設における感染対策マニュアル．pp.18-19, 2012. をもとに作成）

表6-9 ワクチン接種について

インフルエンザ	毎年1回，接種する。接種から効果が現れるまでに2週間近くかかるので，流行時期を考え12月上旬までに接種するのがよい
B型肝炎	利用者の血液，体液に接触する可能性がある場合に接種の対象となる。採用時に接種する
麻しん，風疹，水痘，流行性耳下腺炎	小児のうちに罹患すると思われがちであるが，成人においても免疫がなければ発症し，重症化しやすい。採用時に接種する。その際，予防接種歴，罹患歴（過去にかかったことがあるか），抗体価（免疫の値）を確認してからの実施となる

図6-4 ガウンとエプロン

患を予防することや，感染症の媒介者にならないためにも必要とされている。介護職は必要性を十分に理解したうえで，予防接種を受けることが求められている（**表6-9**）。

2 個人防護具の装着

(1) ガウン，エプロン

血液・体液・排泄物・分秘物・嘔吐物などで，衣類や露出した体が汚染する可能性がある場合には，防水性のガウンまたはエプロンを使用する（**図6-4**）。ガウンとエプロンの選択は，利用者との相互作用や予想される伝播様式（病原体の広がり方）に基づく。下痢便や水様性の痰などで，広範囲に病原体で汚染される可能性がある場合には，ガウンを使用する。ガウンは上肢，体幹，大腿，膝下までを完全に覆い隠すことができる。

注意する点は，脱衣時には，汚染されているガウン（エプロン）の表面に触れないように内側にくるむことである。一度使用したものは，肉眼的な汚れを確認できなくても病原体に汚染されたものと考え，廃棄する（**図6-5**）。

(2) マスク，ゴーグル

顔面は口，鼻，目の粘膜から病原体が侵入しやすく，また，ニキビや皮膚炎などに感染を受ける可能性がある。マスク（**図6-6**）は痰，鼻汁，唾液，血液や体液のしぶき（飛沫）に接触しないように，またそれらを吸い込まないようにするために使用する。ゴーグル（**図6-7**）は眼を防御するために使用する。状況に応じてマスクとゴーグル

図 6-5　エプロンの脱ぎ方
手袋をはずし，手指消毒の後に開始する。

図 6-6　マスクのつけ方とマスクのはずし方

を組み合わせて使用するとよい。

　処置後のマスクとゴーグルは，まず手袋をはずし，手指消毒の後にはずす。それぞれの表面は汚染しているため，触れないようにする。マスクのひも，ゴーグルのヘッドバンドを「清潔」と考え，素手で把持してはずす。

(3) 手　袋[*5]

　血液や体液，粘膜，傷のある皮膚，分泌物，嘔吐物，排泄物などに触れる可能性がある場合に装着することで，感染リスクを減らすことができる。また，介護職の手指に付着している病原体が，利用者に伝播することを防ぐことができる[6]。**非滅菌手袋**と**滅菌手袋**があるが，気管カニューレ内部からの吸引は滅菌扱いとなるため，滅菌手袋を使用する〈セッシ〔鑷子（ピンセット）〕を使用することもある〉。

[*5] **手袋**：原料である天然ゴム（ラテックス）はアレルギーを引き起こすことがある。丘疹，腫脹，蕁麻疹，喘息などのさまざまな症状が出る。ラテックスアレルギーがある場合は，天然ゴム以外の手袋を使用する。

図 6-7　医療用ゴーグル

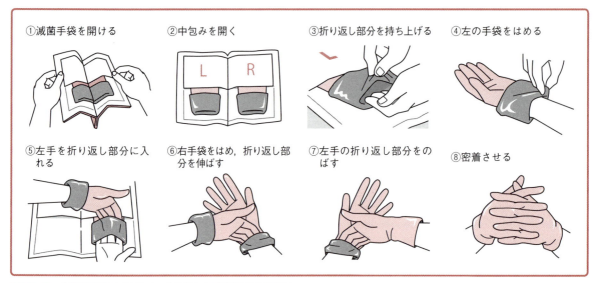

図 6-8　滅菌手袋のはめ方（事前に手指消毒を行う）

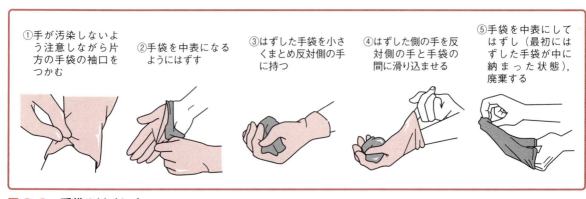

図 6-9　手袋のはずし方

（4）手袋着用の留意点（図 6-8, 9）

①手指の消毒後に手袋を装着する。

②ケアの前も後も，手袋をしたまま環境に触れてはいけない。病原体を伝播する可能性がある。

③手袋をはずした後は，手指を消毒する。手袋は手の汚染を完全に防止するものではない。手袋には製造過程でピンホール（穴）があいていることがあり，病原微生物がこの穴を通過し皮膚が汚染される可能性がある。

④別の利用者のケアに移る際には，手袋を交換する。また，同じ利用者に対して次のケアをする場合も交換する。1ケアに1枚使用する。病原微生物の伝播を予防するためである。

⑤使用済みの手袋は再利用しない。石けんやアルコールを使用して再利用すると手袋の性能が劣化する恐れがある。

(5) 介護職の身体的注意点

1) 介護職に切り傷, 手荒れがある場合

　手に切り傷や手荒れがあって介護をする場合は, 手袋をする必要がある。それらに含まれる病原体を利用者に移行させないためと, さまざまな感染源から介護職の切り傷や手荒れ箇所に, 病原体を移行させないためである。中でも食事や胃ろうの介護をする場合には, 食中毒の原因につながるため注意が必要である。

　手荒れは, 手洗いや乾燥によって皮脂膜がはがれた状態で, 外部環境から病原体が侵入しやすい。手荒れの予防には, 保湿剤の含まれた擦り込み式アルコール製剤の使用や, 手洗いの後に皮膚に合ったハンドクリームやローションを使用するとよい。

2) 介護職がかぜを罹患した場合

　介護職に, 鼻汁, 咳, 痰を伴うかぜ症状がある場合には, 症状が改善するまで就業を停止することを検討する必要がある。また, 職員の家族が感染症にかかっている場合は, 職場に早めに相談するなどの対応が必要である。

5. 療養環境の清潔, 消毒法

1 居宅や施設内の環境整備

　利用者が過ごす居宅や施設では, 感染症の蔓延を防ぐために衛生を保つ必要がある。生活空間にはトイレや浴室などもあり, 大腸菌やカビなど, 各種の菌が存在している。免疫力や抵抗力の弱い高齢者や乳幼児への感染を防ぐためにも, 利用者の生活している環境は汚染がないように定期的に整備を行っていくことが重要になる。

2 清掃, 洗濯

　利用者が感染性疾患にかかっていなければ, 普通の清掃を行う。清掃はごみ, ほこりを減らすことが基本になる。清潔な環境を整えておくためには, きれいな場所から汚い場所へ, 部屋の奥から出口に向かって行う。拭き掃除は一方向へ拭き取る。掃除用具は清潔で乾燥したものを, 区域ごとに分けて使用するなどを基本とする（**表6-10**）。

(1) 施　設

　人の手が頻回に触れる部分（ドアノブ, ベッド柵, テーブル表面, 電灯のスイッチなど）は定期的に清掃し, 必要に応じ消毒を行う。

　床や窓の敷居, 壁, カーテンなどは清掃計画に組み入れ, 不潔感のないようにする。ただし, 血液・体液などで環境表面が汚染されたときは, その部分だけに次亜塩素酸ナトリウムを用いて, 消毒しておく。

(2) リネン類

　基本的には通常のケアで使用したもので血液・体液などに汚染されていない場合は, 普通の洗剤などを用いて洗浄や洗濯を行う。また, 温度・湿度の調整や換気をするなどして湿気を除くことも大事である。

(3) キッチン・食器

　シンクや調理台, 道具などを清潔に保つ必要がある。カビや細菌の繁殖などは食中毒の原因となるため, 十分に注意が必要である。食器類は食器用洗剤で洗浄し, 食器の種

表 6-10　療養環境の清掃方法

対象		清掃方法
高頻度接触表面	ベッド柵 テーブルの表面 電灯のスイッチ類 居室のドアノブ 個室内のトイレ周辺	・1日1回以上の定期清掃または定期消毒をする （アルコールまたは0.02％次亜塩素酸ナトリウム）
低頻度接触表面	垂直表面 壁 天井 ブラインド カーテンなど	・年1～2回程度の定期清掃を行う ・肉眼的に見てほこりをかぶっていたり，汚染時はそのつど清掃する
	水平表面 床 窓の敷居	・定期的清掃する（最低1日1回） ・目に見える汚染は適時，除去する 　血液，排泄物などが付着している場合は，使い捨て手袋を着用しペーパータオルなどで拭き取る ・0.1％次亜塩素酸ナトリウムで湿らせた布またはペーパータオルで拭き掃除し，乾燥させる

（医療施設における院内感染の防止について．厚生労働省医政局指導課（2005年2月2日）．小林寛伊監訳：医療保健施設における環境感染制御のためのCDCガイドライン．メディカ出版，2004をもとに作成）

類に応じて，加熱滅菌，消毒液に浸漬するなどして，十分に乾燥できる環境を整える。

3　排泄物（便・尿），嘔吐物，血液，痰・唾液のついたものの取り扱い方

　利用者の排泄物，嘔吐物を処理する際は，必ず使い捨て（ディスポーザブル）手袋を使い，決して素手では触らない。すべての人に対して行う予防策としてスタンダードプリコーション（標準予防策）に基づき対応する。

　排泄物，嘔吐物，血液，体液を拭き取る際は，ペーパータオルなどで汚染エリアを広げないように外側から内側へ向かって拭き取る。その後感染症の疑いがない場合は水洗いをし，通常の洗濯や清掃をする。

　感染性疾患が疑われる場合は汚染場所とその周囲を0.02％次亜塩素酸ナトリウムで清拭し，消毒する。また，排泄物で汚染されたリネン類は汚物を落とした後，次亜塩素酸ナトリウムで清拭，浸漬消毒や熱水消毒をする。その後は通常の洗濯をする。

　血液・体液などで汚染されたものは，使い捨て手袋を着用し，血液を拭き取り，その部分だけに塩素系消毒薬を用いて，消毒を行う。患部に使用したガーゼや脱脂綿などは他のごみとは別のビニール袋に密閉し，感染性廃棄物として分別する必要がある。

　移動時や廃棄に際しては，汚染されたものは，他に触れないように汚染部を内側に丸め込むようにしてまとめ，専用の袋や紙などで包み，周囲への汚染を防ぐようにする。（**表6-11**）

4　医療廃棄物の処理

　医療廃棄物とは，医療機関，施設，居宅での医行為に使用して出された，注射針，ガーゼ，チューブ類などの廃棄物のことである。その多くは使用済みの注射針や輸液セット，体液の付着したガーゼなど，人体などに触れると感染する恐れのある**感染性廃**

表6-11 在宅医療廃棄物の処理

分類	種類	処理方法	感染などへの留意
注射針など先端が鋭利なもの	医療用注射針，点滴針など	医療関係者あるいは患者・家族が医療機関へ持ち込み，感染性廃棄物として処理する（各自治体に確認し，処置法に従う）	○
その他の先端が鋭利ではないもの	・ビニールバッグ類（栄養剤バッグ，蓄尿バッグなど） ・チューブ類（吸引チューブ，輸液ラインなど），注射筒（栄養剤注入器など） ・脱脂綿，ガーゼ類	市区町村が一般廃棄物として処理する（各自治体に確認し，処置方法に従う）	×

○：取り扱いによっては感染などへの留意が必要なもの，×：通常，感染などへの留意が不要なもの．

棄物である。この感染性廃棄物の処理については「廃棄物処理法に基づく感染性廃棄物処理マニュアル」〔平成24（2012）年，環境省〕において，客観性のある判断基準が示されている。

なお，医療廃棄物の処理については，原則として各自治体の処理方法に従う。各自治体のホームページや直接問い合わせるなどして確認する。

コラム

ペットボトルを使用した希釈方法

消毒薬を消毒に適した濃度にする際には，ペットボトルを活用すると簡単に希釈できる。ノロウイルスの消毒に有効な，次亜塩素酸ナトリウムを希釈する方法を紹介する。

準備
- 次亜塩素酸ナトリウム5%消毒液（キッチンハイター®）
- 空のペットボトル（500 mL）とキャップ（5 mL）
- 使い捨てビニール手袋

作り方
手指の保護目的で手袋をする。

【その1】1,000 ppm（0.1%）の消毒液の作り方（便や嘔吐物が付着した床やオムツの消毒）
- キャップ2杯（約10 mL）の消毒薬原液を，ペットボトル1本（500 mL）の水に加えれば，50倍希釈となり，1,000 ppm（0.1%）の消毒液ができる。

【その2】200 ppm（0.02%）の消毒液の作り方（衣服や器具などの浸け置き，トイレの便座やドアノブ，手すり，床などの消毒）
- キャップ半分弱（約2 mL）の消毒薬原液を，ペットボトル1杯（500 mL）の水に加えれば，250倍希釈となり，200 ppm（0.02%）の消毒液ができる。

（広島市ホームページ：消毒液の作り方．を加筆修正）

文　献

1) 深井喜代子編：新体系看護学全書基礎看護学②『基礎看護技術』，第3版．p.221，メヂカルフレンド社，2013．
2) 辻明良ほか：高齢者介護施設における感染対策マニュアル．p.8，厚生労働省，2013．
3) 村中陽子ほか：看護ケアの根拠と技術—学ぶ・試す・調べる，第2版．p.10，医歯薬出版，2013．
4) 伊東明子ほか：新看護学7基礎看護〔2〕，第14版．p.248，医学書院，2013．
5) 予防接種ガイドライン等検討委員会・財団法人予防接種リサーチセンター：予防接種ガイドライン．p.2，2005．http://www.mhlw.go.jp/topics/bcg/guideline/1.html（2015年6月15日取得）
6) 厚生労働省健康局結核感染症課日本医師会感染症危機管理対策室：インフルエンザ施設内感染予防の手引き．9．（平成25年11月改定）．

Ⅱ．喀痰吸引・経管栄養の基礎知識と実施手順

第7章 呼吸の働きと喀痰吸引

- 呼吸のしくみと働き，いつもと違う呼吸状態について説明できる。
- 喀痰吸引とは何か，喀痰吸引はどのような場面で必要になるのかについて説明できる。
- 喀痰吸引で起こりうる体の異常について説明できる。
- 呼吸を助ける人工呼吸療法と人工呼吸器について説明できる。
- 利用者や家族の気持ちを理解し，適切な対応ができる。
- 喀痰吸引を実施している人の日常生活におけるケアを説明できる。

　高齢者や障害児・者の中には，日常的に喀痰吸引が必要な人がいる。ここでは介護職として，そのような人の状況を理解し安全で適切な喀痰の吸引を実施するために，呼吸器のしくみと働きを知り，喀痰吸引の実際を述べる。

1. 呼吸のしくみと働き

1 生命維持における呼吸の重要性

　人体の細胞は，その機能を遂行し生命を維持するために常に新しい酸素を必要としている。その酸素は，呼吸によって体内に取り入れているのだが，呼吸に支障が起こり，酸素が体内に入らなくなると，生命の維持ができなくなるという重大な事態に陥る。つまり，人間は呼吸せずには生きていくことはできないのである。
　しかし，ほとんどの人は無意識に呼吸しており，健常な呼吸は通常は意識にのぼらない。何らかの呼吸障害を起こして初めて，その重要性に気づくことになる。

2 呼吸のしくみ

（1）呼吸とは
　口や鼻から空気を吸い込み，またその空気を肺から口や鼻に送り出し，吐き出すことを**呼吸**という。吸う息を**吸気**，吐く息を**呼気**という。

（2）呼吸にかかわる体の器官（呼吸器官）
　呼吸器官は多くの部分に分かれており，それぞれ固有の機能・役割をもっている。空気の入っていく流れに沿って器官をたどる（**図7-1**）と，鼻腔・口腔から咽頭，喉頭，気管，気管支，肺となる。
　空気の出し入れをしているところを**気道**といい，**上気道**と**下気道**に分けられる。上気道は鼻腔，口腔，咽頭，喉頭から，下気道は気管，気管支から構成される。下気道と肺胞には，原則として病原微生物はいない。

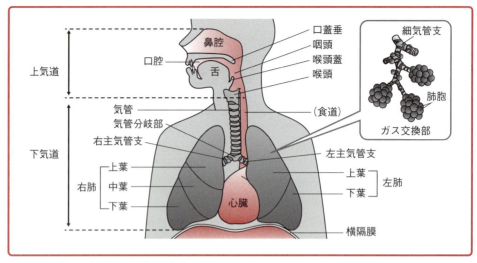

図 7-1　主な呼吸器の部位と名称

①**鼻腔，口腔**：外気は鼻腔や口腔から体内に取り込まれ，ほこりや細菌が除去され，適度な温度と湿度が与えられる。鼻腔内面は血管が豊富であり，特に鼻の入り口に近いキーゼルバッハ部位は出血しやすい。

②**咽頭**：のどの奥の部位である。この部位にある**扁桃**でもほこりや細菌が取り除かれる。口腔から咽頭までは食物も通る。

③**喉頭**：咽頭に続く部位である。枝分かれしており，ここで食物は食道に，空気は気管に流れていく。入り口に**喉頭蓋**があり，食物が通るときは，気道にふたをして気道に食物が入り込まないようにする。

④**気管**：ホースのような形で，肺への空気の通り道である。長さは成人で約 10 〜 12 cm である。

⑤**気管支**：気管支は，左右に分かれ肺内に入り，分岐を繰り返して細かく分かれ（細気管支），肺胞につながっている。

⑥**肺**：左右1対あり，やや大きい右肺は3つに分かれ，左は2つに分かれている。肺の中には1つが直径 0.1 〜 0.2 mm ほどの嚢（ふくろ）状の**肺胞**があり，ぶどうの房のように密集している。肺胞は気管支の末端にあり，肺胞のまわりを走っている毛細血管との間でガス交換をしている。

3　呼吸の働き

(1) 換　気

呼吸器官の働きのひとつは**換気**である。換気とは空気の出し入れによって，体内に酸素を取り込み，二酸化炭素を吐き出す働きをいう。肺は心臓のように自分の力で動くことはできない。換気をするためには，肺を動かす筋肉（呼吸筋）による運動が必要である。この運動を**呼吸運動**という。呼吸筋は，協働して機能している。

吸気では，横隔膜や外肋間筋の収縮によって肺内が陰圧となり，胸郭が開き，肺が自動的に拡張して空気が入る。次の呼気で呼吸筋の収縮がやむと胸部は縮小し，肺も縮小して空気が体外に出される。この呼吸運動は深呼吸をするときのように意識して行うこ

ともできるが，普段は脳からの指令によって調整され無意識のうちに行われている。

換気がうまく行われない疾患には喘息，慢性閉塞性肺疾患（COPD）*1，筋萎縮性側索硬化症（ALS）*2 などがある。

（2）ガス交換

呼吸器官のもう一つの働きが肺胞での**ガス交換**である（図7-1）。肺に吸い込まれた空気中の酸素は**肺胞**から肺毛細血管へ移動し，肺循環*3 によって各組織へ運ばれる。逆に毛細血管からは，二酸化炭素が肺胞内へ移動し，呼気によって対外へ排泄される。

ガス交換とは，酸素と二酸化炭素の受け渡しのことで，全身への酸素を供給する重要な働きである。肺胞におけるガス交換を**外呼吸**（肺呼吸），各器官の細胞におけるガス交換を**内呼吸**（組織呼吸）とよぶ。外呼吸と内呼吸は，呼吸器と循環器の密接な調節により機能している。

ガス交換がうまく行われない疾患には慢性閉塞性肺疾患（COPD）などがある。

4 正常な呼吸・異常な呼吸

呼吸は意識してその様子を変えることはできるが，普段は無意識に行っている。したがって，呼吸が自然で楽に行われているのか，苦しそうに，努力して行っているのか（努力性呼吸）をまず見極める必要がある。さらにその回数（1分間の呼吸数で速さを表す），深さ，呼吸の型（リズム）を観察する（図7-2）。

①**呼吸数**：正常な成人では1分間に12～20回，小児では幼いほど回数は増える。安静時の成人の1回の換気量は約500 mLである。

②**呼吸の速さ，深さ**：いくつかのタイプに分けられる。浅く速い呼吸である浅速呼吸や，呼吸数が1分間に25回以上の頻呼吸は肺炎や心不全でみられる。浅く回数も少ない少呼吸は終末期にみられる。深さのみが深くなる過呼吸，回数が増え深さも深くなる多呼吸は換気量が増え動脈血の二酸化炭素濃度が低下し，苦しさからさらに呼吸が亢進する場合がある。心理的な不安や緊張などの心因性の要因が基礎にあり，痙攣や意識混濁を伴うこともある場合は過換気症候群といわれる。

③**呼吸のリズム**：正常では規則正しく一定であるが，周期性に異常を示す場合がある。チェーン・ストークス呼吸は無呼吸のあと浅い呼吸から徐々に深さを増して最大に達し，その後は振幅を減じ無呼吸に移行するもので，尿毒症，心不全などの場合にみられる。主に髄膜炎にみられるビオー呼吸は深さの変化はなく，短い呼吸の間に突然呼吸停止期が現れる呼吸型である。周期性の異常ではなく，持続的な深く大きい呼吸はクスマウル大呼吸といい，糖尿病による代謝性アシドーシス*4 に対する適応現象と考えられている。

④**呼吸音**：通常はほとんど聞こえないか，低く小さなスースーという自然な音である。しかし気道の一部分が狭くなり空気の流れが悪くなったり，一時的に止まってしまう場合は特徴的な呼吸音を示すこともあり，これらは聴診器を用いて聴取する。痰や分泌物の貯留によって呼吸が阻害されると「ゼロゼロ」「ゴロゴロ」という音が聞こえる。気管支喘息では気管支が狭くなるため「ヒューヒュー」「ゼーゼー」という音が聞こえる（直接聞こえる場合もある）。

⑤**呼吸困難**：吸気時に鼻翼が広がる鼻翼呼吸，さらに重症な場合に下顎を下げ口を開く下顎呼吸がみられる。喘息の発作時には仰臥位では肺のうっ血，横隔膜の運動制限，

---

*1 **慢性閉塞性肺疾患**（chronic obstructive pulmonary disease：COPD）：従来，慢性気管支炎や肺気腫といわれてきた疾病の総称。最大の原因は喫煙といわれている。

*2 **筋萎縮性側索硬化症（ALS）**：運動筋が広範囲に障害される運動ニューロンの変性疾患。感覚障害や意識障害は起らない。原因不明の難病。手足の筋力低下から始まり，呼吸筋が麻痺した場合には人工呼吸器の装着が必要になる。

*3 **肺循環**：右心室に集まった静脈血を肺に導きガス交換を行った後，肺静脈を経て心房に戻る血液の循環経路のこと。これに対して心臓の左心室から大動脈を通って送り出された血液が，全身の毛細血管に至りガス交換を終え，大静脈を経て右心房に戻る循環経路を体循環という。

*4 **代謝性アシドーシス**：血液の酸とアルカリの平衡が崩れて血漿が酸性に傾く状態。糖尿病が原因で起こる場合を代謝性アシドーシスという。

Ⅱ．喀痰吸引・経管栄養の基礎知識と実施手順

分類		呼吸数（回/分）	1回換気量	呼吸型	予測される状態
	正常な呼吸	成人 12〜20	500 mL	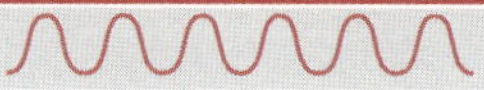	
呼吸数と換気量の異常	頻呼吸	↑（25以上）	ー		肺炎，気管支炎
	徐呼吸	↓（12以下）	ー	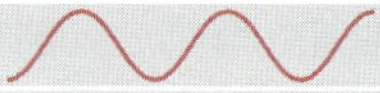	頭内圧亢進，アルコール多飲
	多呼吸	↑	↑	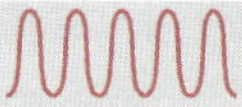	過換気症候群
	過呼吸	ー	↑	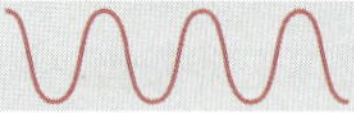	過換気症候群
	減呼吸	ー	↓		睡眠時，神経・筋疾患
	少呼吸	↓	↓		終末期
	浅呼吸	↑	↓		肺炎，心不全
呼吸型の異常	チェーン・ストークス呼吸			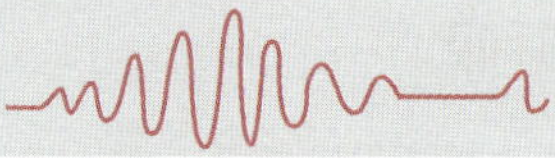	尿毒症，心不全，中枢神経系障害
	ビオー呼吸				髄膜炎，脳腫瘍，脳外傷
	クスマウル大呼吸			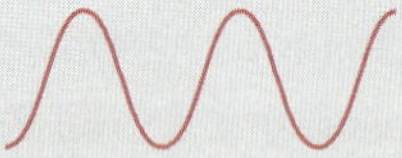	糖尿病，尿毒症
呼吸方法の異常	鼻翼呼吸			吸気時に鼻翼がふくらむ	呼吸困難
	下顎呼吸			吸気時に下顎が下がり口が開く	呼吸困難
	起座呼吸			上体を起こして呼吸する	喘息

↑：正常より増，↓：正常より減，ー：変化なし．

図 7-2 呼吸状態と観察ポイント

（落合慈之監修：呼吸器疾患ビジュアルブック，p.35，学研メディカル秀潤社，2011 をもとに作成）

換気量の減少などから呼吸困難が強くなる。そのため座って呼吸をしていることが多く，これを起座呼吸という。

2. 呼吸の苦しさがもたらす苦痛と障害

呼吸は自分の意思で一時的に止めることができるが，止めていられる時間に限界があることは誰もが体験的に知っている。呼吸をしないとたちまち苦しくなるが，呼吸をしたいのにそれが十分にできないとしたら，その時の苦しみはどのようなものだろうか。「息ができなくて，このまま死んでしまうのではないか」という恐怖を伴った不安に苦しめられることになる。

1 どんなときに呼吸がしにくい，できなくなるのか（呼吸困難）

呼吸が十分にできないと感じるときには，換気がうまくいっていない場合とガス交換がうまくいっていない場合，その両方が起こっている場合がある。具体的には次のようなことが予測される。

①空気の通り道がふさがれている。鼻が詰まったり，口やのどに何かが詰まっている。のどが腫れて気道の内側が狭くなっている場合。
②横隔膜，肋間筋などの呼吸運動にかかわる筋肉を十分に動かすことができないために十分な換気ができない。このような場合は有効な咳をすることもできないため，痰がたまってしまい，さらに呼吸がしにくくなる。
③肺に問題があり，ガス交換が十分にできない。肺胞の収縮が不十分であったり，呼吸面積が減少してしまう疾患にかかっている場合。
④ ①〜③とは異なり，呼吸が亢進して呼吸数，換気量ともに増大する多呼吸や，回数は変わらないが1回の換気量が増える過呼吸などの結果，動脈血の二酸化炭素濃度が低下して血液がアルカリ性に傾くため，息苦しさを覚え，さらに呼吸が亢進するという悪循環を起こす場合（過換気症候群），また，運動直後や精神不安や緊張から起こる場合がある。

2 呼吸が十分にできない場合（呼吸困難）に起こる状態

呼吸困難が急激に起こった場合の低酸素状態では，嘔気（吐き気），頭痛，チアノーゼ[*5]，意識障害が起こり，動脈血液中の酸素飽和度[*6]が低下する。

呼吸困難が慢性的にあり，低酸素状態が軽度に持続している場合は，不眠，頻脈，意識障害，呼吸促迫，血圧上昇，チアノーゼなどの症状を示す。

低酸素状態が重度になると意識不明，痙攣，血圧下降，徐脈となり死に至る。

3 呼吸困難に対する対応

空気の通り道がふさがれており，その原因が痰や異物である場合は，吸引によってそれらを取り除く必要がある。痰が硬く，気道に張りついているような場合は，痰を軟らかくするための薬の内服や，吸入などの処置をすることもある。

左心不全や喘息の発作時には，仰臥位では右心への静脈還流が増加し，肺のうっ血が増強して呼吸困難を起こす。そのような場合は上半身を起こしている（起座位）ほうが呼吸が楽な場合もある。

呼吸にかかわる筋や，肺そのものの機能に原因がある場合は人工的に換気を助ける人工呼吸療法などを行う。

3. 喀痰吸引とは

1 痰ができて排出されるしくみ

気道の内側は気管，気管支から分泌されるねばりのある液体（粘液）によって覆われている。この量は健康な状態であれば1日10mL程度である。一方，息を吸いこむ際にはほこりや微生物も吸いこんでおり，また肺や気管支からの滲出液[*7]も存在する。これらは気道粘膜の線毛運動[*8]によってまとまりながら口腔の方向に押しやられる。そして通常は無意識に飲み込まれ，食道へと流れていく。

しかし何らかの原因でその量が増えると，咳[*9]によって口腔内に吐き出され（喀出され），痰として自覚される。痰のねばり気（粘稠度）が高まると排出しにくくなり，

[*5] チアノーゼ：血液中の酸素が欠乏して低酸素状態になると動脈血が暗赤色になる。これが皮膚や粘膜の毛細血管を通して青紫色に見える。呼吸器疾患や心疾患，また寒冷や過度の緊張の際に一時的に起こる。

[*6] 酸素飽和度：血液中にどの程度酸素が含まれているかの値。パルスオキシメータを用いて測定する経皮的酸素飽和度（SpO_2）が測定しやすい。SpO_2は動脈中のヘモグロビンの何%が酸素を運んでいるかを示す。正常値は95%以上。95%未満は呼吸不全の疑いがある。

[*7] 滲出液：炎症を起こした血管壁からしみ出る血清・血漿成分などの液のこと。

[*8] 線毛運動：線毛上皮細胞がもつ多数の糸状の器官が，規則正しく波のように動き異物を排出する。

[*9] 咳：冷たい空気や異物を吸い込んだときや気道の粘膜が炎症を起こした場合に延髄の咳中枢が刺激され起こる。気道が刺激されたことによって起こる痰の出ない乾いた咳（乾性咳嗽）と，下気道の炎症などが原因の痰を伴う湿った咳（湿性咳嗽）がある。

口腔内に吐き出せず，気道内にとどまってしまうこともある。また，唾液（つば）や鼻汁（鼻水）が飲み込まれずにのどにたまり，痰とまざり合うこともある。

2 喀痰の性状

健康な状態であれば痰は無色透明だが，気泡を含んで白色に見えることもある。ややねばり気があり，特別なにおいはない。

しかし呼吸器の疾患によっては色，混入物，ねばり気，においが特徴的な様相を示す。口や鼻から細菌やウイルスなどの微生物や異物が入り込んだ場合や，それらを原因とする感染症（かぜ，気管支炎，誤嚥性肺炎など）の場合は痰の性状が変化するとともに，量も増えることがある。さらに痰に含まれる微生物・異物の影響，体内の水分量の不足，外気の乾燥により痰が硬くなったり，粘稠度が高まり，気道から離れにくくなる。

痰の観察項目と，特徴的な痰の性状，色から予測される疾患(病名)を**表7-1**に示す。

3 喀痰吸引とは

痰は迅速に排出されなければ呼吸のための空気の通り道をふさいでしまう。そのような状態が続けば，死に至ることすらある。また，有害なものを含む痰の影響で感染性や炎症性の疾患にかかることがある。したがって，痰を自力で排出できないのであれば，吸引器などの器具を使って人為的に痰を取り除くことが必要になる。この行為を**喀痰吸引**という。

4 介護職による「喀痰吸引」が必要になる生活場面

医療の場では，全身麻酔による手術や治療のための気管挿管や，人工呼吸器を使いながらの治療などが行われ，必要に応じて医師，看護職による喀痰吸引が行われてい

表7-1 痰の性状と色から予測される疾患

喀痰の種類	色・性状・特徴	疾 患
健 常	無色透明か気泡を含んだ白色，ややねばり気があり，無臭	
粘液性痰	ねばり気があり透明	咽頭炎，喉頭炎，気管支炎，かぜ
膿性痰	膿，または膿の塊で黄色	化膿性の気管支疾患，肺化膿症
粘膿性痰	透明で粘り気のある中に膿が含まれる。時に緑色（緑膿菌感染）	気管支炎，気管支拡張症，肺結核
漿液性痰	水のようにさらさらしており，泡だつ。時に血性でピンク色	肺水腫
漿液粘膿痰	痰を置いておくと粘液，漿液，膿の3層に分かれる	肺化膿症，腐敗性気管支炎
粘性線維素性痰	粘り気があり透明，時に錆色	肺炎，肺化膿症，心不全，肺うっ血
血性痰	血液が混じっている，褐色	肺結核，肺炎，肺癌，気管支拡張症，肺梗塞
その他	悪臭・腐臭（酸っぱい匂い）	嫌気性菌感染

る。しかし、入院して積極的な治療を受ける対象ではないものの、人工呼吸器を装着していたり体に麻痺のある人たちは、在宅や介護施設で暮らしながら、喀痰吸引などの医療的なケアが日常的に必要になる。介護職が行う吸引には、次の3つの方法がある（**図7-3**）。

① **鼻腔内吸引**：鼻の穴から吸引チューブを挿入して行う吸引。
② **口腔内吸引**：口から吸引チューブを挿入して行う吸引。
③ **気管カニューレ内部吸引**：気管カニューレ（気管を切開し装着する専用の管で気管チューブともいう）から吸引チューブを挿入して行う吸引。

5 「喀痰吸引」が必要な状態とは

どのようなときに自力で痰の喀出が難しくなり、喀痰吸引が必要になるのだろうか。

(1) 痰の量が増加する状態や疾病

①気管カニューレ挿入時、人工呼吸器使用時：鼻腔や気管などに治療のための器具であるカニューレ（管）が入っている場合には、それを体が異物として感じるため、除去しようとして痰をつくり出して、排出しようとする。
②呼吸器系の感染症：かぜ、肺炎、気管支炎など多くの呼吸器系の感染症では、体にとって有害な異物である細菌やウイルスを除去するために痰が増加する。
③肺の奥にたまっていた痰が、体を動かしたり、体位を変えることにより気管内に上がってくる。また入浴後などに湿度が上がることによって痰が増加する場合もある。
④嚥下障害や誤嚥がある場合：誤嚥された食物や唾液を除去するために食後に痰が増加し、せき込むことがある。

(2) 咳嗽反射が弱い、起こらない

咳嗽反射（咳をする反射）が弱い・起きない、咳をする力が弱い、咳をすることができない以下のような状態や疾病の場合がある。
①意識レベルの低下、終末期、昏睡状態、植物状態、脳死状態にあるような場合。
②意識して自発的に（自分で）咳をしようとしても、筋力の低下や麻痺などが原因で十分な咳をすることができない。全身の衰弱がある場合。
③痰がたまった場合に無意識に起こる咳嗽反射が、神経の働きの異常や低下により起こ

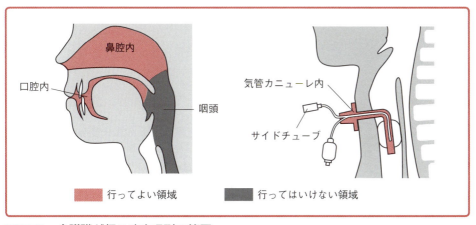

図7-3　介護職が行う喀痰吸引の範囲

(3) 誤嚥，誤飲などによる異物

誤嚥・誤飲したものが咽頭や気管をふさいでいることがある。嘔吐物が原因となる場合もある。

(4) 口腔内のケアを行うとき

口腔内洗浄器などを用いて水を吹きつけて洗浄する際には，口腔内に汚染された洗浄液がたまる。

4. 呼吸器系の感染と予防

感染症の多くは細菌やウイルスによるものである。急性ウイルス性の呼吸器疾患は多くの疾患の中でも最も身近なものといえる。いわゆるかぜや気管支炎，インフルエンザ，肺炎などである。普通の環境で生活をしていてもこれらの感染症にかかることはまれではないが，免疫力が低下している高齢者，施設などで集団生活をしている人はより感染しやすい状況にあるといえる。

1 感染経路と感染症

呼吸器系の感染症を起こす病原微生物（細菌，ウイルスなど）は，①空気中に浮遊している，②咳，くしゃみなどに含まれている（口腔内にいる），③手指や機械・器具，床や家具などに付着している。それらが飛んできたものを吸い込んだり，接触したりすることで呼吸器を通って体内に侵入してくると感染は起こる。

特に呼吸器の感染症は，細菌やウイルスが呼吸器を通って体内に侵入してくる。体内に入った細菌やウイルスは，増殖を始め，著しく数が増えると炎症が起こる。炎症が起こると発熱，腫れ，発赤，痛みなどの症状が現れる。代表的な呼吸器感染症であるかぜは上気道の感染症で，鼻腔，咽頭，気管の粘膜が赤く腫れるため，のどが痛み，鼻水や痰が増え，咳やくしゃみなどの症状が現れる。特徴的な痰が喀出されることもある（**表7-1** 参照）。原因となった細菌やウイルスの種類，炎症を起こした場所によってはさらに重篤な疾患になる場合もある。

ただし高齢者は発熱，咳などの症状がなく，倦怠感，食欲不振などの症状として現れる場合もあるため，日ごろの様子をよく知り，小さな変化や訴えを見逃さないことが重要である。変化に気づいたら医師，看護職と連携をとり速やかに対応しなければならない。

2 感染予防

感染予防については第6章（p.47〜）で述べたが，呼吸器系の感染症を予防するには次の項目が重要である。
①病原体を取り除く：部屋の換気，清掃，空気の清浄化，機械・器具の適切な消毒・保管・取り扱い，正しいうがいと手洗いの励行。
②病原体の侵入経路の遮断：マスクやエプロンなどの個人防護服の使用。
③個人の抵抗力強化：予防のためのワクチン接種，栄養，休養などを含む体調管理。

喀痰吸引が必要な人は，もともと呼吸器が十分に機能しておらず，さらに機械・器具を使用して機械的刺激となる吸引を行うことになる。感染を予防するためには，細菌やウイルスを体内に入れない万全の注意が必要である。

5. 喀痰吸引により生じる危険の種類

喀痰吸引は，吸引器・吸引チューブという体にとっては異物となるものを使い，生理的な状態に反する刺激を与える処置である。また細心の注意をはらい，正しい手技で行ったとしても，以下のような反応により危険な状態を引き起こす可能性があるということを常に心にとめておく必要がある。

①吸引チューブの挿入や吸引の際は，呼吸がしにくくなる，呼吸を止めてしまうなど酸素の供給量が低下する。
②吸引チューブにより口腔や鼻腔の粘膜が刺激され，不快なだけでなく痛みや出血が起こる可能性がある。
③口腔の奥の咽頭壁を吸引チューブなどで刺激すると嘔吐反射が誘発され，嘔吐が起こる場合がある。
④吸引に用いる器具は口腔内には消毒されたもの，気管内部（気管カニューレ内部）には滅菌されたものとし，それぞれに適した操作が必要であるが，これらが徹底されないと感染症を起こす可能性がある。

6. 人工呼吸器と吸引

1 人工呼吸器が必要な状態

病気や事故などによって自力での呼吸では十分に換気が行えなくなったときに，人工的に換気を代行もしくは補助するために，人工呼吸器を装着することがある。これを**人工呼吸療法**という。

人工呼吸療法は，**呼吸不全**[*10]になった場合や呼吸不全を予防するために行われる。人工呼吸療法の主な目的は，低酸素血症に陥った場合の酸素化[*11]の改善，高二酸化炭素血症の場合の換気障害の改善，呼吸不全に陥りそうな場合の予防，手術後などの呼吸不全の予防とされている。

2 人工呼吸療法のしくみ

人工呼吸療法は，24時間行われる場合と，就寝時に一時的に行われる場合とがある。人工呼吸器の小型化・軽量化，診療報酬制度の改定，地域医療の充実などにより，施設だけではなく，家庭でも外出時でも人工呼吸療法は行えるようになってきた。

人工呼吸療法には，陽圧式人工呼吸と陰圧式人工呼吸とがある。わが国では陽圧式人工呼吸が多く，同法には，**非侵襲的人工呼吸療法**[*12]と**侵襲的人工呼吸療法**[*13]の2種類がある。

(1) 非侵襲的人工呼吸療法

人工呼吸器は，圧力をかけて**医療用ガス**[*14]を肺に送り込む医療機器である。非侵襲

[*10] 呼吸不全：動脈血酸素分圧（PaO_2）が60 mmHg以下の状態。高二酸化炭素血症〔動脈血二酸化炭素分圧（$PaCO_2$）が45 mmHgを超える状態〕の有無や，急性・慢性の発症経過により分類される。

[*11] 酸素化：吸気中の酸素が肺を経て血液に移行すること。酸素が適正に血液に移行しているときを「酸素化がよい」と表現する。酸素化が改善されると，動脈血酸素分圧（PaO_2）が上がってくる。

[*12] 非侵襲的人工呼吸療法：非侵襲的陽圧人工呼吸療法（non-invasive positive pressure ventilation：NIPPV）ともよばれる。

[*13] 侵襲的人工呼吸療法：侵襲的陽圧人工呼吸療法（invasive positive pressure ventilation：IPPV），もしくは気管切開下陽圧換気療法（tracheostomy intermittent positive pressure ventilation：TPPV）ともよばれる。

[*14] 医療用ガス：空気あるいは酸素濃度を高くしたガス。

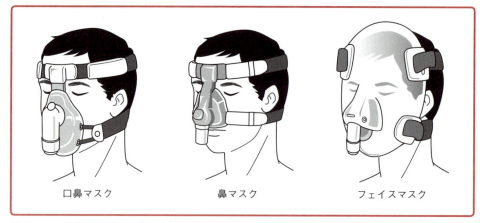

図7-4 非侵襲的人工呼吸療法で用いられるマスクの例

的人工呼吸療法では，口や鼻に**マスク**（インターフェイスともいう）を装着し，人工呼吸器につなげて換気を助ける。マスクには図7-4のように，口鼻マスク，鼻マスク，フェイスマスクなどさまざまな種類があり，利用者に適したものを使用する。

非侵襲的人工呼吸療法の利点は，すぐに導入できること，会話や食事が自由にできるなど日常生活上の制限が少ないことがあげられる。欠点は，マスクの不快，マスクの圧迫による皮膚損傷，マスク周囲から医療用ガスが漏れてしまうこと，などである。

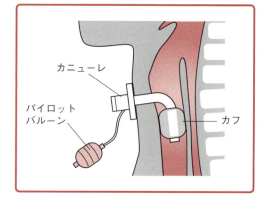

図7-5 気管カニューレを挿入した図

(2) 侵襲的人工呼吸療法

侵襲的人工呼吸療法は，呼吸障害が進行し，非侵襲的人工呼吸療法では十分な換気が得られない場合などに行われる。手術により気管切開〔気管に空気の通る孔（穴）を開けること〕を行い，そこに気管カニューレを挿入（装着）し，人工呼吸器につなげて人工呼吸療法を行う（図7-5）。

気管カニューレは口や鼻から挿入される方法もあるが，侵襲的人工呼吸療法が2週間以上の長期にわたる場合などでは，気管切開をして直接気道に挿入される。

侵襲的人工呼吸療法の利点は，呼吸のための空気の通り道が確保されることである。しかし気管切開をすることにより，基本的には発声ができなくなる。ただし，スピーキングバルブやスピーチカニューレという器具の使用などによって発声が可能な場合もある。

1）気管カニューレの種類

気管カニューレにはいくつかの種類があり，体型や用途によって使い分けられている。大きくは，カフ[*15]がついていない気管カニューレ，カフ付き気管カニューレに分けられ，ほかに，カフとカフ上部吸引ポート付き気管カニューレ（図7-6左）や，発

---

*15 **カフ**：気管チューブや気管切開チューブ先端部分についている風船状のもので，パイロットバルーンとよばれる部分から空気を注入して膨らませる。医療用ガスが漏れないように固定する。唾液などの誤嚥もある程度は防ぐことはできる。カフ内の空気を多く入れすぎる（カフ圧が高くなる）と，気管の粘膜に血流障害が生じるなどの弊害があるため，適正なカフ圧を保つことが大切である。

第7章 ◆ 呼吸の働きと喀痰吸引

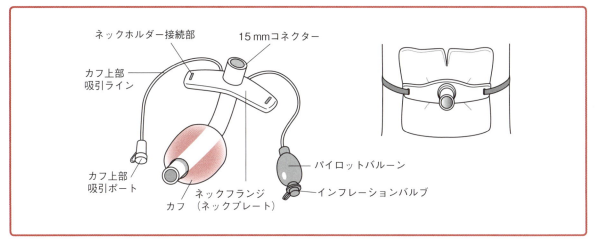

図 7-6 カフ上部吸引ポート付き気管カニューレと気管カニューレの固定の仕方

声ができるように工夫されたカニューレなどがある。

新生児や乳幼児では，カフがついていない気管カニューレを用いることが多い。年長児や成人では，侵襲的人工呼吸療法の導入時にはカフ付き気管カニューレが用いられ，その後の状態に合わせて，異なる種類のカニューレが選択されることがある。

2) 気管カニューレの固定の仕方

気管カニューレは，固定ベルトを首のまわりに通して，抜けないように固定する（**図7-6右**）。利用者の体動や回路が引っ張られることなどによって，ずれたり抜けたりしないよう注意が必要である。気管カニューレ挿入部は器具が接触しているため，皮膚がただれたり出血したりすることがある。

気管カニューレと皮膚の間には，切り込みを入れたガーゼや専用のシートを敷くことが多いが，出血や皮膚のただれなどがなければガーゼやシートを敷く必要はない。気管カニューレ周囲は清潔に保ち，異常がみられるときは医師や看護職に連絡をする。

(3) 人工呼吸器のしくみ

人工呼吸器はさまざまな機種があり，年々改良されている。在宅の場合は，設定がより簡便にできており，ほとんどが酸素の濃度設定をしないものとなっている。ここでは共通するしくみを説明するが，実際に利用者が使っている機種の使い方を十分に理解してほしい。

1) 人工呼吸器の電源

人工呼吸器の電源は，在宅では一般的に家庭用電源を用いる。人工呼吸器の機種にもよるが，停電の場合はバッテリーが数時間は作動するようになっている。平成23（2011）年の東日本大震災後は停電時の備えとして，予備の外部バッテリー，小型発電機，自動車のシガーライターソケットからの供給などの具体的な対策が提示されてきている。医療機関では可能な限り**無停電電源**[*16]を用いて，停電時も人工呼吸器が作動するように電源は厳重に確保されている。

2) 人工呼吸器の回路

人工呼吸器から送られる医療用ガスは，回路を通して利用者に運ばれる。回路は，ガスの通り道のホース（蛇管という），細菌やバクテリアを除去し空気をきれいにする

*16 **無停電電源**：瞬時特別非常電源（UPS）ともいわれ，停電からの電圧確立時間（立ち上がり時間）が0.5秒以下である。コンセントの色が，赤や緑になっている場合が多い。

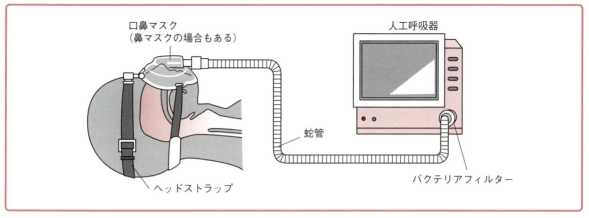

図 7-7　非侵襲的人工呼吸療法の回路

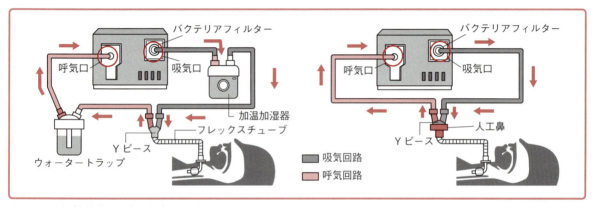

図 7-8　侵襲的人工呼吸療法の回路

*17　**人工鼻**：呼気中の熱と水蒸気をとらえ，次の吸気で放出することにより加温加湿を行うもの。人工鼻を用いた回路は，加温加湿器を使用した回路に比べて接続部が少なく，管理が容易である。しかし，大量の気道分泌物がある場合など，使えないこともある。

ためのバクテリアフィルター，ガスを一定の温度・湿度に保つための加温加湿器（人工鼻^{*17}で加温加湿する場合は加温加湿器は不要），蛇管にたまる水滴を集めるためのウォータートラップ，利用者の口元にガスを送るフレックスチューブなどからなる。この回路は，気管切開部やマスクにはコネクターで接続される。**図 7-7, 8**に，人工呼吸器の回路を示す。

3）人工呼吸器の設定の基本的な用語

人工呼吸器が設定条件どおりに作動しているか，在宅では家族介護者に点検を行うように指導されている。介護職としても，**換気モード**，**1 回換気量**，**呼吸回数**，**吸気時間呼気時間比**，**気道内圧**など，基本の用語を理解しておくとよい。**表 7-2**に，人工呼吸器の設定の基本的な用語を示す。

4）人工呼吸器のアラーム

人工呼吸器の作動中にトラブルが発生すると，人工呼吸器が異常を感知し，アラームが鳴る。アラームは，利用者か機器設定あるいは回路に異常が起こっているサインであるため，医師や看護職と連携をとり，適切な処置が行われるようにする。なお，人工呼吸器の電源供給アラームなどに対しては，医療機器メーカーが対応することも多い。人工呼吸器に表示される主なアラームを**表 7-3**に示す。

表 7-2　人工呼吸器の設定の基本的な用語

用　語	意　味
主な換気モード／調節換気（controlled mechanical ventilation：CMV）	自発呼吸がない場合に設定時間ごとに強制換気が行われる
主な換気モード／補助・調節換気（assisted/controlled ventilation：A/C）	自発呼吸がなければ強制換気をし，自発呼吸があれば自発呼吸に合わせた補助換気を行う
主な換気モード／同期式間欠的強制換気（synchronized intermittent mandatory ventilation：SIMV）	自発呼吸に合わせて設定した回数の強制換気を行い，その合間に自発呼吸も行える。最もよく使われるモード
主な換気モード／持続的気道陽圧（continuous positive airway pressure：CPAP）	強制換気は行わない自発呼吸のモードで，気道内圧に常に一定の陽圧を維持する
1回換気量（tidal volume：VT）	1回の呼吸で吸う量。一般的には1回約500 mL（6～8 mL/kg）
呼吸（換気）回数（frequency：F）	人工呼吸器で設定した呼吸（換気）回数
吸気時間呼気時間比（inspiratory time/expiratory time ratio：I：E比）	吸気時間と呼気時間の比。通常では呼気時間のほうが長い（I：E＝1：2程度）
気道内圧（airway pressure：Paw）	気道内にかかる圧力
呼気終末陽圧（positive end-expiratory pressure：PEEP）	呼気の気道内圧が0とならないように一定の圧をかける。肺胞の虚脱を防止し，酸素化を改善できる
吸入気酸素濃度（エフアイオーツー）（fraction of inspired O_2 concentration：F_iO_2）	吸入する酸素の濃度 　空気の吸入であれば，$F_iO_2＝0.21$（21％） 　純酸素であれば，$F_iO_2＝1.00$（100％）

表 7-3　主なアラーム

アラームの種類	考えられる原因	対応
低圧アラーム	・回路からの医療用ガスの漏れ ・回路のはずれや破損	回路を確認し，原因を除去する
高圧アラーム	・気道内分泌物の貯留 ・回路の屈曲・閉塞	・吸引を実施する ・回路を確認し，原因を除去する
無呼吸アラーム	利用者の自発呼吸が一定時間なくなったとき	・呼吸状態やバイタルサインなどを確認し，異常があれば医師・看護職に連絡する ・異常時は手動式人工呼吸に切り替えることもある
電源供給アラーム	コンセントプラグや電源系統の不具合，故障	・電源やバッテリーを確認し，異常があれば医師・看護職あるいは医療機器メーカーに連絡する ・手動式人工呼吸に切り替えることもある

（川口有美子，小長谷百絵：在宅人工呼吸器ポケットマニュアル．p.13, 医歯薬出版，2009. 道又元裕ほか編：人工呼吸管理実践ガイド．p.136，昭林社，2009をもとに作成）

3　人工呼吸療法中の吸引

（1）非侵襲的人工呼吸療法中の鼻腔内・口腔内吸引の留意点

①吸引時にマスクをはずすと，十分な換気が得られなくなる。そのため手早く吸引することが重要である。

②吸引による嘔吐の誘発で気道がふさがれないように，顔を横に向けて吸引を行うことが必要となる。

③マスクは，顔の皮膚に密着させてベルトで固定している。マスクが密着しすぎると皮膚が傷つくので，装着する際はきつく締めすぎない。また，はずした際などに顔の皮膚が赤くなるなどの変化がないかを観察し，異常があれば，医師・看護職に連絡する。

④吸引後には，人工呼吸器が通常どおりに作動しているか，利用者の呼吸状態や全身状態に変化はないかを確認する。

（2）侵襲的人工呼吸療法における気管カニューレ内部吸引の留意点

①気管内には通常，病原性微生物は存在しない。そのため気管内に感染源となるものを入れないように，吸引は無菌的に操作する。

②吸引時には，気管カニューレからコネクターをはずしたりつけたりする。このときに回路内の水滴が気管カニューレ内部に入り込まないよう慎重にはずして，水滴を取り除くことが必要である。はずしたコネクターは，清潔なタオルなどの上に置き，不潔にならないようにする。

③吸引時間は可能な限り短い時間とし，最長でも10秒以内に実施できるようにする。また，吸引圧の指示を守ることも重要である。安全かつ効果的に吸引できる圧は成人で最大 150 mmHg（20 kPa）である。

④吸引チューブを深く挿入すると，気道に分布している迷走神経を刺激して，心拍数が低下し，心停止や呼吸が停止したりするおそれがある。気管カニューレの先端を越えて気管内に吸引チューブを挿入することがないように，挿入の深さには細心の注意を払う。

⑤カフ上部に吸引ポートのある気管カニューレの場合には，カフより上部にたまる分泌物をカフ上部吸引ポートから吸引することができる。これによって，人工呼吸器に関連した肺炎の予防ができるとされている。吸引方法を医師や看護職に確認しておくことが必要である。

⑥吸引後は速やかに人工呼吸器の回路を接続し，人工呼吸器が通常どおりに作動しているか，利用者の呼吸状態や全身状態に変化はないかを確認する。

4 人工呼吸器装着者の生活支援上の留意点

人工呼吸器を装着している利用者の生活支援では，以下の留意点がある。

①在宅用の人工呼吸器は室内から吸い込んだ空気を利用している。フィルターを通して汚れが入りこまないようになってはいるが，ほこりや汚れが人工呼吸器に入らないように室内を清掃し，環境を清潔に保つことが大切である。

②人工呼吸器は精密機器であるため，高温多湿の場所には設置せず，水にぬれないように留意する。

③人工呼吸器の回路は，接続のねじれ，折れ，ゆるみ，はずれ，亀裂，破損によって，医療用ガスの漏れが生じて十分に換気できなくなる。回路のチューブはゆるみをもたせて慎重に扱う。

④加温・加湿するため回路内には結露が生じ，水がたまる。この水はウォータートラップに落ちるようになっており，ウォータートラップは回路の最も低い位置に設置する。ウォータートラップが水でいっぱいになると回路内に水があふれ出し，医療用ガスの流れが乱れたり，水が気管に流れたりすることがありうる。そのためウォーター

トラップ内の水は日に何度か捨てる必要がある。
⑤人工呼吸器の電源プラグを誤って抜かないように注意する。電源コードの亀裂や破損の有無も確認できるとよい。
⑥人工呼吸器にはいくつかのスイッチがついており，利用者ごとに換気モードや量などの設定がなされている。人工呼吸器のスイッチを誤って押したりしないよう注意をはらう。また，設定の変更は決してしてはならない。
⑦気管切開をしている利用者は基本的には話すことができなくなる。表情などをよく観察し，訴えを読み取る。また，意思伝達の手段を決めておくことが大切である。

5 人工呼吸器装着者の呼吸管理に関する医師・看護職との連携

(1) 日常的な連携

人工呼吸器装着者の支援をするために，以下のことを医師や看護職と取り決め，日常的に連絡し合う。
①吸引方法の留意点：利用者ごとに留意点が異なるので，あらかじめ医師に確認しておく。
②バイタルサインの状態，痰の性状，吸引前後の利用者の様子：定期的に医師・看護職と連絡を取り合う。
③人工呼吸器や付属品の管理，気管カニューレや周辺の皮膚の管理：医師・看護職が行うことであるが，これらについてもいつもと異なることに気づいた場合には，医師・看護職に連絡して対応する。

(2) 緊急時の対応

緊急の対応が必要となる場合は以下のとおりである。
- 呼吸が苦しいと訴える，苦しそうな表情がある。
- 顔色が悪く，青白い。
- 吸引したときに，気管からの吸引物が鮮やかな赤色をしている。
- 気管カニューレが抜けてしまった。
- 人工呼吸器のアラームが鳴りやまない。
- 停電などにより，人工呼吸器の作動が停止した。
- いつもの作動音と異なる音がする。

このようなときは，利用者の生命に危険が及ぶ可能性があり，すぐに適切な対応が必要である。普段から，家族や医師，看護職と以下の取り決めをしておくと，緊急時の対応がスムーズになる。
- 緊急時の連絡先。
- 連絡すべき内容。
- 対応方法。

> **コラム**
>
> **用手換気について**
>
> 　人工呼吸器を使用している利用者では，図7-9のような用手換気バッグ（蘇生バッグともいう）による手動式の換気を行うことがある。手動式の換気は，利用者の移動時や人工呼吸器の回路の交換時など日常生活場面で行われるほか，停電や人工呼吸器のトラブルなどの非常時にも必要になることがある。気管切開を行っている場合には，用手換気バッグを気管カニューレにつないで人工呼吸を行うことができる。ただし，用手換気は介護職に認められた行為ではない。
>
>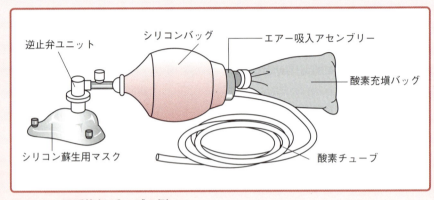
>
> **図7-9　用手換気バッグの例**

7. 吸引を受ける利用者や家族の気持ちと対応

1 利用者の気持ち

　自力で喀痰の排出が困難な利用者にとって，吸引は必要不可欠な行為である。吸引をしなければ苦しい状態が続き，生命の危機を感じることすらある。そして喀痰の吸引は決められた時間に行うのではなく，痰の分泌状況によって夜間も含め頻繁になる場合もある。さらに一時的に痰が取れて楽になっても，時間がたてばまた痰がたまって苦痛が生じる。

　日常生活を継続するうえで喀痰吸引が必須である人の気持ちはさまざまである。例えば吸引を受けるときには，「どんなことをされるのだろう」「痛くはないだろうか」「苦しいのだろうか」「ちゃんとやってもらえるのか」などの不安や，他者の手による繰り返しの吸引に対する申し訳なさをもつ場合もある。また吸引を拒否することはできないというあきらめや，できることなら吸引をされたくないという複雑な気持ちなど多様である。そしてそれらの気持ちは時と場合によりさまざまに変化することも介護職は理解する必要がある。

2 家族の気持ち

　喀痰吸引に対する家族の思いやとらえ方もさまざまである。「吸引とは何なのか」「どういう方法で行うのか」「痛くはないのだろうか」，また「本当に楽になれるのだろうか」「いつまで続くのか」など，利用者同様さまざまな疑問をもつ。さらに「吸引をされている姿を見るのはつらい」「うまく吸引ができなかったらどうなるのか」など，不安もさまざまであり，場面やその時々によって気持ちの変化が起こることも予測される。

3 利用者・家族の気持ちに沿った対応

　介護職は，吸引時の身体的・精神的苦痛をよく認識し，利用者や家族の置かれている状況を理解することが必要である。そして利用者に安心して吸引に協力してもらえるような説明，声かけを心がけ，痛みの少ない，安全な手技の習得を忘れてはならない。また病状や喀痰吸引に不安をもつ利用者は，介護者の言葉や行動に敏感になりやすい。日ごろから利用者との良好な信頼関係を保ち，単に吸引をする人としてではなく，生活を支える者として，信頼してまかせてもらえるように心がけておくことが大切である。

　そのためには「苦しくつらい気持ちはよくわかります」という受容的態度と，「安心してまかせてください」という信頼のおける態度をもって接することが重要である。そうすることで，利用者は「わかってもらえている」「支えられている」「安心してまかせよう」と感じ，現状を前向きに受け止めることができるようになる。一方，無理解な言動や自信のない行動，一方的なかかわり方は，本人や家族にいっそうの不安や苦痛を与える。

　制度が変わり介護職が医療的ケアを担うことになった現在でも，家族や利用者の中には医療的ケアは医療職が行うものと考える人もいる。介護職が医療的ケアを行うことに対して拒否や抵抗がみられる場合があるかもしれない。そのような利用者や家族に対しては特に，日常生活への支援体制，療養経過について関係職種との情報交換を密にし，チームとして支援する体制を整え，そのことを十分に説明し，理解と同意を得ることが大切になる。

4 吸引の実施についての説明

　喀痰吸引が必要であると予測された時点で，利用者はもとより家族を含めて，医療職とともに協力して十分な理解と同意が得られるような説明を行うことが大切である。まず現在の身体状況を確認する。そしてなぜ吸引が必要であるかを説明する。またできるだけ喀痰吸引をしなくてもすむように，痰を減らしたり，痰を喀出しやすい方法を話し，そのために支援していくことも伝える。やむをえず吸引をする場合の方法，手順をわかりやすく説明し，場合によっては使用する器具・機械などを見たり，触ってもらうことで，より安心感が増すこともある。

　医療的ケアにおいては心身の影響を強く受ける場合があり，過失がなかったとしても，身体的・精神的な苦痛を伴う場合もある。また事故や合併症が起こる可能性も皆無ではない。利用者，家族，介護者ともに予測した結果と実際の結果が一致しないことも起こりうる。すべての可能性を言い尽くすことはできないが，予測される状況や合併症については，理解が得られるようにていねいに説明し利用者や家族の同意を得ることが重要になる。

5 実施直前・実施中の説明と声かけ（図7-10）

実際に喀痰吸引が必要になる場面では，時間的な余裕は限られていることが多い。そこで事前に説明し同意が得られている場合や，喀痰吸引が初めてではない場合はそれらを前提に，その時の状況を確認しつつ，手順に沿って簡単に説明や声かけをし，同意を得ながら進めていく。喀痰吸引が繰り返し行われているからといって，声かけを省いたりせず，進行状況を適切に伝えていくことが求められる。また言語的なコミュニケーションが難しかったり，吸引中は声を出せないこともあるので合図の方法を決め伝えたり，表情やしぐさなどから反応を読み取っていくことも必要である。

6 実施後の説明と声かけ

実施後には，「お疲れさまでした。痰が取れて，ゴロゴロする音がなくなりましたね」など，ねぎらいの言葉や吸引の効果をきちんと伝えることを忘れてはならない。そして「痰が十分に取りきれたか」「痛むところはないか」「息苦しさはないか」「顔色はどうか」など，表情の変化などにも留意し確認・観察することが重要である。また，時間がたってから状態の変化がみられることもあるので，「いつでも遠慮なく声をかけてほしい」と伝えることも必要である。常に誠意をもって接し，ていねいでわかりやすい説明や声かけを行う。利用者や家族がどれだけ励まされるかは，介護職の対応によるところが大きい。介護職の役割と責任の重さを十分に認識し，安心・安全を心がけた対応をすることが大切である。

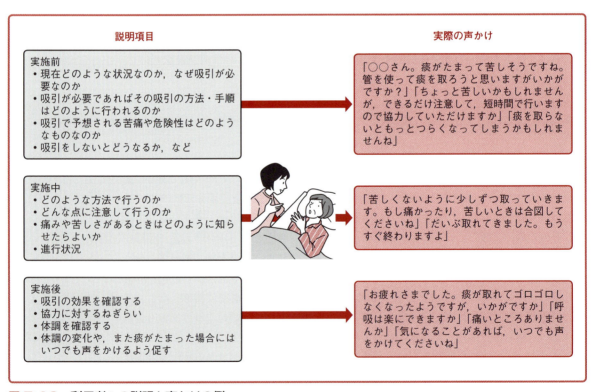

図7-10　利用者への説明と声かけの例

事例

　Gさん（女性，58歳）は，人工呼吸器を装着した状態で娘家族と同居している。病名は ALS。気管カニューレからの吸引は娘が行っている。気管切開により声を出すことができないKさんは，わずかに動く左手の指を使い，モニター画面に映る50音から文字を選び文章にして伝える。

　Gさん宅には支援のために医療や介護の関係者が日々訪れる。Gさんはそれらの人に向けて，事前に時間をかけ，文章を準備してくれている。その場でのやりとりは，50音を選ぶ方法では時間がかかりすぎるため，口の動きを見て行っている。口の動きがうまく読み取れないときは娘が読み取って伝えてくれる。Gさんと娘との会話は口の動きで読み取る方法が主であり，この方法で冗談を言ったり，親子喧嘩もしている。

　Gさんは，いつもきれいなシーツや華やかな服を身にまとい，医療や介護の関係者を迎えてくれる。「皆さんに会うのだから」と。娘がそろえてくれる明るい色や柄のシーツは，部屋中が華やかな雰囲気になり，それは介護者の気持ちも明るくしてくれる。

　人工呼吸器を使い，話すことができず，思うように動くことも難しいGさんであるが，家族とともに生きる姿勢や，その思いは私たちに十分に伝わってくる。

8. 日常生活におけるケア

1 環境整備

　喀痰排出を促すために，直接的に利用者に働きかける前にできることを考えてみる必要がある。室内の環境は喀痰排出にとってよい条件になっているのか。一般に快適な環境とは，室内温度は冬季は17℃〜22℃，夏季は25℃〜27℃，湿度50％前後といわれている。室内が乾燥していると乾いた空気を吸うことになり，気道内から水分が失われ痰の粘稠度が高くなる。また，汚れた空気が肺に入らないようにするために換気も必要である。

2 痰を出しやすくするケア

　喀痰吸引は利用者にとって苦痛を伴う場合もあり，可能な限り避けたいものであるが，自力での痰の排出が困難な利用者にとっては，生活を支援するうえで必要である。吸引を行う際は，少しでも痰を排出しやすい状態にケアをしてから行うことを忘れてはならない。安易な喀痰吸引は，利用者の安寧な生活を阻害するおそれがあることを介護者は十分に理解し，利用者にとって負担の少ない方法を実践する必要がある。ケアの実施前後には，パルスオキシメータ[*18]でSpO_2（経皮的動脈血酸素飽和度）を測定し，状態を確認することが重要である。

　痰を排出しやすくするには，①痰の粘稠度，②重力，③呼気の空気の量と速さが関連している。これらのことに効果的に対応し，痰を排出しやすい状態にしていくことが必要である。

[*18] **パルスオキシメータ**：指先に光センサーを付けて組織を透過する光を分析し，ヘモグロビンが酸素と結合している割合を求める。指にクリップ状の機械を挟むだけで簡単にSpO_2を測定することができる（p.41参照）。

(1) 痰の粘稠性への対応

痰は乾燥や発熱によって硬くなる性質がある。ねばり気の強い痰に湿度を与え, 軟らかくし, 排出しやすくする。そのためには湿潤環境を保つための水分摂取が有効である。また, 適度な水分摂取は脱水の予防にもなる。特に気管切開をしている場合は, 口腔や鼻腔の加湿機能が働かないため, 気道に適切な加湿が必要になる。ネブライザーの使用も有効である。

(2) 重力の応用（体位ドレナージ）

体内に貯留している痰は, 重力とその粘稠度により下方へ移動する。その特性を利用して, 痰のたまっている肺の区域を気管より高くなるように体位を変え, 痰を気道の末梢から中枢に向け移動させ排出しやすくする方法を**体位ドレナージ**という。実施する際は医師や看護職と連携して行う。特に強度の呼吸不全のある利用者には十分なアセスメントが求められる。

(3) 空気の量と速さの応用

1) スクイージング

呼気時に胸郭の動きに合わせ, 痰のたまっている部位を軽く圧迫し, 空気の出ていくスピードを速めることで痰の移動を促す方法である。介護者の手のひらで胸を包みこむようにして利用者が息を吐くときに軽く押す（図7-11）。息を吐くのを助けることで, 肺胞の末端にある痰を気管まで移動させる。ただし, 胸部手術創などがある場合は実施できない。

2) ハッフィング

痰の排出を容易にするための呼吸方法である。大きく深く息を吸い込み, 息を吐くときに両手でしっかりと胸を絞り込むように押すことにより, 肺の容積変化と気流の変動に合わせて自力で痰を排出する（図7-12）。ただし, 慢性閉塞性肺疾患（COPD）, 胸部・腹部手術創, 咽頭痛がある場合は実施できない。

3 口腔ケア

口腔ケアの目的は口腔内の清潔を保つことであるが, 口腔の疾患, う歯（むし歯）, 歯周病, 口腔乾燥症, 口臭を予防すること, また全身疾患（感染症や誤嚥性肺炎など）の予防にもつながる。

口腔内にはさまざまな常在菌が存在し, 唾液の自浄作用で菌の増殖を防いでいるが,

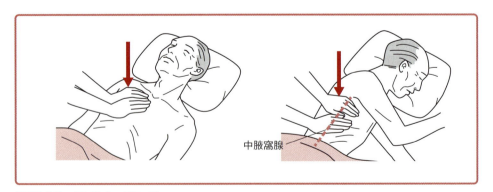

図7-11　スクイージング

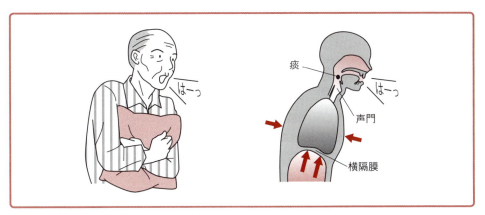

図7-12 ハッフィング

　十分な食事や水分がとれないことや，口腔内の乾燥による唾液の分泌量の減少が起こると，自浄作用が低下し細菌の感染・繁殖が起こりやすくなる。細菌が口腔内から下気道に流れ込んだ場合には，誤嚥性肺炎を引き起こすこともある。

　吸引を必要としている利用者の場合は，痰の増加や，痰が硬くなり排出しにくくなることがある。口腔ケアを実施する際には，体位を整えたうえで使用する物品を選び，安全に留意する必要がある。また利用者に開口をしっかりしてもらうことや，うがいの効果を十分に理解してもらうことも重要である。

II. 喀痰吸引・経管栄養の基礎知識と実施手順

第8章 喀痰吸引の実施手順

- 喀痰吸引に使用する必要物品，清潔保持について説明できる。
- 必要物品の準備・設置方法を説明できる。
- 喀痰吸引の実施の流れと吸引方法の留意点を説明できる。
- 実施後の報告，記録ができる。

1. 喀痰吸引の必要物品

喀痰吸引を実施するための必要物品について，表8-1と図8-1に示す。

表8-1 喀痰吸引の必要物品と用途

必要物品	用途
①吸引器	吸引チューブに接続する連結管，吸引した分泌物をためる吸引びん，陰圧がかかる装置からなる
②吸引チューブ	気管カニューレ内部および口腔内・鼻腔内に挿入し分泌物を吸引する
③清浄綿など	吸引チューブ外側に付着した痰などの分泌物を拭き取る
④水道水，滅菌精製水	吸引後に吸引チューブ内側に付着している痰などの分泌物を取り除くために使用（滅菌精製水は気管カニューレ用）
⑤保管容器（ふた付き）	一度使用した吸引チューブを消毒後に保管する容器
⑥消毒液	保管容器に吸引チューブを入れて浸漬し，消毒するための液。0.1％ベンザルコニウム塩化物液や0.1％クロルヘキシジン液など
⑦清潔な手袋，滅菌手袋	無菌である必要はないができるだけ清潔に扱うため使用する。気管カニューレ内部吸引では，滅菌手袋を使用する
⑧セッシ，セッシ立て	⑦の代わりにセッシを使用してもよい
⑨マスク	標準的感染予防に必要
⑩ゴミ箱	医療廃棄物専用に使用するゴミ箱
⑪ペンライト	口腔内や気管カニューレ挿入部の見えにくいところの確認

①～⑪は図8-1と対応している。

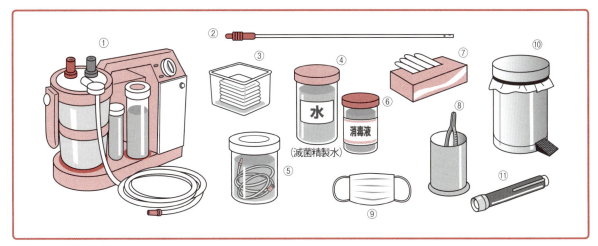

図 8-1　必要物品

2. 吸引器・器具・器材のしくみ

1 電動ポータブル吸引器

　吸引器は掃除機のような仕組みで，陰圧をかけて痰などの分泌物を吸い出す機能をもつ。いろいろな形があるが，在宅用の吸引器は比較的コンパクトな形になっている（**図8-2**）。電動式は電源がないと使用できない。移動用や携帯用の小型吸引器は，短時間充電式の内部バッテリーも使えるようになっている。災害時に備え，電気を必要としない足踏み式や，手動式の吸引器も備えておくとよい（**図8-3**）。

2 吸引チューブ

　吸引チューブは，医師の指示するものを使用する。口腔内・鼻腔内用と気管カニュー

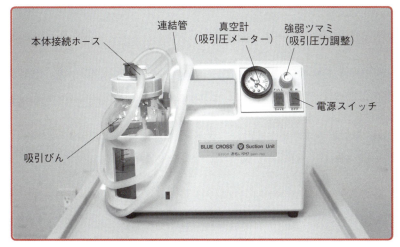

図 8-2　電動ポータブル吸引器の部位と名称

図 8-3　家庭用吸引器の例

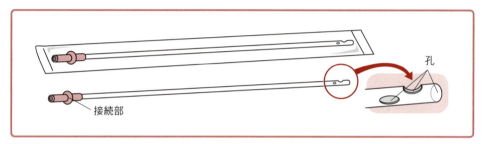

図 8-4　口腔・鼻腔内用チューブ

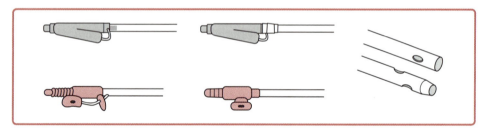

図 8-5　気管カニューレ内部吸引用チューブ

レ内部吸引用のチューブとがある。

(1) 口腔・鼻腔内用チューブ（図 8-4）

- 接続部は，吸引器と連結管とをつなぐ部分。
- 反対側は，先端や横に孔（穴）がついている。この孔から痰などが吸い込まれる。

(2) 気管カニューレ内部吸引用チューブ（図 8-5）

- 吸引圧調節口付きのものを用いる。形状はどのようなものでもよい。
- 先端の孔の数などさまざまな種類がある。気管粘膜を損傷しないように鈍的に処理されている。

(3) 吸引チューブの太さ

吸引チューブの外径の単位は Fr（フレンチ）で表記され，「1Fr ≒ 1/3 mm」である。すなわち，6 Fr が 2 mm である。成人では 10 〜 14 Fr が選択されることが多い。

3. 必要物品の清潔保持（消毒薬，消毒方法）

1 吸引器

①吸引器の設置は，生活動作などで汚染されない，安定した清潔な場所にする。
②吸引器の表面や連結管は，吸引実施後には毎回必ず洗浄・消毒をして，清潔に保管しておく。また，定期的にメンテナンスを行う。
③吸引びんの廃液が70～80％になる前に捨てて洗浄・消毒する。

2 吸引チューブ（吸引カテーテル）

①吸引チューブを取り扱うときは，挿入部分に周囲のものが触れないように清潔な操作をする。
②吸引の際にセッシ（ピンセット）を利用する場合は，セッシの先端が不潔にならないように先端を下に向け，どこにも触れないように取り扱う。セッシ立てにはほこりなどが入らないようにするなど十分に注意する。
③保管容器は，口腔・鼻腔内用と気管カニューレ内部用に分け，いずれも毎日流水で洗浄し，熱湯消毒するか消毒液に浸ける。
④吸引チューブを拭く清浄綿は，必ず1回ごとに破棄する。
⑤吸引チューブは，1吸引1回使い捨てが原則である。家庭などで使い捨てが難しい場合や，やむをえず再利用する場合は浸漬法か乾燥法で適切に保管する（表8-2）。特に，カニューレ内部の吸引を行うときには，気管内が汚染されないように吸引チューブを無菌的に扱う。

4. 喀痰吸引の技術と留意点

介護職による喀痰吸引の実施は図8-6に示すように，安全管理体制を確保したうえで，看護職と介護職の協働により実施する。介護職が喀痰吸引を実施する場合の流れは，Step1～6である。

1 吸引開始前の観察

痰，唾液，鼻汁などの分泌物は，吸引しなくてもすむように，自力で喀出できるような対応をまず行う。利用者が自力で痰の喀出が困難であると判断した場合の介護職は，看護職に報告・連絡・相談をする。そして，介護職が実施可能となった場合には，以下の観察を行う。

(1) 利用者の訴え，全身状態

- 利用者からの訴え（痰が多い，息苦しい，痰を出しにくいなど）。
- 呼吸状態（呼吸音，痰などの貯留物や痰のからむ音の有無，呼吸回数，酸素飽和度など）。
- 全身状態（顔色，脈拍数，意識レベルなど）。

表 8-2　吸引チューブの清潔保持方法

方法	浸漬法（しんしほう）	乾燥法（かんそうほう）
概要	吸引チューブを消毒液に浸けて保管する方法	吸引チューブを乾燥させて保管する方法
手順	①吸引後，チューブ外側の汚染除去のため洗浄綿などで拭く ②チューブ内側の粘液除去のため，滅菌水を吸引して洗浄する（口腔・鼻腔内用は水道水で可） ③吸引チューブを消毒液に浸して保管する	①②は浸漬法と同様に行う ③吸引チューブ内の水滴がつかない状態で，ふた付きの乾燥容器に保管する
交換頻度	・吸引チューブ，消毒液は 24 時間おき ・洗浄水は 8 時間おき	・吸引チューブ，保管容器の消毒は 24 時間おき
注意点	・「乾燥法」は細菌の生存に必要な水分や喀痰が存在しなければ，細菌の発育がしにくいという性質に基づいた方法で簡便だが，実際に吸引チューブの乾燥を保つのは吸引頻度によっては難しい．細菌は目に見えないので，再利用時にチューブ表面を十分に拭く．なるべく早めにチューブを交換するなどさらに注意が必要である ・上気道には常在菌があるため，口腔・鼻腔用のチューブを無菌状態に保つのは困難である．よく水洗いされた清潔な状態に保つように心がける ・気管内・口鼻腔用ともに，チューブ内側の粘液などを吸引圧をかけながら，十分に洗い流すことが重要である	

（平成 22 年度厚生労働省老人保健健康増進等事業：訪問看護と訪問介護の連携によるサービス提供のあり方についての調査研究事業-介護職員によるたんの吸引等の試行事業の研修内容・評価の策定に関する研究事業報告書．p.95（2011 年 3 月，全国訪問看護事業協会）をもとに作成）

図 8-6　喀痰吸引実施の概要

（平成 22 年度厚生労働省老人保健健康増進等事業：訪問看護と訪問介護の連携によるサービス提供のあり方についての調査研究事業-介護職員によるたんの吸引等の試行事業の研修内容・評価の策定に関する研究事業報告書（2011 年 3 月，全国訪問看護事業協会）をもとに作成）

1）口腔内吸引・鼻腔内吸引の場合
①咳や痰の状況
- 咽頭付近で痰のからむ音（ゼロゼロ音の有無）。
- むせこみの有無。

②口腔内の状態
- 出血や傷の有無。
- 痰や唾液の色，におい，量。
- 食物残渣（食べかす）の有無。
- 総義歯か部分義歯か，ぐらつき。
- 痰や唾液の付着場所。

③鼻腔内から咽頭の状態
- 出血や傷。
- 貯留物の有無。
- 痰のあふれ出しの有無。

2）気管カニューレ内部の吸引の場合
- 気管カニューレ周囲の状態〔出血やびらん（ただれ），肉芽[*1]の有無〕，固定状態。
- パイロットバルーン内のエアが抜けていないか。
- 気管内の状態（出血や損傷の有無）。
- 口腔内・鼻腔内・気管カニューレ内部の状態（出血や損傷の有無）。
- むせこみの有無。
- 痰のあふれ出しの有無。
- 酸素飽和度の低下。
- 咽頭以降で痰のからむ音の有無（ゼロゼロ音）。

*1 肉芽：外傷により生体組織が欠損した場合や炎症などの際に，その部分に増殖する若い組織。

2 準 備

(1) 指示内容の確認

1）医師の指示書の確認
医師の指示内容について，①利用者氏名，②吸引圧，③吸引時間，④吸引チューブ挿入の深さ，⑤注意事項を確認する。

2）看護職に利用者の状態を確認
看護職から実施前の利用者の状態，呼吸状態を確認するとともに，介護職が実施できる状況にあるのかの判断や実施上の留意点を確認する。

前回の実施状況の情報を記録や看護職，他の介護職から得ることで，状態の変化を確認する。

(2) 手洗い
正しい手洗い方法を遵守し，手指を清潔にする。

(3) 必要物品の準備
ワゴンなどの台の上は，清潔操作をしやすいようにスペースを確保し，使用しやすいように必要物品を準備する（図8-7）。

また，ワゴンの上は清潔区域とし，吸引時に使用する物品は清潔に取り扱う必要がある。必要物品は必ずワゴンの上に置くこと。一方，ワゴンの下は不潔区域とし，使用済

みのものは必ずワゴンの下に置く。吸引時に出されたゴミは，医療廃棄物として取り扱う。

- 吸引器は，落下や逆流の起こらない水平な場所に設置する。
- 吸引器本体の振動で物品が落下することもあるので，必要物品の配置に留意する。
- 電源配置は，電源コードに引っかからないよう留意する。
- 吸引用物品は，トレーなどに乗せ安定した台の上に置く。
- 気管カニューレ内部用と口腔・鼻腔用の物品をわかりやすく区別しておく。
- 吸引チューブを保管しておくための消毒剤を水と間違えて飲んでしまう場合があるので，消毒薬であることを容器に明記しておく。

(4) 吸引器の作動状況の確認

吸引器は，電源が入ること，連結管を折ることで吸引圧が指示どおり上がることを確認する（図8-8）。

3 実　施

(1) 利用者への説明と同意

喀痰吸引は苦痛や緊張を伴いやすい。緊張することでさらに吸引チューブの挿入が難しくなる。利用者に協力を得られるように説明し，実施するたびに同意を得ることが大

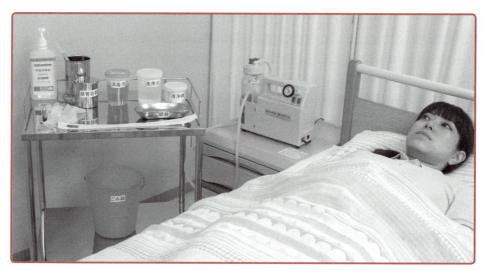

図8-7　吸引時の環境整備の例

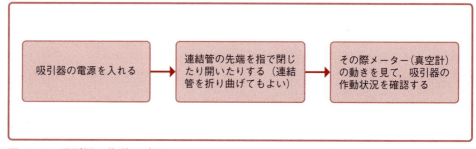

図8-8　吸引器の作動の確認

切である。

(2) 利用者の準備

1) プライバシーへの配慮

喀痰吸引は，鼻腔に吸引チューブを入れるので，苦痛を伴うとともに，他者には見られたくない行為であるため，プライバシーに十分配慮する。

2) 吸引しやすい体位の工夫

①口腔内吸引
- ベッドの頭側を起こしたほうが痰を出しやすい。
- 上半身を30°程度挙上し，頭部から頸部全体が安定するように枕を深く入れる。
- 顔を横に向けると痰を出しやすい。

②鼻腔内吸引
- 正面を向く。
- 上半身を10～15°程度挙上（枕の高さも含む）すると吸引チューブを挿入しやすい。

③気管カニューレ内部吸引
- 気管カニューレの孔が見えやすいように正面を向く。

3) 手袋の装着

(3) 吸引チューブを取り出す

吸引チューブを袋から取り出すときは，セッシの先端が下を向くように持つ。チューブの先端が周囲に触れないように利き手で取り出し，吸引チューブの先から10～15cmくらいを持つ（**図8-9**）。

(4) 吸引チューブを連結管とつなぐ

吸引器の吸引チューブと連結管を接続するときは，利き手で吸引チューブの根元を持ち，もう一方の手で連結管を持つ。接続する際には，吸引チューブの先端が他の物品と接触しないよう空間を広くとる（**図8-10**）。

保存が浸漬法の場合は，チューブの外側についている消毒液を清浄綿で拭いてから接続する。

(5) 吸引圧の確認と通水

吸引器の電源を入れ，利き手で吸引チューブの先端から10～15cmあたりを持ち，洗浄水を吸いながら吸引圧を確認する。吸引圧は，成人では20kPa（キロパスカル）[*2]

*2 kPa：吸引の圧力の単位。kPaとmmHgの変換式は，「kPa×7.5＝mmHg」である。

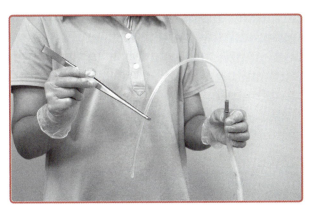

図8-9 セッシでの吸引チューブの持ち方

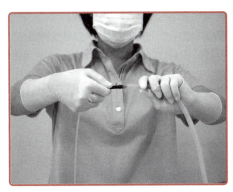

図8-10 吸引チューブと連結管のつなぎ方

表8-3 気管カニューレ内部吸引の吸引圧・吸引時間

対 象	気管カニューレ内部の吸引圧	1回の吸引時間	1回の挿入時間
成人	20 kPa（150 mmHg）を超えない	10秒以内	15秒以内

（日本呼吸療法医学会気管吸引ガイドライン改訂ワーキンググループ：気管吸引ガイドライン2013（成人で人工気道を有する患者のための）．人工呼吸 30(1)：75-91, 2013をもとに作成）

表8-4 通水（水を吸う）する目的

- 指示された吸引圧の確認
- 吸引チューブや連結管の破損の確認
- 吸引チューブ挿入時の滑りをよくする
- 吸引されたものが吸引チューブや連結管内に付着しにくくする
- 消毒液に浸漬した場合，管内に付着している消毒液を洗い流す

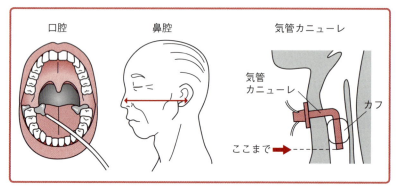

図8-11 吸引チューブの挿入の目安

以下とする（医師の指示書に従う）（**表8-3**）。
通水をする目的を**表8-4**に示す。吸引チューブの先端の洗浄水をよく切る。

(6) チューブの挿入

吸引開始前に声かけをし，チューブを静かに挿入する。吸引の深さは，医師の指示書に従う。「咽頭の手前まで」の長さは人によって異なる（**図8-11**）。

4 吸引の実際

(1) 口腔内吸引の場合

①挿入：口腔内吸引の場合，利き手で吸引チューブの先端から10〜15 cmのところをペンを持つように持ち，もう一方の手の親指で吸引チューブの根元を完全に折り，吸引圧をかけない状態で把持し，目で見えるところに静かに挿入する。舌の上下や周辺，奥歯と頬の間，前歯と口唇の間など痰や貯留物のありそうな場所に挿入する（**図8-12**）。喉頭まで達してはならない。

②吸引：口腔粘膜などを傷つけないように静かに吸引する。

③抜去：粘膜を刺激しないよう吸引圧をかけずに（親指で吸引チューブを完全に折り）静かに抜く。

(2) 鼻腔内吸引の場合

①挿入：吸引チューブの先端から10〜15 cm程度のところをペンを持つように持ち，もう一方の手の親指で吸引チューブを完全に折り，吸引圧をかけない状態で把持し，鼻腔から咽頭の手前までの

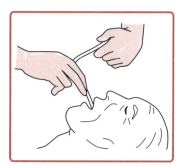

図8-12 口腔内吸引

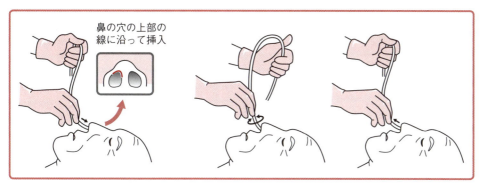

図8-13 鼻腔内吸引

距離に静かに挿入する（図8-13左）。
②吸引：利き手の3本の指でペンのように持ち（図8-13中），指の間を滑らせるように回転させながら吸引する。吸引時間（10秒以内），深さを厳守することが大切である。このとき，利用者の顔色，呼吸状態，鼻腔内の損傷，出血の有無を確認する。
③抜去：粘膜を刺激しないように吸引圧をかけずに（親指で吸引チューブを完全に折り）静かに抜く（図8-13右）。

(3) 気管カニューレ内吸引の場合

①挿入：吸引チューブの先端から10〜15cm程度のところをペンを持つように持ち，少し圧をかけた状態で把持し，気管カニューレ内部の分泌物のあるところまで挿入する（図8-14）。気管にまでチューブを挿入すると重大な事故につながるおそれがあるので，絶対に行ってはならない。
②吸引：吸引チューブ挿入の深さは気管カニューレ内腔の長さまでとし，1回の吸引時間は10秒以内とする。
③抜去：粘膜を刺激することはないので，最後まで吸引圧をかけたまま静かに抜く（図8-14右）。

5 吸引の終了

(1) 吸引チューブの汚れを取る

①利き手に清浄綿を持つ。
②接続部の下からチューブ先端に向かって拭く。特に吸引チューブの下から10cm程度のところに喀痰などが付着していることから，力を入れてしっかり拭き取る。
③使用した清浄綿は，1回ごとにワゴンの下のゴミ箱に捨てる。二度以上拭かない。
④吸引チューブを再利用する場合は，吸引用の洗浄水を吸引し，その後消毒液を吸引する（吸引びんに入ることを目視して確認する）。
⑤電源を切る。

(2) 吸引チューブを保存容器に入れる

　破損，汚れの有無を確認し，保存容器のふたを開け，周囲に触れないように保存容器にチューブを入れふたをする。
　セッシを使用した場合は，周囲や容器のふちに触れないようにして戻す。
　手袋は，表側を内側に入れるようにしてはずす。

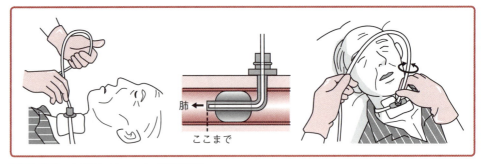

図8-14 気管カニューレ内部吸引

(3) 説明と姿勢の保持

吸引が終了したことを利用者や家族に伝えると同時に，利用者にねぎらいの言葉をかける。分泌物が取れたかどうか，口を開いてもらい見て確認する。また，利用者にも確認してもらう。ベッドの頭側を元に戻し，安楽な体位に整える。

6 観　察

(1) 吸引した内容物と利用者の状態の観察

いずれの吸引の場合も以下を確認する。
①利用者の状態：顔色や呼吸の状態，全身状態（意識状態など）。
②口腔内・鼻腔内：出血や傷，鼻腔や口腔内への血液の流れ込みの有無。
③痰の性状など：痰の量，色，におい，粘性などに異常はないか，痰の残留の有無。
④吸引による反応：吸引によるむせ込み，嘔気・嘔吐の有無。
⑤その他：看護職の指示があれば，パルスオキシメータで酸素飽和度を測定する。

(2) 吸引前後の利用者の状態の観察

いずれの吸引方法の場合も吸引終了後には利用者の状態を必ず確認する。このとき，吸引前の状態と比べることも大切である。

1) 口腔・鼻腔内吸引

- 吸引する前の利用者の表情・顔色，意識などの全身状態が，吸引後の状態と変わっていないか観察する。
- 吸引後は呼吸の状態に異常をきたしてしまう場合が多い，吸引前と変化がないか確認する。
- ゼロゼロ音など吸引前に聞こえていた痰のからむ音はなくなったか。

2) 気管カニューレ内部吸引

- 吸引操作による気道粘膜の損傷，出血の有無。
- 吸引チューブを誤って深く挿入した場合の迷走神経反射（心停止，呼吸抑制など）の出現の有無。
- 経鼻経管栄養実施者の場合は，吸引後にチューブが口腔内に出てきていないか。

7 報　告

喀痰吸引の終了後には，吸引前後に観察した利用者の状態や吸引物についてを看護職に報告する。

- 顔色，呼吸状態，口腔・鼻腔内の出血の有無，パルスオキシメータで測定した酸素飽和度の測定値など。
- 吸引物の量，色，硬さ，におい，血液の有無など。

介護職の手順ミスや，通常とは異なる利用者の変化，機器などの状態がいつもと違っている場合も必ず，看護職に報告・連絡・相談する。

図 8-15　喀痰の入った吸引びんの取り扱い

吸引びんはガラス製のものが多く，吸引後の重さは数 kg になる。吸引びんの中の喀痰は感染源であることから，安全に取り扱う必要がある。吸引びんは両手で持ち，片方の手は必ずびんの底を支えるように持つ。

8 片づけ

吸引に利用した物品は，感染に留意し，速やかに片づける。必要物品の清潔保持のために，吸引終了後には適切な洗浄と消毒を行う。

①吸引物の入った排液が吸引びんの 70〜80％くらいになる前に捨てて，洗浄・消毒をする（**図 8-15**）。
②吸引チューブ，清浄綿，手袋は適切な場所に廃棄する。また，洗浄液の汚染や吸引チューブの破損のある場合は交換する。
③吸引チューブ，清浄綿の不足があれば補充しておく。
④物品に破損がないことを確かめ，定められたところに保管する。

9 記　録

実施日，実施時刻，吸引した内容物の種類，性状および量，実施中・実施後の利用者の一般状態（バイタルサイン，顔色など），利用者の訴え，実施者の氏名を記録する（**図 8-16**）。

時刻	内容	サイン
10：15	経管栄養実施前に利用者に痰のからみなど，様子を確認した。口腔内に喀痰の貯留あり，看護師に報告した。	
10：50	看護師から医師の指示どおりの吸引実施を確認後，ベッドを30°挙上し，口腔内吸引を実施した。口腔内出血なし，状態良好。	
11：00	痰は白色粘稠痰5 mL 吸引する。におい特になし。吸引後の呼吸状態は，吸引前と変わらず，顔色良好。パルスオキシメータ測定値96％（前96％）と吸引前と変わらず，その他の状態も吸引前と変わらなかった。本人からの訴えは特になかった。	△△△△

図 8-16　記録の記入例

II. 喀痰吸引・経管栄養の基礎知識と実施手順

第9章 食事と経管栄養

- 食事の意義を理解し，経管栄養の意義について説明できる。
- 摂食・嚥下，消化器系のしくみと働きについて説明できる。
- 経管栄養法の種類，経管栄養が必要な状態，経管栄養剤について説明できる。
- 経管栄養実施で起こりうる体の異常について説明できる。
- 利用者や家族の気持ちを理解し，適切な対応ができる。
- 経管栄養を実施している人の日常生活におけるケアを説明できる。

　経管栄養の必要な人への介助を介護職が実施することは，経管栄養を注入する手順を的確に行うことだけではない。人にとっての食事の意義や経管栄養を余儀なくされる人の心理，経管栄養をすることで口腔内はどうなるのかなどを理解する必要がある。さらに，食道，胃，腸の消化器系の解剖学や生理学の知識に裏づけされた経管栄養の技術を身につける必要がある。

1. 生命維持における食事と消化の重要性

　日常生活の中で人はなぜ食事をするのだろうか。お腹がすくから，美味しそうな物が目の前にあるからなどであるが，生物学的にいえば「食べないと生きていけない」からである。ヒトの体は，動かずにいても心臓は血液を送り出し，肺は呼吸をし，神経はさまざまな部位に指令を送り続け，胃や腸，腎臓なども忙しく働いている。つまり，食物や水などの体に必要な物質を口から取り入れるのは，生きていくエネルギーを補うためであり，体をつくる材料にするからである。

　また，口はさまざまな役割をもっており，「食べること」と「話すこと」は，その二大機能である。経管栄養を余儀なくされた人への介護では，人とのコミュニケーションがどのようになるかも推測したケアが求められる。

　ここでは，人が食事を口から摂るまでの行動をはじめ，口腔内で行われる咀嚼・嚥下のメカニズム，食べたものの栄養物質はどのように体内に取り込まれるのかを生理学的・解剖学的に順を追って考え，経管栄養になった場合には，その過程で使われなくなった器官はどのようになるのかなども考える。

2. 食事行為と消化機能

　美味しそうな食べ物を見たとき，美味しいにおいがしてきたとき，あるいは梅干を食べている人が目の前にいるときなどに，自分は食べていないのに口の中につばが湧き出

第 9 章 ◆ 食事と経管栄養

て思わずそのつばを飲み込んだという経験はないだろうか。人が食事をすることは，食べ物を認識するところから始まるのである。したがって食べ物を取り込む摂食・嚥下の過程と，体に必要な栄養素の消化吸収のしくみをともに理解しておくことが大切である。

1 食塊を胃へ送るしくみ（取り込みから嚥下まで）

摂食・嚥下の過程は，食べ物を認識し，口腔に取り込み，食塊を形成し咽頭に送り込み，胃に送り込むまでの経過である。

図 9-1 は，口腔と食道，気管の位置関係を示している。嚥下とは，飲食物を胃に送ることである。摂食・嚥下のメカニズムは表 9-1 の 5 相で説明される。

2 消化器系のしくみと働き

消化器系とは，食物の消化・吸収にかかわるすべての器官の総称であり，「消化管」と「付属器官」からなる。

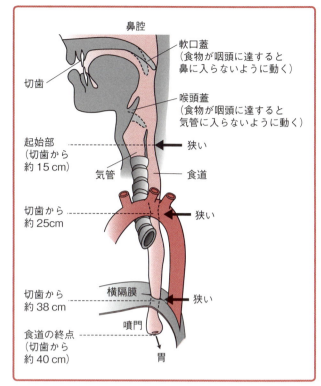

図 9-1 口腔と食道，気管の位置関係

表 9-1 摂食・嚥下のメカニズム

①先行期（認知期） 食べ物を見て経験などからその味や食感などを吟味し，捕食の量の選定，どのように食べるかを考え，行動に移す前の過程	・口に取り込む前の過程で，美味しそうに食器に盛られた食べ物を見たり，においの刺激は脳の視床下部に伝わり認識される ・食べ物を認識し，食べたいという意欲が出て，その後食器や箸を持って口に運ぶ ・それまでの食経験の記憶や体調などが大きく関与する
②準備期 食具を使い食器から食べ物を口腔に取り込み（捕食），咀嚼によって「食塊」を形成し飲み込む準備をする過程	・準備期では口を開けたり閉じたりする運動に関連する側頭筋や咀嚼に関連する筋肉（咀嚼筋，咬筋），口腔内の舌，歯，唾液の分泌が大きな役割をする ・唾液には炭水化物（でんぷん）の消化酵素であるプチアリンが含まれる
③口腔期 食塊を形成し，口腔から咽頭に移送する過程	・咀嚼された食物を舌中央に移行し，咽頭移送を行う ・鼻漏防止のために鼻咽腔が封鎖される（鼻咽腔封鎖）。つまり，嚥下の瞬間は口が閉じ，鼻がふさがり，気管がふさがり，食塊が食道に入っていくための誘導がされる ・鼻咽腔封鎖は，鼻咽腔へ食塊が侵入するのを防ぐ
④咽頭期 喉頭蓋で気道を閉鎖し，食塊を食道入口に送り込むまでの時期	・食塊により嚥下反射が誘発されると，喉頭蓋が喉頭口をふさぎ，食道入口部が開大する ・喉頭蓋を閉じる前に食べ物や飲み物が通過すると，気管に流れ込む。これを誤嚥という
⑤食道期 食塊により嚥下反射が誘発され，食道に流れ込むまでの過程	・喉頭は安静位に戻り，内圧のより高い胃へ食物が運搬される ・嚥下によって食道に入ってきた食塊は，食道の蠕動運動によって胃に運ばれる

Ⅱ．喀痰吸引・経管栄養の基礎知識と実施手順

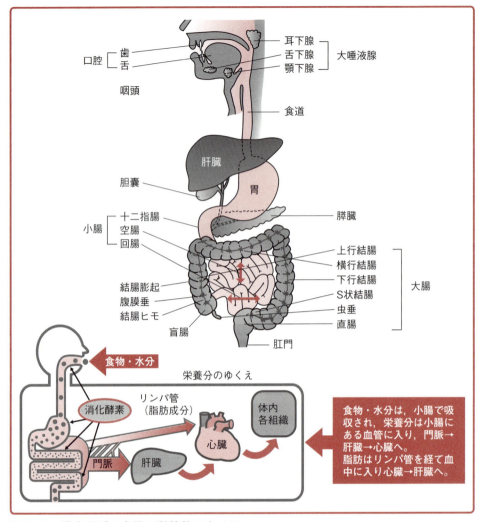

図 9-2　消化器系の全景と栄養分のゆくえ

(堺章：新訂目でみるからだのメカニズム，p.62，医学書院，2012 を引用・一部改変)

　消化管は，口腔から肛門までの全長約 9 m の屈曲した 1 本の管である（図 9-2）。つまり，口から摂取した食べ物が肛門から排泄されるまでの器官であり，口腔，咽頭，食道，胃，小腸（十二指腸，空腸，回腸），大腸（盲腸，虫垂，上行結腸，横行結腸，下行結腸，S 状結腸，直腸），肛門である。付属器官は，歯，唾液腺，胆嚢，肝臓，膵臓などである。

　消化器系は，水を飲み，食べ物を食べ，それらを栄養素に分解（消化）し，栄養素を血液中に吸収し，消化できないカス（残渣物）を排泄するという一連の働きをしている。消化は，主に口腔から小腸までの器官で行われ，吸収は小腸と大腸で行われる。

(1) 食　道

　食道は，咽頭から続く長さ約 25 cm の管で，縦隔の後部にあり，気管の後ろを通り，胃の噴門に連なる。また，食道の入り口，気管分岐の部分，横隔膜を貫いているところの 3 か所で狭くなっている。食道粘膜には温覚がなく，食道内に熱いものが入っても熱

さを感じない。

経鼻経管栄養を行っている場合は，常時，鼻腔から食道内にチューブが挿入されている状態にあるということである。

(2) 胃

胃は，横隔膜の下にあり，入り口を噴門といい食べ物が食道に逆流しないようになっている。腸への出口を幽門といい胃液と撹拌・混合する際に，食物が十二指腸に流れていかないようにしている。胃は，空腹時は50 mLくらいの容積しかないが，飲食物が入ると1.8 Lほどの容積にまで広がるといわれる。胃から分泌される胃液には粘膜を保護する粘液や，消化酵素としてたんぱく質分解酵素（ペプシン）が含まれている。

胃の働きは，①食物を一時的に貯める，②食物を胃壁の蠕動運動と胃液によって消化し粥状にする，③徐々に十二指腸に送り出すことである。食道から送られた食物が十二指腸に移送されるまでの時間は，炭水化物で2〜3時間，たんぱく質（卵など）は4〜5時間，粘稠度の高い脂肪は7〜8時間である。

(3) 小 腸

小腸は胃に続く十二指腸，空腸，回腸の3つで構成され，長さは約6 mに及ぶ。小腸は，消化・吸収に関して最も重要な部分であり，胃で一部消化され粥状にくだかれた食物を，さらに消化しながら栄養素を吸収して大腸へと運ぶ。その間，十二指腸では胆汁と膵液の2つの消化液が流れ込み，小腸壁からは消化酵素を含む腸液（脂肪消化酵素のリパーゼ，たんぱく消化酵素のエレプシン，乳糖や麦芽糖などの消化酵素ラクターゼ，マルターゼ）が分泌され，消化作用を行う。

小腸の内面には輪状に走るヒダが多数存在し，その表面には1 mm足らずの腸絨毛が密生している。輪状ヒダや絨毛によって小腸内面の表面積は増大し，腸内で液状になった食物の消化・吸収を効果的に行うことができる。

(4) 大 腸

大腸は小腸に続き全長約1.6 m，太さ5〜8 cmで，盲腸，結腸，直腸から構成される。結腸は大腸の大部分を占め，上行結腸，横行結腸，下行結腸，S状結腸に分けられる。直腸の長さは約15 cmで，肛門へと続く。大腸の機能は，小腸から送られた粥状の内容物から水分を吸収することであり，大腸を移動する間に内容物は固形状の便となる。また，ナトリウム（Na）や塩素（Cl）などの吸収，マグネシウム（Mg），カルシウム（Ca），鉄（Fe）などをリン酸塩や硫酸塩として排泄する。下痢などで肛門周囲が赤くただれることがあるのは，便汁に含まれるリン酸塩や硫酸塩の影響によるものである。

大腸には多数の腸内細菌が生息しており，腸内細菌叢をつくっている。腸内細菌叢は小腸で吸収されなかったものを分解する。また，小腸・大腸には細菌やウイルスから体を守る免疫機能があるが，大腸の腸内細菌叢は腸管免疫を活性化している。腸に食べ物が入らないということは，腸の免疫機能を低下させることになる。

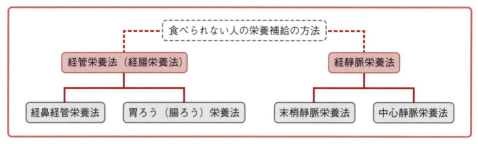

図 9-3 食べられない人の栄養補給の方法

3. 経管栄養とは

1 食べられない人の栄養補給

　口から食事を摂取できなくなった場合の栄養補給の方法には，**経管栄養法**と**経静脈栄養法**がある（図 9-3）。

　経管栄養法とは，体外から胃や腸などの消化管内に通したチューブ（管）を用いて栄養を補給することである。チューブを通す場所の違いにより，**経鼻経管栄養法**と**胃ろう（腸ろう）栄養法**がある。

　経静脈栄養法は，四肢の末梢静脈にチューブ（管）を留置して栄養輸液を投与する**末梢静脈栄養法**と，太い静脈にチューブを留置して栄養輸液を点滴投与する**中心静脈栄養法**がある。

　経管栄養法は，血管に直接栄養を入れる経静脈栄養法に比べて，水分や栄養剤が胃や腸などの消化器官を通るので，ヒトが本来もっている消化・吸収する力や，腸管免疫系の機能を保ちやすいという利点がある。そのため，自然に近い栄養補給といえると同時に，より安全性が高くコストも安いという利点がある。

2 経管栄養が必要な状態とは

　経管栄養を選択するときには，消化管が機能しており消化吸収が可能であることがまず条件となるが，主として以下の状況で用いられている。

①**摂食に問題がある場合**：認知症や意識状態が低レベルのために自発的な食物摂取ができない人，疾患や外傷により口から食べること（経口摂取）に問題がある人に適切な栄養や水分を摂取できるようにする。

②**嚥下に問題がある場合**：脳血管障害，神経・筋疾患などで，嚥下運動ができない人，または嚥下機能に何らかの問題がある人，誤嚥性肺炎を繰り返す人，口腔から食道までに狭窄や損傷がある人などに，適切な栄養や水分を摂取できるようにする。

③**その他**：経口摂食だけでは不十分な場合や重症疾患の場合に用いる。また，高齢者や慢性疾患で完全に治ることが望めないときに，栄養サポートによって生存期間の延長もしくは生活の質（QOL）の向上が望めるか否かによっても判断される。

　栄養サポートを行うタイミングは，栄養状態の評価，全身性炎症性反応の有無および程度，そして予期される臨床経過，本人や家族の意志などにより決定される。経管栄養

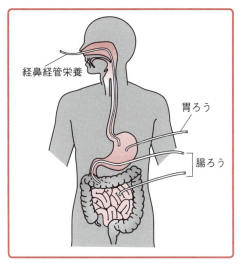

図9-4 経管栄養法の管の挿入部位

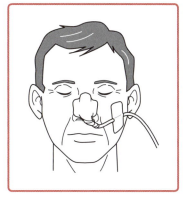

図9-5 経鼻胃管の挿入と固定

によって栄養状態が改善すると，免疫力や体力が改善し，褥瘡予防，感染予防，肺炎などの合併症予防となり，その人のQOLの向上につながる。

3 経管栄養法の種類

経管栄養法は，チューブを挿入した経路（アクセス）により，経鼻，経口，消化管ろうがある。主なものとして経鼻経管栄養，胃ろう，腸ろうの3つを述べる（図9-4）。

(1) 経鼻経管栄養[*1]

経鼻経管チューブを鼻から通して（図9-5）胃内に留置する方法と，十二指腸や空腸に留置する方法とがある。一般的にはチューブの先端は胃内に留置される。鼻から胃までの間に障害があると挿入できない。

利点は，手術を必要とせず簡便なことである。欠点は抜けやすく，抜けると重大な事故につながりやすいこと，鼻にチューブが挿入されているので見かけが悪い（透明ではがれにくい絆創膏はある），挿入部の損傷（潰瘍になる），挿入中の違和感が強いなどだが，感じ方には個人差がある。

(2) 胃ろう[*2]

腹部の皮膚表面と胃をつなぐ1つのろう孔（穴）を作成・固定し，チューブを入れる。

*1 経鼻経管栄養：nasogastric（NG）

*2 胃ろう：胃ろう（gastrostomy）は，腹壁を切開して胃にろう孔（穴）を形成し，胃内に管を通して食物や水分を流入させるために用いる。経皮内視鏡的胃ろう造設術（percutaneous endoscopic gastrostomy：PEG）などにより造設する。

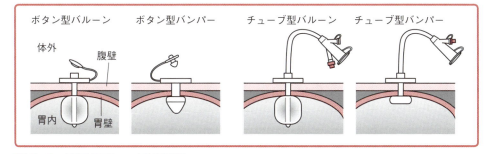

図9-6 胃ろうチューブの種類

腹部内に栄養剤が漏れることはない。漏れた場合には，腹部内に細菌がばらまかれた状態（腹膜炎）になるので，強い腹痛や発熱などが生じる。

利点は，適切な管理のもとでは，胃に入っているチューブが抜けにくいことや衣服に隠れ日常生活もしやすい，家族が管理しやすいことがあげられる。欠点は，手術が必要で，手術後は胃壁と腹壁が密着し腹壁に固定されるまで一定期間安静を保ち，絶食する必要があることである。胃ろうは腸ろうよりも手術が簡単である。

胃ろうは医学的見地から適応の有無が判断される。胃ろうチューブは，胃の内部で固定しているストッパーの形状からバンパー型とバルーン型に，また，腹壁から外に出ているチューブの長さからチューブ型とボタン型に区別される（図9-6）。

（3）腸ろう

小腸にチューブを入れ留置する。腸ろうは胃ろうよりも細く長いチューブになるため，胃ろうよりも内容物が詰まりやすい。またチューブが抜けると自宅での交換は難しい。利点は，食道への逆流を防ぎやすいことである。

4. 注入する内容に関する基礎知識

経管栄養剤とは，経管栄養を受ける人のために，必要な栄養素と水分をバランスよく含み，経管栄養チューブによって注入しやすい形状に開発された栄養剤（流動食）の総称である。一般に，①少量で高エネルギー（多くが1mL=1kcal），②良質な栄養バランス，③消化吸収がよい，④副作用が少ない，⑤栄養剤でチューブが詰まりにくい，⑥調整が容易などの特徴をもつ。

経管栄養剤の選択は，利用者がどの経管栄養法を用いているのか，利用者の消化管機能の状態や疾患，必要な栄養素・エネルギー・水分量などの状況を踏まえて，医師が指示をする。経管栄養剤の中には，糖代謝異常，呼吸不全，肝不全，膵炎，腎不全，免疫低下などの疾患に応じて使用する特殊栄養剤もある。

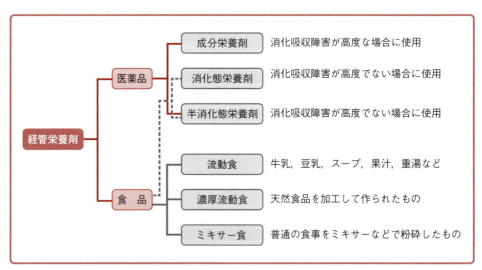

図9-7　経管栄養剤の種類
半固形化栄養剤は医薬品，食品のどちらもある。

表9-2　胃ろうで半固形化栄養剤を用いるメリット

半固形により胃食道逆流やろう孔からの逆流が防止できる	・誤嚥性肺炎やスキントラブルを防止できることにより，胃ろうのある人の予後やQOLの改善が得られる
注入時間の短縮化が可能になる	・胃食道逆流がないため，短時間での注入が可能になる ・ベッド上での注入時間が短縮され，臥床による褥瘡が予防できる ・家族や介護者の労働力が軽減する
生理的な摂食により，生理的な消化管運動が得られる	・消化管本来の運動機能や生理的な消化管ホルモンの分泌が得られるため，ダンピング症候群[*3]や下痢がなくなる
特殊な病態の患者にも即座に対応できる	・特殊な病態でも，糖尿病食や腎臓病食などの食事をミキサー食にするだけで対応可能である。 ・食事のミキサー化により微量元素やビタミン不足の心配がない

（合田文則編著：胃ろうケアのすべて. pp.62-63, 医歯薬出版, 2011をもとに作成）

[*3] **ダンピング症候群**：食物が急速に小腸に移動することが原因である。食後30分以内に起こる場合（早期ダンピング症候群）は，濃度の高い栄養剤が急に小腸に流れ込んだことにより，浸透圧で血管の水分が腸内に移動することが原因で，一時的に血液が減少したのと同じ状態になる。症状は心拍上昇，嘔気・嘔吐，めまいなど。食後2～3時間で起こる場合（後期ダンピング症候群）は，食事による血糖の上昇を下げるためにインスリンが過剰に分泌され，低血糖を引き起こした状態。症状は発汗，疲労感，脱力感，めまいなどである。

1 種類

　経管栄養剤は窒素源（たんぱく質）の分解の程度，医薬品か食品か，粉末状か液体かなどによって分類できる（図9-7）。窒素源の違いでは，**成分栄養剤**の窒素源はアミノ酸，**消化態栄養剤**はアミノ酸とペプチド，**半消化態栄養剤**はたんぱく質である。また，医薬品タイプは，治療上必要とされる人のために，医師によって処方される経管栄養剤である。食品タイプは，流動食，**濃厚流動食**や**ミキサー食**（通常，食事を粉砕したもの）など，一般的な食事と同様に取り扱われるものを指す。

　また**半固形化栄養剤**とは，液体ではなく，ある程度の粘度のある半固形状のものを指す。経管栄養法が胃ろうの場合，半固形化栄養剤を用いることには，**表9-2**のようなメリットがある。ただし，不適切な粘度で使用すると，食道への逆流や誤嚥性肺炎を引き起こすことがある。また，水分量が少ないため，不足する水分を補う必要がある。液体栄養剤とは注入方法が異なり，シリンジや加圧バッグを用いる。

5. 経管栄養実施で起こりうるからだの異常

1 消化器の異常

　嘔気・嘔吐，下痢，便秘，げっぷ，しゃっくり，胸やけ，腹痛などの自覚症状や他覚症状がみられることがある。原因が経管栄養剤の注入によるものであるかの判断を要するため，医師・看護職に報告する。経管栄養の内容や量の調整などの見直しの必要性は医師の判断による。

2 消化器感染

　経腸栄養は消化管内に栄養が入り，腸を使うため腸管免疫系の働きが維持されやすいとされる。しかし，経腸栄養を必要としている人は何らかの病気や障害を有し，栄養障害が進み組織や臓器の機能不全を起こさないようにサポートを受けている病態がある。そのため，さまざまな感染症を引き起こさないように注意する必要がある。経腸栄養の場合，感染が起こる原因として以下のようなことが考えられる。

- 不十分な手洗い。
- 細菌に汚染された経管栄養剤（小さな穴が空いていたり，使用期限が過ぎているなど）や，開封した状態で長時間置いた栄養剤は使用しない。これらは，細菌にとって良好な培地である。
- 不潔な用具の使用。

3 皮膚の異常（スキントラブル）

チューブを挿入している皮膚や接触している粘膜は，常に刺激にさらされている。また，チューブのサイズが合っていないことによる栄養剤や消化液の漏れがある場合は，皮膚に強い刺激がかかる。これら機械的刺激や化学的刺激，感染などによって，皮膚の炎症，びらん（ただれ），潰瘍（ただれて欠損），不良肉芽（赤い膨らみ）などが生じることがある。

胃ろうや腸ろうの場合に，ろう孔（穴）周囲からの漏れ，発赤，滲出液，普段と違う臭気，違和感や痛みの訴えがあったときには，医師・看護職と連携をとる。

4 誤嚥

（1）嘔吐や逆流による誤嚥

嘔吐物の誤嚥，注入した栄養剤が食道に逆流したことで誤嚥を引き起こし，誤嚥性肺炎になる可能性がある。誤嚥の原因は以下が考えられる。
- 加齢により消化管の蠕動運動が低下している。
- 不適切な体位での注入，注入後の姿勢保持に問題があり嘔吐・逆流を引き起こす。
- チューブが太すぎるため胃に大量の栄養剤がたまり，嘔吐・逆流する。
- チューブが太すぎるため嘔気・嘔吐が起こる。
- 人工呼吸器をつけている場合は，吸引によって咳や胃内容物の逆流を誘発する。

（2）経鼻経管チューブの誤挿入や不適切な位置による問題

注入前に，看護職によってチューブの位置を確認されることが前提であるものの，注入中の咳き込みや嘔気などによって，チューブの挿入が浅くなり，気管への誤嚥を起こす可能性がある。正しく挿入されていることを常に看護職と連携して確認し，注入中の状態を観察する。

6. 経管栄養を受ける利用者や家族の気持ちと対応，説明と同意

1 利用者の経管栄養に対する気持ち

経管栄養の対象となった利用者は，経口的に食事をするという人間本来の生活上の楽しみを奪われることになる。そのため，生活意欲の低下を招くこともある。また，日々同じ内容の栄養剤を摂取することは，味覚や食文化にも影響を及ぼす場合がある。

さらに常にチューブにつながれているような拘束感をきたしたり，経鼻経管チューブによる鼻腔や咽頭への違和感や苦痛がある場合もある。チューブが体に入っていること自体に羞恥心を感じてしまうことも考えられる。ボディイメージの変化などの不安や

体への負担があると，物事を前向きに受け止めていくことが困難となる。

こうした経管栄養を必要とする利用者の心情を傾聴し，受容することで利用者理解を深めていくことが重要である。

2 家族の経管栄養に対する気持ち

経管栄養を用いる人ばかりでなく，その人を取り巻く家族の気持ちにも同様に配慮する必要がある。中でも在宅において経管栄養を実施する場合は，家族にとっても経験したことのない未知の事柄であるため，不安も大きいと思われる。暮らし慣れた自宅で家族と生活することは喜びであるが，それと同時に，安全面に対する不安感を伴う。また，経済的な負担も考えられる。不安や負担感の一方で，病状が回復して元気になるのではないかという期待感もあるだろう。喜び・安心感と不安，そして期待感が入り混じった複雑な思いを抱いている家族の気持ちを察して，容易に気持ちを表出できるように，家族の心に寄り添うかかわりを行うことが，介護職には求められる。

3 対応，説明と同意

未知の体験に伴う不安は，これから起こるであろう未来の危険を予測して生まれる。これから体験する経管栄養に対して，「どのように自分はなるのだろう」「うまくいくだろうか」などを想像することなどから生まれる。

したがって，その人がもつ欲求や気持ちを自由に表出できるよう，また経管栄養について十分に理解し，納得して望ましい行動ができるように，ていねいに対応する必要がある。

その人の気持ちに寄り添うことは，人権を尊重することであり，介護職として常に求められる態度である。しかし，その人の発達段階や認知の状況に応じて対応しなければ，不安は取り除けないばかりでなく，恐怖へと発展するかもしれない。その人の気持ちに寄り添い，その人の人格を尊重することとはどのように対応することなのかを，介護職は人間の尊重という態度で具体的に検討していく必要がある。

7. 日常生活におけるケア

1 食事の自立支援

経管栄養を選択した場合であっても，食事として介助することが大切である。食欲を促すようなにおい，調理の音，食材に触れるなどの刺激を感じてもらうことも必要である。寝食分離を図る，食事をする雰囲気を演出するために音楽を流すなど，利用者の好みに応じて食事環境を整えることも検討されなければならない。

また，胃ろうや腸ろうを造設していても経口摂取は可能である。利用者の状況によっては，専門的な嚥下リハビリテーションの実施など，医師や言語聴覚士などを中心とした連携が必要である。

2 口腔ケア

経管栄養の場合には，咀嚼をしないので唾液の分泌が減り，口腔内の自浄作用が低

下する。また，口腔を動かさないために口腔周囲の筋肉も低下するので，咀嚼や嚥下機能がさらに低下する。こうした状態は，感染のリスクを高める。感染防止や，摂食・嚥下機能の維持・向上のためにまず大切なのは口腔ケアである。

　口腔ケアを行う場合は，口腔内の状態と嚥下機能の情報や，安全かつ効果的に行う方法を事前に把握しておく必要がある。ただし，栄養剤注入後に口腔ケアを行うと，その刺激が嘔気・嘔吐を誘発する場合もあるため，空腹時に行うのがよい。

3 その他の日常生活

　消化・吸収・排泄機能を正常に保つために，食事の内容や量，摂取時間などが適切に管理されなければならない。利用者は，経管栄養を実施している以外の時間は，通常の生活が可能である。経管栄養に長時間を要する場合は，生活時間を利用者の状況に合わせて工夫する必要がある。日中離床し自由に活動する時間や，歩行・散歩などの適度な運動を取り入れることは，気分転換を図るだけでなく，QOL向上にも有用である。

　胃ろうや腸ろうを造設している場合も，全身状態に問題がなければ入浴は可能である。浴槽に入っても腹圧があるので湯がろう孔に入ることはない。ろう孔周囲に問題がなければ石けんで洗うことも可能である。

　日常生活を支援する際は，経管栄養チューブを利用者が自己抜去したり，事故による抜去が起こらないように注意する。

Ⅱ. 喀痰吸引・経管栄養の基礎知識と実施手順

第10章 経管栄養の実施手順

- 経管栄養に使用する必要物品，清潔保持について説明できる。
- 必要物品の準備・設置方法を説明できる。
- 経管栄養の実施の流れと注入方法の留意点を説明できる。
- 実施後の報告，記録ができる。

　この実施手順では，液体栄養剤を用いた「経鼻経管栄養」と「胃ろう」による経管栄養を中心に概説する。半固形化栄養剤[*1]を用いた「胃ろう」による経管栄養については，演習編を参照のこと。

*1 **半固形化栄養剤**：胃ろうの「演習」で用いる栄養剤の種類について，液体栄養剤か半固形化栄養剤であるかは，特に指定されていない。現場においては半固形化栄養剤の使用も多いので，演習では半固形化栄養剤を用いた手順を示している。半固形化栄養剤については第9章p.101を参照のこと。

1. 経管栄養の必要物品

　経管栄養を実施するためには，実施するための物品のほか，準備や片づけに必要なものがある。経管栄養を行う際の必要物品について，**表10-1**と**図10-1**に示す。

2. 挿入部の清潔と消毒

1 経鼻経管チューブ挿入部の清潔

　経鼻経管栄養の場合には，経鼻経管チューブを顔面に固定している。鼻腔周囲の固定部位は，チューブとの摩擦や絆創膏などの刺激により皮膚のかゆみや炎症を起こすことがある。絆創膏などの部位を清拭する場合は，チューブを抜かないように注意し，湯などで絞ったタオルでやさしく拭く。
　鼻腔内の出血がある場合は，看護職に報告する。

2 胃ろう（腸ろう）造設部位の清潔

　胃ろう（腸ろう）の周囲から，栄養剤や胃液などが漏れることがある。栄養剤や胃液などが皮膚に触れると，皮膚の炎症やびらん（ただれ）を生じることがある。注入後の観察と清潔の保持が必要である。以下の点に注意して清潔の保持や日常ケアを行う。
①胃ろう（腸ろう）の造設部位の周囲を観察し，清潔を保持するために湯などで絞ったガーゼなどで清拭する。その際，胃ろうチューブを引っ張らないように注意する。
②造設手術後一定の時期が過ぎ，感染などの徴候がない場合は，挿入部の消毒などは行われない。通常，処置が必要な場合は，医師や看護職によって行われる。清潔方法については，事前に確認しておく必要がある。

表 10-1　経管栄養の必要物品と用途

	必要物品	用　途
準備・実施に必要	①経管栄養剤	医師指示書に従い用意する
	②イルリガートル	栄養剤を入れる容器，ふた付きのものもある
	③イルリガートル台など	イルリガートルをつるす （S字フックをカーテンレールなどにかけて代用することも可）
	④栄養点滴チューブ	イルリガートルと経管栄養チューブを接続する
	⑤接続チューブ	イルリガートルや半固形化栄養剤とボタン型胃ろう・腸ろうを接続する
	⑥計量カップ	栄養剤や白湯の量を計量する
	⑦膿盆やカップ，ビニール袋など	栄養剤を栄養点滴チューブの先端まで行きわたらせる際，先端から出る栄養剤を受けるために使用する
	⑧定　規	利用者の胃部とイルリガートルの液面の高さの差を測定する
	⑨時計またはストップウォッチ	滴下型の栄養剤の場合，滴下数を測定する
	⑩ペンライト	必要時に口腔内や鼻腔内を確認する
終了後に必要	⑪白　湯	終了後，白湯を経鼻経管チューブや胃ろう・腸ろうに注入する 薬を白湯でといて注入する際に使用する
	⑫カテーテルチップシリンジ（50mL）	先が円錐形になっているシリンジ（注射器）。事故防止のため注射針をとりつけることができない形になっている チューブ類と接続して使用
	⑬物品を消毒液に浸すための容器	
その他	はさみ（栄養剤の準備で使用） 加圧バッグ（半固形の栄養剤を注入する際に適宜使用）	

①〜⑬は図 10-1 と対応している。

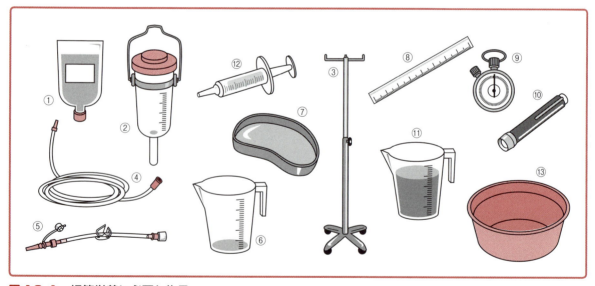

図 10-1　経管栄養に必要な物品

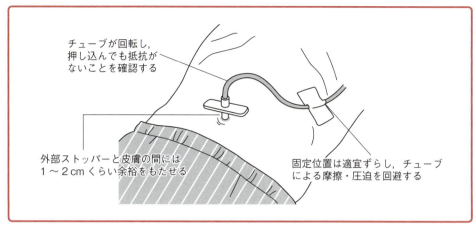

図 10-2 理想的なチューブの固定（チューブ型の場合）
（合田文則編著：胃ろうケアのすべて，p.93，医歯薬出版，2011 をもとに作成）

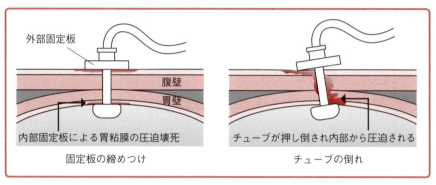

図 10-3 不適切な固定によるろう孔の圧迫壊死
（合田文則編著：胃ろうケアのすべて，p.99，医歯薬出版，2011 をもとに作成）

図 10-4 ティッシュペーパーなどで圧迫解除
（合田文則編著：胃ろうケアのすべて，p.94，医歯薬出版，2011 をもとに作成）

③感染や体力などに問題がなければ，胃ろう（腸ろう）を保護せずに入浴することは可能である．衣類の着脱でチューブが抜けないように注意する．
④胃ろう造設部は，胃内部の固定板と表面の外部固定板で固定されているが，その間隔が狭いと皮膚が圧迫される．ろう孔（穴）部をチューブや固定板で圧迫しないこと，皮膚面に対してチューブを垂直に保つことが大切である（図 10-2 ～ 4）．

3. 経管栄養の技術と留意点

　介護職による経管栄養の実施は，図 10-5 に示すように，安全管理体制を確保したうえで，看護職との協働により実施される．介護職が経管栄養を実施する場合の流れは，Step1 ～ 7 である．

Ⅱ．喀痰吸引・経管栄養の基礎知識と実施手順

図 10-5　経管栄養実施の概要
（平成22年度厚生労働省老人保健健康増進等事業：訪問看護と訪問介護の連携によるサービス提供のあり方についての調査研究事業―介護職員によるたんの吸引等の試行事業の研修内容・評価の策定に関する研究事業報告書（2011年3月，全国訪問看護事業協会）をもとに作成）

1 観　察

　経管栄養実施前に次にあげる点を観察し，何らかの異常がある場合は看護職に報告・連絡・相談をする。

（1）利用者のその日の状態，経管栄養開始前の状態の観察

- バイタルサイン，排泄の状態，苦痛や痛みの有無，嘔気・嘔吐の有無，腹部膨満感や腹痛の状態を観察し，本人にも確認する。
- 痰が多い場合，上気道感染を起こしている場合は，経管栄養剤の注入中に咳やむせ込みが起こり，嘔吐を引き起こす可能性がある。このような場合は，経管栄養が実施可能かどうかは医師・看護職が判断する。指示により，注入前に喀痰吸引を実施する場合がある。

（2）経管栄養挿入部の観察

- 経鼻経管栄養の場合は，経鼻経管チューブの位置を確認し，チューブが抜けていない

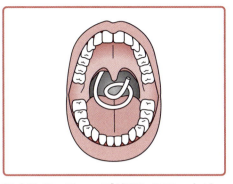

図 10-6　チューブが胃から口へ上がってきている場合

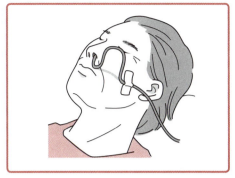

図 10-7　チューブが印よりずれている場合（気管に入っている恐れ）

か（図 10-6, 7），口腔内で停留，蛇行，咽頭の違和感などがないかを観察する。
- 胃ろう（腸ろう）の場合は，チューブの抜けがないか，固定の状態，挿入部や皮膚の状態を観察する。
- 胃ろう（腸ろう）は，ろう孔部の癒着や圧迫を防止するため，看護職が 1 日に 2 ～ 3 回チューブを回転させる。

2　準　備

(1) 医師の指示書の確認

1) 指示内容の確認

医師の指示内容について，①利用者氏名，②栄養剤の種類，④注入量，⑤注入開始時刻，⑥注入時間，⑦注意事項などを指示書を見ながら声に出して（指さして）確認する。
事故防止のため，チェック済みのサインを残すとよい。

2) 注入量や注入時間を確認し，そのための滴下速度を計算する

滴下速度は，ドリップチャンバー（点滴筒）に滴下する 1 分間の数で確認する。1 mL 当たりの滴下数は，「1 mL ≒ 20 滴」「1 mL ≒ 15 滴」などで製造されている。滴下数の調整は，次の計算式のように行う。

> 計算例：「1 mL ≒ 15 滴」のドリップチャンバーで，全注入量 400 mL を 2 時間で注入する場合
> - 1 分間の滴下数
>   　　（400 × 15）÷ 120 = 50　→　50 滴
> - 10 秒当たりの滴下数
>   　　50 ÷ 6 = 8.3333（≒ 8.3）滴　→　約 8 滴

(2) 手洗い

手洗い方法を遵守し，手指を清潔にする。

(3) 必要物品の準備

1) 物品の準備

利用者専用の必要物品を準備する。使用する物品がすべてそろっているか，物品に破損や劣化などがないことも確認する。

2）栄養剤の準備

- 栄養剤は有効期限や，内容に異常や変化がないかを確認する。
- 栄養剤は体温に近い温度（37～38℃）を目安に用意する。使用温度は，利用者の状態によって異なる場合がある。
- 栄養剤が体温より低い場合は，体に影響を与えることがあるため，容器ごと湯煎にかけて温める。冷蔵庫に保管している場合は，使用前に常温に戻しておく。栄養剤の成分や性状が変化しないよう，直接の加熱や電子レンジによる加熱は行わない。
- 指示された栄養剤の量を計量する。

3）注入準備

- イルリガートルに栄養点滴チューブを取りつけ，チューブのクレンメを閉じる。
- イルリガートルに栄養剤を入れる。
- 栄養点滴チューブの先端まで栄養剤を満たす。チューブを満たす際は，点滴筒（ドリップチャンバー）を押し，1/3～1/2程度の栄養剤で満たす。
- チューブの先端まで栄養剤を満たす場合は，クレンメを開けて行う。膿盆（カップやビニール袋）の上などで行い，周囲を汚さないようにする。栄養剤が先端まで満たされたらクレンメを閉じる（図10-8）。
- 栄養剤の入ったイルリガートルを利用者のもとに運び，利用者の胃部の位置よりもイルリガートルの液面の高さを50 cm程度高くしてつるす。

3 実 施

（1）利用者への説明と同意

利用者の意思の尊重の視点から，利用者に食事の時間であることを説明し，経管栄養を開始することの同意を得る。

食事は生活の一部であり，食事をとることは健康の維持にも必要である。利用者の状況やその場に適した言葉で伝えることは，意思尊重や生活の質（QOL）の視点から大切である。利用者への説明は，食事に対する利用者の心身の準備を整えることにもなる。

（2）利用者の準備

①経管栄養にかかる時間は利用者によって異なるため，排泄ケアは事前にすませておく。

②注入中に苦痛や不快感が生じないよう，衣類，リネン類，室温などの調節を行う。必要以上の露出がないようプライバシーに配慮し，必要時はカーテンやスクリーンを使用する。

③利用者の姿勢・体位を整える。注入した栄養剤が逆流しないよう，指示書などに従い，ベッドをギャッチアップし半座位にする。仙骨部に褥瘡がある場合などは，座位をとるなど，看護職に相談する。

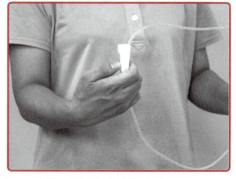

図10-8 クレンメを閉じる

④経管栄養を行う場所は，利用者の状態により異なる。ベッドに限らず居室やリビングのいすに座って行うこともできる。寝食は分離したほうが利用者にとってQOLは向上する。

(3) 経鼻経管栄養では，看護職が経鼻経管チューブが胃に到達しているかを確認する

看護職がチューブチップシリンジで胃内容物を吸引し，経鼻経管チューブが胃に到達しているかを確認する。胃内容物の吸引ができなかった場合は，空気を注入し，胃内の音を確認する。この確認は必ず看護職が行う。

(4) 栄養剤の設置

イルリガートルをイルリガートル台につるす。カーテンレール，鴨居（かもい）などにS字フックでつるしてもよい。

(5) 栄養点滴チューブを利用者に接続する

- 経鼻経管チューブと栄養点滴チューブ，または胃ろう（腸ろう）チューブと栄養点滴チューブがはずれないように接続する。
- 経鼻経管チューブ挿入部分，胃ろう（腸ろう）チューブ挿入部周囲の皮膚の状態を確認する。
- 接続後はチューブ類にねじれや折れ曲がりがないか，接続部位が固定されているかを確認する。
- 栄養剤の逆流防止のため，上半身を30～60°挙上した仰臥位（ぎょうがい）にする。

(6) 栄養剤の注入

開始時刻や注入時間を守り，注入する。

(7) 注入の開始

1）注入開始を知らせる

チューブ類の接続が完了し，準備ができたら，利用者や家族に注入開始を伝え，注入を始める。

2）注　入

- 液体栄養剤の場合は，クレンメを少しずつ開き，滴下速度を調節し，指示どおりに注入する。
- 半固形化栄養剤の場合は，半固形化栄養剤パックを圧迫しながら徐々に折り，調整しながら注入する（加圧バッグ[*1]を用いてもよい）。

(8) 注入の終了

1）クレンメを閉める

注入が終了したら，栄養点滴チューブのクレンメを閉じる。栄養点滴チューブと経鼻経管チューブ，または胃ろう（腸ろう）チューブの接続をはずす。

2）白湯の注入

経鼻経管チューブや，チューブ型の胃ろう（腸ろう）チューブの場合，管内に栄養剤が残ると，感染やチューブ類の閉塞（へいそく）の原因になるおそれがある。それらを予防するため，注入終了後に，経鼻経管チューブや胃ろう（腸ろう）チューブに，カテーテルチップシリンジで白湯（さゆ）を注入し，チューブ内を洗浄する。白湯がチューブ内に充填された状態でカテーテルチップシリンジを抜き，チューブの栓（せん）をする。

細菌の増殖を予防するため，白湯の代わりに，市販の食酢を10倍に希釈した酢水

*1　加圧バッグ：半固形化栄養剤パックを加圧（圧縮）して注入するための道具。

(酢：水＝1：10）をチューブ内に充填する方法もある。しかし，食酢ではなく酢酸注入による事故例もあるため，食酢使用の適否は医師の指示のもとに実施する。

3) チューブ類の取りはずし

注入終了後は不要なチューブ類やカテーテルチップシリンジを速やかに取りはずす。その際，挿入中のチューブ類を誤って抜去しないように注意する。経鼻経管チューブや胃ろう（腸ろう）チューブが，利用者の邪魔にならないような位置に補正する。

4) 注入終了の説明と姿勢の保持

注入が終了したら，利用者や家族に終了したことを伝えると同時に，ねぎらいの言葉をかける。逆流による誤嚥を防ぐため，30分〜1時間ほどそのままの姿勢を保つ。

4 観 察

(1) 注入直後の観察

注入したことで，利用者に何らかの異常が現れないかを観察する。

(2) 注入中の観察

注入中は利用者の状態を適宜観察する。本人からの訴え，表情，全身状態，腹部膨満感，悪心や嘔気などの有無のほか，挿入部や接続部の異常の有無，注入物の滴下速度・状態なども観察する。何らかの異常がある場合は，注入を中止し，看護職にただちに報告・連絡・相談する。

5 報 告

経管栄養の終了後には，観察した利用者の状態を看護職に報告する。

介護職の手順ミスや，通常とは異なる利用者の変化がある場合には，看護職に報告・連絡・相談する。

6 片づけ

経管栄養では，栄養剤などが直接胃や腸に入る。安全に行うためには，衛生管理を適正に行い，感染症などを引き起こさないことが重要である。必要物品の清潔保持のために，注入終了後には洗浄と消毒を行う（図10-9）。

①使用した物品を洗い場まで運ぶ。
②物品を水で大まかに洗い，中性洗剤で洗い，流水で洗剤を流す。
③決められた濃度の次亜塩素酸ナトリウム（ミルトン®）などに，イルリガートル，カテーテルチップシリンジ，栄養点滴チューブ，計量カップなどを1時間以上浸す。
④消毒が終わったら，流水ですすぎ，乾燥させる。
⑤破損などがないことを確かめ，定められたところに適切な方法で保管する。

7 記 録

実施日，実施時刻，実施時間，注入した栄養剤の種類や量，経管栄養実施中および実施後の利用者の状態，実施者名を記録する（図10-10）。

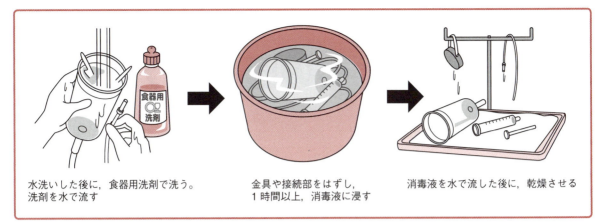

水洗いした後に，食器用洗剤で洗う。洗剤を水で流す

金具や接続部をはずし，1時間以上，消毒液に浸す

消毒液を水で流した後に，乾燥させる

図 10-9　必要物品の洗浄と消毒

11：45	○○看護師と，経鼻経管栄養の実施について確認。	
11：50	おむつ交換。デイルームに車いすで移動。経鼻経管チューブのゆるみ等はなく，問題ない。体位を調整する。	
12：00	△△栄養剤を 350 mL，約 120 分の予定で，滴下速度 50 滴/分，車いす座位姿勢で注入した。注入中，腹部不快や嘔気などはなかった。	
14：00	終了。その後白湯 50 mL を 15 分で注入。嘔気・嘔吐・下痢はない。	サイン
15：15	自室に移動し，仰臥位で臥床する。	△△△△

図 10-10　記録の記入例

コラム

事例にみる在宅における医療職との連携

　訪問介護時におむつ交換の準備をしながらHさんの様子を確認すると，昼間に訪問入浴でお風呂に入って着替えたはずのパジャマは，肩のあたりから背中にかけてべたべたになっている。胃ろうでとった食事が口から戻ってしまったようだ。

　寝たきりのHさんは，体位変換するたびに，またベッドからずれ落ちた体を少し上に動かしただけでも，胃ろうでとった栄養ゼリーが口から噴水のように溢れてしまう。そのときのHさんは真っ赤な顔で涙を流し，とても苦しそうである。

　なぜ，栄養ゼリーが口から溢れてしまうのだろうか，体位に問題があるのか，必要な量の栄養を身体が吸収できないのだろうか……。訪問看護師に速やかに報告・相談し，医療職と連携してHさんの生活を支援していきたい。

Ⅱ. 喀痰吸引・経管栄養の基礎知識と実施手順

第11章 子どもの医療的ケア

- 医療的ケアを必要とする子どもについて理解できる。
- 子どもの喀痰吸引について理解できる。
- 子どもの経管栄養について理解できる。
- 子どもや家族の状況を理解し，適切な対応ができる。

1. 医療的ケアの必要な子ども

1 子どもとその特徴とは

　子どもという表現は，多義的に用いられるが，ここでは福祉の視点から，「児童福祉法」に基づき18歳未満の人ととらえて概説する。

　この時期は，一般的に，生物学的成長・発達を遂げる期間である。つまり，新生児期から乳児期，幼児期，学童期，思春期，青年期へと急激な成長・発達の変化がみられ，その時期に応じた発達段階上の特徴がある。発達段階によっては，自身の症状をうまく説明できない，説明を理解できないことも多い。保護者や介護者が継続的な観察を行うことで変化に気づくことも多いため，こうした周辺の人たちへのサポートがより重要となる。

2 医療的ケアを必要とする子ども

　発達過程にある子どもの中には，医療的ケアを必要とする子どもが存在する。原因は，先天性や遺伝性の疾患，出生前や出生時，新生児期に起こった脳の障害，悪性新生物など多岐にわたる。

　厚生労働省によると平成23（2011）年現在，12,771人が療育目的で重症心身障害児施設に入所している。また，小児慢性特定疾患治療研究事業の対象として，11疾患群（514疾患）が指定されており，その対象者総数は111,374人（厚生労働省，2012）に及ぶ。

　子どもは身体機能の発達する時期であることが，かえって症状の進行を速め，機能の低下を起こす場合もある。したがって療養方針を定期的かつ短期的に検討していく必要がある。必要とされる在宅医療も多岐にわたり，喀痰吸引と経管栄養はその一部にすぎない。

　障害の種類，基礎疾患，運動機能と知的能力の程度などが組み合わさることにより，介護を要する度合いは千差万別であり個別性が高い。したがって生活支援を行う介護職は，個々の利用者の状態を把握したうえで医療関係者との連携を図る必要がある。

2. 喀痰吸引が必要な子ども

医療技術の進歩は大きく，近年では子どもでも人工呼吸器などの医療機器を装着しながら，在宅で生活を送ることができるようになってきている。例えば脳性麻痺，筋ジストロフィー，脊髄性筋萎縮症，二分脊椎などの子どもたちは，発症から経時的に呼吸機能の低下が進んだ場合は，非侵襲的または侵襲的人工呼吸（p.69 参照）が必要となることがある。また，呼吸器の障害以外にも肢体不自由，知的障害，筋緊張の亢進，さらには摂食・嚥下，消化器，睡眠，体温調節，コミュニケーションなどにさまざまな障害を合併する場合が多いため，呼吸器の感染症を起こしやすい。このように障害が重度で，合併症も起こりうることから，医療依存度が高い状態であるといえる。

1 喀痰吸引を行っている子どもへの配慮

子どもと大人の吸引の違いは，その子どもの成長・発達段階を理解し，さらに，年齢に応じた説明が必要となることである。年長の子どもであれば，子どもが感じている症状などを一緒に考え，吸引の効果などをわかりやすく伝え協力を得る。一方，乳幼児は理解が乏しいため，吸引に対して拒否する可能性があり，保護者の協力が必要不可欠となる。

いずれの場合も子どもに関する情報（呼吸状態，胸郭の動き，表情や活気，パルスオキシメータの値）を確認し，分泌物の貯留状況，カニューレの太さ（表11-1），長さ，意識レベル，気管カニューレ内部吸引の子どものこれまでの反応の情報を得る。

月齢が低い子どもや必要性の認識が不十分な子どもでも，不安を少しでも緩和できるように実施時には必ず説明や声かけを行う。

3. 経管栄養が必要な子ども

嚥下は食物を食道に移送する動作であると同時に，気道に流れ込まないようにする運動である。乳児の哺乳は不随意の動き（反射）であるが，摂食・嚥下は学習によって獲得していくものである。

乳児が母乳を飲むときの口や舌の使い方を乳児嚥下という。しかし大人が哺乳びんを使って乳児のようにミルクを飲もうとしてもうまく吸うことはできない。ヒトは離乳

表11-1 子どもの口腔内・鼻腔内・気管カニューレ内部の吸引の目安

対象	吸引カテーテルのサイズ	吸引圧		1回の吸引時間
		kPa	mmHg	
新生児	6～7 Fr	8～10.7	60～80	10秒以内
乳幼児	7～10 Fr	10.7～16	80～120	
学童	10～12 Fr	20 kPa（150 mmHg）を超えない		

外径をFr（フレンチ）で表す。1 Frは約0.3 mm。kPa（キロパスカル）。

（渡部真美，工藤 恵：吸引．子どもケア 9(1)：77，2014 をもとに作成）

表 11-2 乳児嚥下と成人嚥下

	乳児嚥下	成人嚥下
口腔機能	反射的吸啜	随意的な捕食・咀嚼
咬合状態	口を開けたまま乳首をくわえて嚥下	上下の歯を合わせる
口唇閉鎖	口を閉じていない	口を閉じて嚥下
舌尖の位置	舌尖は下唇と接触している	舌尖を口蓋に固定
舌と下顎の動き	連動	分離

(久保田雅也編：小児科臨床ピクシス―ここまでわかった小児の発達．p.53，中山書店，2012をもとに作成)

期に入り大脳の機能が発達してくると，乳児嚥下が徐々に減り，口唇を閉じ，舌を口蓋に押し当てて嚥下することを習得し，成人嚥下を獲得すると，乳児嚥下ができなくなるのである（**表11-2**）。

この嚥下機能を獲得できない場合には，経管栄養が必要となる。例えば先天性形態異常である口唇裂・口蓋裂や神経・筋疾患，その他の疾患による虚弱のため摂食行動が障害され，十分な栄養補給と水分補給がなされないと医師が判断した場合に適応される。

1 経管栄養を行っている子どもへの配慮

子どもに対して経管栄養を実施するうえで重要なのは，栄養量と水分量である。子どもの場合は体重の60％〜80％を水分が占めるので，その維持に努める必要がある。特に障害児は，疾患によって必要となる栄養量が異なるので注意が必要である。

他に注意が必要となるのは，嘔吐である。成人の胃の形と比べて子どもの場合は，噴

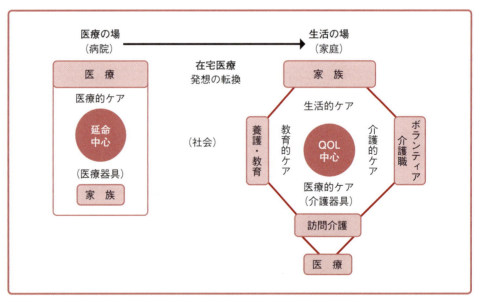

図11-1 在宅医療から生活の場へ（在宅医療による発想の転換）
QOL：生活の質（quality of life）。
(千代豪昭，船戸正久編：小児の在宅生活支援のための医療的ケア・マニュアル．p.116，大阪府医師会勤務医部会・小児の在宅医療システム検討委員会，2000より引用・一部改変)

門部の括約筋の発育が不十分なために球形状から釣鐘状になり嘔吐しやすい。成人と同じ形になるのは10～12歳ころである。

経鼻経管栄養の場合には，体動や運動によってチューブが誤って抜けてくるということも予測する必要がある。

4. 家族・地域・社会の支援と連携

子どもの場合は，保護者が存在することから，在宅で療養生活を送る場合が多い。家族がその療育，介護，看護を担う場面が多く，負担も大きくなる。このことは，保護者や本人，そして患児のきょうだいなどの家族生活にさまざまな形で影響を及ぼす。しかし在宅で家族が行っている医療的ケアは，患児が安全で快適な生活を送るために必要不可欠であり，生活の一部である。現在，「障害者総合支援法」に一元化された福祉施策の一環として，こうした在宅療養の子どものショートステイやデイサービスなどの受け入れ施設の整備も行われている。しかし，その社会資源はいまだ限られていることから，学校教育の場をはじめとして，長期の見通しをもった支援を考えていく必要がある。障害があり，医療的ケアが必要であっても，ひとりの人間，ひとりの子どもであることを念頭に置き，本人の自己決定を大切にし，自立と共生，社会参加を支援することが大切である（図11-1）。

> **事例**
>
> Iさん（30歳）は妊娠8か月のとき，胎児の成長が遅いことを指摘された。羊水検査の結果，18トリソミーであることがわかった。医師からは，子どもは生まれても長くは生きられないであろう，産むかどうかを問われたが，Iさんは産むことしか考えられなかった。
>
> 自然分娩で生まれた娘の産声はか細かったが，Iさんはやっと娘に会えてうれしかった。胸に抱いておっぱいを飲んでほしかったが，吸う力が弱く鼻に管が入れられた。それでも綿棒に母乳をつけて唇につけると一生懸命口を動かし，生きようとする力が感じられた。
>
> 3か月後，娘はNICU（新生児集中治療室）で少しずつではあるが体重も増え，退院に向けた準備が始まった。通常であれば，授乳の方法を習って，親子で退院していくのであろう。しかしIさん親子の場合は，まず，栄養チューブの挿入の仕方，セットの仕方，消毒の仕方など経管栄養の方法を覚えることだった。中でも大変だったのは，栄養チューブの挿入である。泣かれると，「痛いことしてごめんね」とIさんも泣きたくなった。おそるおそるやると栄養チューブがUターンしたり，口の中でとぐろを巻いていたりした。
>
> おなかいっぱいミルクを飲んでほしい。そんなことを考えながら，毎回栄養チューブの挿入を行った。

Ⅲ. リスクマネジメントと緊急時の対応

第12章 リスクマネジメントと喀痰吸引等の安全な実施

- 医療的ケアを安全に実施することの重要性を理解できる。
- リスクマネジメントとその対策について理解できる。
- ヒヤリハット，アクシデントの報告について理解できる。

1. 介護の現場とリスクマネジメント

1 リスクマネジメントとアクシデントについて

(1) リスクとマネジメント

　リスクとは，『新英和大辞典』によれば，「risk ①損失の可能性；危険，賭け，冒険。②【保険】危険，保険金，被保険者。③【医学】手術などの危険度」とされている。また，『大辞林』では，「①予測できない危険。②損害を受ける可能性」としている。

　一方，マネジメントは『新英和辞典』では「管理する」と訳されている。これは，もともと 1920 ～ 1930 年代に製造業で発展し，第二次大戦後先進国を中心に研究され 1 つの学問体系として確立されてきたものである。今日のマネジメントは製造業のみではなく，ビジネスや医療，福祉にも活用され，「計画」「調整」「組織化」などの要素を含むようになり，その概念は幅広いものとなっている。

　したがって，介護現場における**リスクマネジメント**は単なる「危険を管理する」という直訳的理解ではなく，「その人の健康や生命に，被害や悪影響，危険を与える可能性を回避するために，組織で取り組む仕組みづくり」ということができる。

(2) アクシデントとインシデント

　発生した事故を**アクシデント**，事故とならずに終わったものを**インシデント**という分け方をする。

　「インシデント」は事故には至らなかったが，適切な処理が行われないと事故になる可能性があり，一般的に**ヒヤリハット**の同義語として用いられている。「アクシデント」は，日ごろのインシデントに気がつかなかったり，気づいていてもその時に適切な対策が講じられなかったり職員全体に徹底されなかった事柄に起こりやすい。

(3) ヒヤリハット

　ヒヤリハットとは，日常の介護業務のなかで「ヒヤリ」としたり，「ハッ」とした経験のことである。そのハッとした行為や状態が見過ごされたり，気づかずにそのまま実行されたりしたときに，何らかの事故につながるおそれがあるもののことを指している。これはアメリカの技師ハインリッヒが労働災害の事例統計を分析した結果，導き出

*1 **ビジネスへの活用**：その大きな役割を担ったのはドラッカーである。彼は，マネジメントは企業だけのものではなく「多様な知識と技能をもつ人たちが協働して働く事業すべてのためのもの」とし，社会の構成要素であるあらゆる組織への応用，人間の生き方にもあてはめられるとした。

した法則である（図12-1）。重大災害1の背景には軽症の事故が29，そして無償災害（ヒヤリハット）は300あるという法則で，日本の企業，工場などで行われているが，高齢者施設でも事故予防対策として取り組まれており，事故に至らないヒヤリハットの体験を「ヒヤリハット報告」として職員に義務づけているところが多くみられる。

2 医療的ケア導入による介護事故につながるリスクの変化

(1) リスクの3要因

介護におけるリスクの要因は，利用者，介護者，環境・用具などの3つにあり，それらが絡み合って事故は起こる（図12-2）。利用者の要因としては，疾病や障害，認知機能・老化による身体変化の状況などがある。介護者の要因としては，介護経験や知識・技術の熟練度，福祉マインド，体調を含む心身の状況などがあげられる。

(2) 介護事故につながるリスクの変化

これまでの介護施設での介護事故の調査[1)]によると「転倒」が最も多く，他にも「転落」「誤飲」「誤嚥」などがあげられている。また，認知症高齢者では症状の影響を受けて「徘徊による行方不明」「異食」なども加わり，条件がより複雑に絡み合っている。一方，医療の現場では，医療技術の進歩や高度化によって医療事故が多様化していることなどに伴い，知識の不足や確認をおろそかにしたために与薬の間違いや手術患者の取り違えなどが起こり，しばしばマスコミにも取り上げられ，裁判になっているケースもある。

このような現状の中で介護職が医療的ケアを行うことにより，これまでの介護施設で起こっていた事故の様相も変化していくことが考えられる。そして考えられるリスクの変化は以下のとおりである。

① 「生活の場」であるためのリスク：介護事故につながるリスクは365日，24時間のあらゆる生活場面にある。喀痰吸引や経管栄養の導入により，これまで以上に体のしくみと症

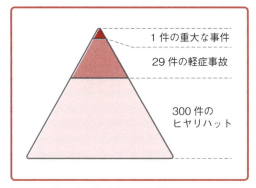

図12-1 ハインリッヒの法則

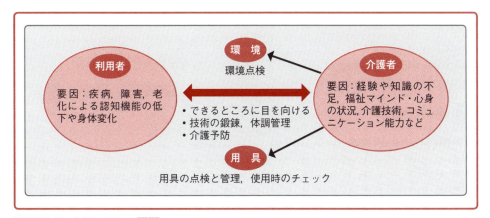

図12-2 リスクの3要因

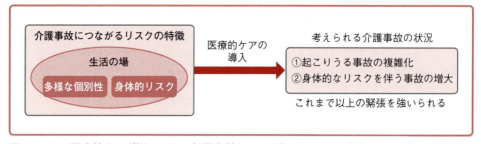

図12-3 医療的ケア導入による介護事故につながるリスクの変化

状などを理解し専門的な対応をすることが求められ，それに伴うリスクがさらに拡大する。したがって，これまで以上の緊張感をもって介護にあたらなければならない。

② 「個別性」の範囲でのリスク拡大：介護は，虚弱高齢者，障害のある高齢者，慢性疾患のある高齢者，認知症高齢者，障害児・者などを対象としているので，高齢者や障害者のもつ心理特性などにも配慮し個別性に合わせた対応が必要である。そのため医療的ケア導入によって介護事故も複雑化してくる。

③ 「身体的リスク」の増大：介護事故は転倒による骨折や誤嚥による窒息などが多いが，医療的ケアの導入によって，さらに身体的リスクを伴う事故が増大するおそれがある。

このような状況の中で，介護職の喀痰吸引や経管栄養などの医療的ケアの導入によって，これまであった介護関連リスクは，新たな介護リスクとして変化・増大していくことが考えられる（図12-3）。事故への対応の範囲も広がるわけである。

2. リスクマネジメントのプロセス

1 PDCA[*2]サイクルの活用

リスクマネジメントは，現状からリスクを予知し，その対策を考え組織的に取り組むものである。その手法として**PDCAサイクル**がある。PDCAとは，目的達成のために必要な実行計画を策定し（plan），計画どおりに実行し（do），実行の結果を調べ，評価し（check），必要に応じて改善する（action）ことである。サイクルといわれるのは，この作業を順番に繰り返し，1周したら最後の改善したものを次の実行計画につなげていくからである。さらに1周するごとに目的を発展させていき，継続的な改善を図る。組織全体で取り組み，繰り返し改善していくことで，介護リスクマネジメントにおいても重要である（図12-4）。

2 事故の分析

(1) 集計して分析する[*3]

リスクマネジメントを行うには，まずこれまでのアクシデントやインシデントの集計をしてデータ化することが大切である。そして，そのまとめたものをもとに職場の事故の傾向などを分析して原因を究明する。そのためには，集計を分析する項目が重要である。どのような内容を知りたいのかで分析項目を取り出して，数値化するとよい。たと

*2 **PDCA**：PDCAとは生産過程や業務過程の中で，生産管理や品質管理などの管理業務を計画通りに進めるために考えられた手法である。現在，保健・医療の分野でも活用され，介護福祉分野でも介護保険でのケアプラン，施設での個別介護計画や介護事故のリスクマネジメント手法に取り入れられている。

*3 **図12-5の分析法**：この分析法は，生産の職場の品質改善活動を進めるために問題の把握から解決までの活動を行う各段階において，使いやすい手法として七つ道具と言われたものからの一部である。

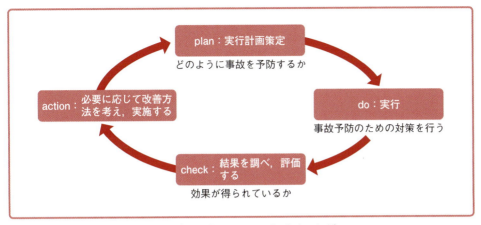

図 12-4　PDCA サイクルを活用したリスクマネジメント法

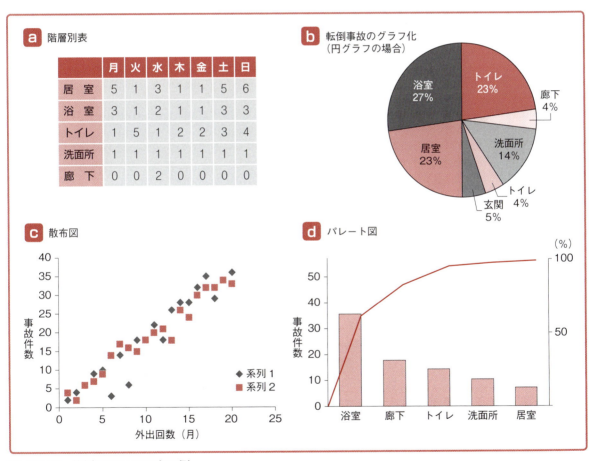

図 12-5　分析に用いる図表の例

(レビック：新 QC 七つ道具活用シリーズ（全巻共通）ハンドブックレビック．1986 をもとに作成)

えば次のような表し方がある。
①**階層別に表にする**：まずは数値化して単純な表にしてみる（**図 12-5a**）。それぞれの事故を「場所」や，「曜日」ごとなどの項目を決めて分析を行う。このように表に

しただけでも，わかりやすくなる。

②**グラフで比較する**：次に表にしたものをグラフ化する（**図12-5b**）。そのことにより視覚的にわかりやすくなり分析しやすくなる。主なグラフの種類とその特徴は以下のとおりである。棒グラフは数や量の大きさを比較することができる。折れ線グラフは数や量の変化の状態を見ることができる。円グラフ，帯グラフは内訳の割合を見ることができ，レーダーチャートは項目間のバランスを見ることができる。

③**散布図で傾向をみる**：これも表をグラフ化したものであるが，散布図は2つの変動要素を横軸と縦軸に展開した片面上に，データを点で記入して作成するものである（**図12-5c**）。2つの要因の間に関係があるかどうかについて，データによって調べることができる。例えば，「転倒事故」と「時間帯」や，「誤嚥」と「職員の経験年数」などの関連を図に表す。その結果，散布図が右上がりになるのか，右下がりになるのか，または関係を特定できないものなのかがわかる。

④**パレート図**：事故などをその現象や原因別に分類してデータをとり，多い順に並べてその大きさを棒グラフで表し，累積曲線で結んだ図である（**図12-5d**）。この図からは，どの項目が最も問題か，問題の大きさの順位が一目でわかり，順位の意味を考えることができる。同時に，それぞれの項目が全体のどの程度を占めているかを知ることができ，どの項目とどの項目を改善すれば，解決できるかがわかる。

(2) 分析図を作成しながら分析

1) 関連図を作成する

この方法は原因と結果が複雑に絡み合っている問題について，その関係を論理的につないでいく。そのことにより真の原因を明らかにする手法である。具体的には会議（カンファレンス）などで出てくる問題点や原因を1枚の紙やホワイトボードなどに書き出す（**図12-6**）。

①1つの問題点を取り出す。
②思いつくままに原因を出し合う。
③その原因をさらに書き込みつないでいく。
④主な原因を整理する。

2) 特性要因図を作成しながら検討する

特性要因図とは，特性とそれに影響を及ぼすと思われる要因との関連を，系統的に網羅して図解したものである。魚の骨のような形なので別名「フィッシュボーン」といわれ，作り上げた図から重要と思われる要因を記入して，問題解決のテーマに設定していくものである（**図12-7**）。

特性要因図では，考えられるすべての要因を1枚の用紙に書き出し，分類と体系化をする。この作成過程の中で，発想・気づき・連想が出やすくなる。また体系化することで全体の構造を把握できるので，重要な要因を推測することも可能となる。要因を検討する場合は，できるだけ多数の関係職員が集まり多くの要因を集めるようにする。多くの意見によって先入観などのない，幅広い意見が得られ，正しい要因を見つけることができる。

3) SHELL（シェル）法を使って検討する

SHELL法は人間の行動を4つの要因，ソフトウェア（software），ハードウェア（hardware），環境（environment），人間（関係者の個人的要素，liveware）から決定

第12章 ◆ リスクマネジメントと喀痰吸引等の安全な実施

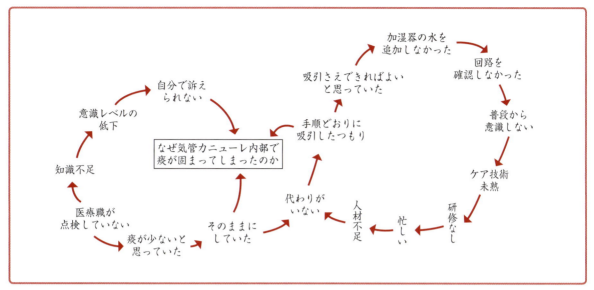

図 12-6 関連図の例

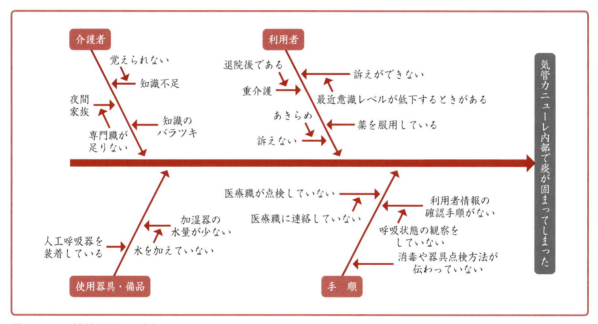

図 12-7 特性要因図の例

作成の仕方は，問題とする特性を決め，右側に大きく枠で囲む。続いて特性から左に大きく背骨を書く。特性に影響を与える要因を大まかな分類で選び出して，背骨に向かって大骨を書く。要因を枠で囲み，大まかな特性を書き入れる。要因を掘り下げて，出てきたものを中骨，さらに小骨の要因を書き込んでいく。具体的な対策がとれるレベルまで掘り下げる。

（レビック：新 QC 七つ道具活用シリーズ（全巻共通）ハンドブック改訂版．p.31，2000 をもとに作成）

されると規定し（**表12-1**），それを整理することで問題を分析する手法である。現在では発展形の M-SHEL モデル（全般マネージメントの問題を加えたもの）や，医療の場合は関係者から独立して患者要素（patient）を加えた PM-SHEL モデルを採用することが多くなったが，ここでは基本型を説明する。また，M-SHEL のように L が 1 つ

表 12-1　SHELL 法に使用される要因と対策の例

	要因	内容	要因の例	その対策
S	software（ソフトウェア）	マニュアルや指示書など運用にかかわるが流動的なもの	・初めての喀痰吸引時には医療職が見守ることになっていたが，介助マニュアルに明確な記載がなかった ・意識レベルの低下について引き継ぎがなかった	・マニュアルを変更する ・引き継ぎについて家族と介護職で確認する
H	hardware（ハードウェア）	医療機器，福祉機器など（喀痰吸引や経管栄養などでは吸引器や人工呼吸器など）	・加湿器の水が少なかった	・常に人工呼吸器の回路点検をする
E	environment（環境）	物理的な環境，照明，騒音など，仕事や行動に影響を与えるすべての環境（勤務時間帯や作業条件なども含む）	・医療職の点検がなかった	・すぐに加湿器に水を加え，医療職の点検についてマニュアルにも記載する
L	liveware（利用者，家族）	利用者や家族の ADL や心理状況など	・朝から体調不良を訴えていた	・体調確認を行う ・必要な場合は検温する ・体調などの状況を確実に伝える
L	liveware（当事者）	インシデント・アクシデントの当事者	・喀痰吸引の量が少なくてもよいと思っていた ・本人の体調不良を把握していなかった	

だけの場合と LL と表記している場合がある。L については，「利用者や家族に関する事項」と，「インシデントやアクシデントを起こした当事者自身の問題に関する事項」に分けて分析するとわかりやすいので，ここでは LL と表記する。

3 介護職員のスキルの向上

(1) アセスメント能力の向上と技術のマニュアル化

1) 介護計画

　利用者への対策としては，的確にアセスメントをすること，その人のできるところに目を向け，できる機能を保持し介護予防対策をとることである。介護者自身の対策では，技術の鍛錬や体調管理を心がける。また，環境や用具も重要な要素であり，用具の点検や使用時のチェックを適切に行い，安全な環境の整備を心がけるようにする。

　利用者に対してのケアは，利用者の多様な個別性に配慮したものでなければならない。それには，利用者1人ひとりの状態やニーズにふさわしいケアが提供できるようなアセスメントや介護計画の立案が重要となる。

　具体的にはアセスメントの結果に基づき，利用者1人ひとりに対する介護計画（個別援助計画）を作成するが，この計画は，1人の利用者にさまざまな介護職員がかかわることを想定して，できる限り個別的・具体的な記述をして，職員間で共有できるようにしておくことが大切である。どの職員がサービスを提供しても利用者1人ひとりに質の高い，継続性のあるケアを行うために重要なものである。

2) 技術のマニュアル化と視覚化

　一般的に介護の技術は個人の能力ととらえる傾向がある。「学校で勉強したテキストがあるからマニュアルがなくても仕事はできる」「技術は個人に合わせてするものだか

らマニュアル化はできない」などの意見もある。しかし、技術の基本をマニュアル化することは必要で、個人に合わせて実行することはそれを応用できるようにすればよい。

マニュアル化は単にサービスの質を高めるためだけでなく、リスク対策のための手段でもある。具体的なサービスの内容や手順を標準化し、チーム全員で共有しリスクを軽減することが大切である。さらにチャートにするなどわかりやすいように視覚化しておくことも、リスクのポイントが明確になり、後から分析しやすくなる。

3) 日常的な情報交換の必要性

利用者の状態や出来事を頻繁に情報交換することが重要である。その情報交換は家族との信頼関係を築くためであったり、多職種との連携のためのであったり、介護職員同士であったりする。情報の共有化は、組織全体としてリスクマネジメントに取り組んでいくうえで不可欠である。具体的にはいわゆる「ホウレンソウ[*4]」といわれる内容であり、ケースカンファレンスを活用するだけでなく、特に職員同士は、風通しのよい何でも言い合える、相談できるような日ごろからの雰囲気づくりやコミュニケーションが重要となる。

[*4] ホウレンソウ：連携して業務を行ううえで大切な「報告」「連絡」「相談」のこと。日ごろのその習慣が事故予防につながる。

(2) 危険予知訓練（KYT）

危険予知訓練（kiken yochi training）は、作業に従事する労働者が、事故や災害を未然に防ぐことを目的に、その作業に潜む危険を予想し合う訓練のことである。ローマ字表記の頭文字をとってKYTと表現する。1974年に住友金属工業で開発され、ヒューマンエラーによる事故の防止手法として広く産業界に浸透、定着してきた。これは介護分野の職場内研修でもよく活用されており、危険の可能性を話し合いによって共有することで、事故を未然に防ぐことを目的としている。

やり方は、まず、日常の活動（職場のケアの様子など）を写真に撮ったりイラストに描いたりして（図12-8）、それらをもとに危険の有無や内容について検討する。このような訓練を定期的に行ううちに、日常のケアの中で、何か危険は潜んでいないかと考える習慣をもつことが期待できる。方法は図や写真を見ながら、以下のように行う。

①**現状把握（どんな危険が、潜んでいるか）**：材料となる絵や写真を見て、どのような危険が潜んでいるか、問題点を出し合う。問題点は自由に出し合い、批判するような

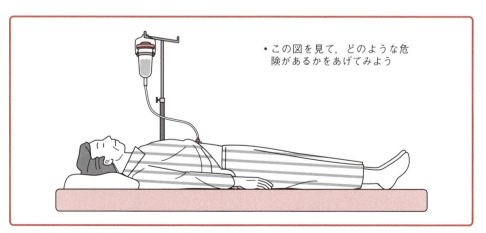

図12-8 KYTに使用する図の例
答えの例：仰臥位では、栄養剤が食道へ逆流し、誤嚥性肺炎を引き起こす危険がある。

Ⅲ．リスクマネジメントと緊急時の対応

喀痰吸引等業務（特定行為業務）ヒヤリハット・アクシデント報告書

報告者状況	事業所名称	
	介護職員氏名	
	管理責任者氏名	
被報告者状況	事業所名称	
	連携看護職員氏名	

発生日時	平成　年　月　日（　曜日）　　午前・午後　　時　分頃
発生場所	□ベッド上　□車椅子　□その他（具体的に　　　　　　）
対象者	氏名：　　　　　　　　（男・女）　年齢：
	当日の状況

出来事の情報（1連の行為につき1枚）

行為の種類	【喀痰吸引】 ①人工呼吸器の装着の有無　□なし　□あり ②部位　（　□口腔　　　　□鼻腔　　　　□気管カニューレ内　） 【経管栄養】（　□胃ろう　　　□腸ろう　　　□経鼻経管　）
第1発見者 （○は1つ）	□記入者自身　　　　　　　□医師　　　　　　　□家族や訪問者 □記入者以外の介護職員　□介護支援専門員　□その他 □連携看護職員　　　　　　　　　　　　　　　　　（　　　　　） □連携看護職員以外の看護職員
出来事の発生状況	※誰が、何を行っている際、何を、どのようにしたため、対象者はどうなったか。
医師 への報告	□なし　□あり
連携看護職員 への報告	□なし　□あり
出来事への対応	※出来事が起きてから、誰が、どのように対応したか。
救急救命処置の 実施	□なし □あり（具体的な処置：　　　　　　　　　　　　　　　）

図12-9　ヒヤリハット・アクシデント報告書の例

出来事が発生した背景・要因	※なぜ、どのような背景や要因により、出来事が起きたか。
（当てはまる要因を全て）	【人的要因】 □判断誤り　□知識誤り　□確認不十分　□観察不十分　□知識不足　□未熟な技術 □技術間違い　□寝不足　□体調不良　□慌てていた　□緊張していた □思いこみ　□忘れた　□その他（　　　　　　　　　　　　　　　　　　　　　） 【環境要因】 □不十分な照明　□業務の中断　□緊急時　□その他（　　　　　　　　　　　　　） 【管理・システム的要因】 □連携（コミュニケーション）の不備　□医療材料・医療機器の不具合　□多忙 □その他（
出来事の影響度分類（レベル０～５のうち一つ）	□　０　エラーや医薬品・医療用具の不具合が見られたが、対象者には実施されなかった □　１　対象者への実害はなかった（何らかの影響を与えた可能性は否定できない） □　２　処置や治療は行わなかった（対象者観察の強化、バイタルサインの軽度変化、安全確認のための検査などの必要性は生じた） □　３ａ　簡単な処置や治療を要した（消毒、湿布、皮膚の縫合、鎮痛剤の投与など） □　３ｂ　濃厚な処置や治療を要した（バイタルサインの高度変化、人工呼吸器の装着、手術、入院日数の延長、外来患者の入院、骨折など） □　４ａ　永続的な障害や後遺症が残ったが、有意な機能障害は伴わない □　４ｂ　永続的な障害や後遺症が残り、有意な機能障害の問題を伴う □　５　レベル４ｂをこえる影響を与えた

<u>介護職員　報告書記入日　平成　　　年　　　月　　　日</u>

医師・連携看護職員の助言等	①医師又は看護職員が出来事への対応として実施した医療処置等について ②介護職員へ行った助言・指導内容等について ③その他（今回実施した行為で介護職員の対応として評価できる点など）

<u>医師・連携看護職員　報告書記入日　平成　　　年　　　月　　　日</u>

ことは避ける。

②**本質追究（なぜ危険と考えられるのか）**：問題点がひととおり出そろったところで，その原因についてメンバー間で検討し，整理する。

③**介護者のとるべき行動を整理する**：教科書に書かれているような内容で点検をするのではなく，自由に想像することが大切である。間違い探しではなく，答えは限りなく出しておく。

4 環境・用具のリスク

医療的ケアにおいてはサービス環境，職場環境，用具・機器類などもリスクの要因となる。用具や機器類は常に点検を怠らないようにすることや，利用者を取り巻く環境によってどのような影響が考えられるのかを把握したり，介護者の勤務体制や体調，知識の程度などについても職場全体で検討・把握しておくことが大切である。問題があれば速やかに改善策を講じ，全員で共有する。

3. 事故報告

ヒヤリハットやアクシデントがあった場合は事故報告が必要となる。報告書は，単に文章として記録するということではなく，事後に分析しやすいように項目別に記載できるようにする。具体的な項目としては，報告日時，発生日時，発生場所，発生内容，利用者情報，発生状況と経過，発生時の利用者状況，発生後の対応，医療機関への連絡，家族への連絡と反応，再発防止策の必要性の要否などが考えられる。東京都福祉局の特定行為事業者向けのヒヤリハット・アクシデント報告書を**図 12-9** に示す。

また，この報告書は個人の責任を問うためではなく，事故防止対策に活かすために分析し，検討することが重要である。そのためには，職員全体で会議を開き，原因を究明し，防止対策を検討・構築すること，それを共有化・周知徹底することである。

さらにこの報告書は，万が一訴えられた際の証拠となるものなので，事実を客観的に記すことが大切である。

文　献
1) 三菱総合研究所：高齢者介護施設における介護事故の実態及び対応策の在り方に関する調査研究事業報告書（平成 20 年度厚生労働省老人保健事業推進費等補助金），p4，2009.

Ⅲ. リスクマネジメントと緊急時の対応

第13章 救急蘇生法

- 救急蘇生法の必要性について説明できる。
- 救急蘇生法の手順について説明できる。

1. 救急蘇生法

　救急蘇生法とは，心停止，窒息などの生死にかかわる重篤な状態の人に対して，救命のために行われる処置のことをいう。その場に居合わせた人ができること[*1]は一次救命処置と応急手当である。医療職などが行う二次救命処置に的確につなげていく必要がある。

　高齢者や障害のある人は，身体機能の低下などで急変し危機的状態に陥りやすい。また日常生活で医療的ケアを必要とし，痰の吸引時や経管栄養の実施には，観察，手技，物品，連携などの不足や不備などで急変・事故が発生する可能性もある。適切な対応ができるよう，これらに関する知識や手技を習得し備えておく必要がある。

1 救急蘇生の重要性

　平成25年度版消防白書によると，救急車が要請を受けてから現場に到着するまでの時間は，平成24年度では平均8.3分（前年8.2分）である。この間に救急蘇生を行うことが傷病者の生命を大きく左右する。また救命し，社会復帰に導くためには「救命の連鎖」（図13-1）が重要な要素となる。それは4つの鎖で，円滑に連携していくことが1人でも多くの命を救うことにつながる。さらに危機的状態に陥らないように未然に防ぐことも含まれる。

2 一次救命処置（basic life supprot：BSL）

　一次救命処置は，胸骨圧迫と人工呼吸による心肺蘇生法（CPR）と自動体外式除細動器（AED）による電気ショックを行うことを主な内容とする応急手当のことである。

① 心肺蘇生法（cardiopulmonary resuscitation：CPR）は，胸骨圧迫と人口呼吸の2つの手技からなる救命処置の根幹である。心停止の状態でも多くの場合は血中に酸素が存在しており，まずは胸骨圧迫により全身に酸素を含んだ血液を運ぶのを補う。

② 自動体外式除細動器（AED）は，心室細動[*2]

[*1] 米国とカナダには緊急時に誠実に報酬を期待せず救助を行った場合には，結果責任を法的に問われないという趣旨の「善きサマリア人の法（Good Samarian Act）」という法律がある。日本では「民法第698条，緊急事務管理」「刑法第37条，緊急避難」として免責されると考えられている。

[*2] 心室細動：心筋が無秩序に収縮・弛緩を繰り返すため心臓全体の組織的な収縮が起こらなくなる。突然の心停止は心室細動によることが多い。

図13-1　救命の連鎖（チェーン・オブ・サバイバル）
（JRC蘇生ガイドライン2010をもとに作成）

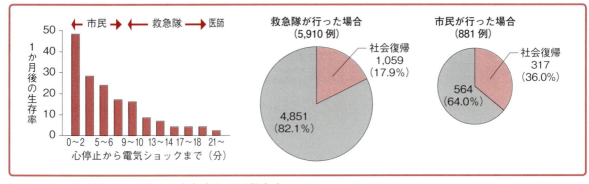

図 13-2 除細動までの時間と生存率および救命率
（総務省消防庁平成 25 年度版救急救助の現況および http://jhf.or.jp/heartnews/vol43.html をもとに作成）

などで心臓調和がとれたリズムや心拍出量が得られない場合に、効果的な治療として除細動（電気的ショック）を与え規則正しい収縮運動を生じさせる。成功率は時間の経過とともに減少するため*3、AED による素早い除細動が求められる（**図 13-2**）。

*3 除細動が 1 分遅れると生存率は 7〜10％も下がるといわれている。

上記のほか気道内の異物や分泌物の除去方法として、背部叩打法、腹部突き上げ法（ハイムリック法）などがある（章末コラム参照）。

3 二次救命処置（advanced life support：ASL）

医療従事者などによる薬剤、医療機器を用いた治療が行われ、心拍再開後の集中治療により社会復帰の可能性を高めることをいう。

2. 一次救命処置の方法

図 13-3 のように一次救命処置は以下の順番で行うが、詳細は演習編の「救急蘇生法」*4（p.190）を参照のこと。

*4 救急蘇生法：救急蘇生法は国際的に統一されており、本書は 2010 年に発表されたガイドラインに基づいている。2010 年改定では、胸骨圧迫（心臓マッサージ）が重視され、心肺蘇生の手順は、以下に改訂された。
C：circuraiton（胸骨圧迫）→ A：airway（気道確保）→ B：breathing（人工呼吸）。

① **周囲の安全を確保する**：傷病者と救助者に危険がない環境（屋根など）を確保する。車道、風雨、火気などを避ける。感染予防にも留意して状況を確認する。
② **反応を確認する**：両肩（麻痺がある場合もある）をたたきながら大きな声で呼びかけ、目を開ける、応答するなど目的をもった反応がなければ「反応なし」とする。
③ **応援を呼ぶ**：周囲の人に「誰か来てください、人が倒れています」と大声で注意を喚起し、救急通報（119 番通報）と AED の手配を 1 人ひとり特定して確実に頼む。
④ **呼吸を確認する**：10 秒以内に胸部・腹部の上下運動を全体的に観察する。動きがなければ呼吸停止と判断する。
⑤ **胸骨圧迫**：呼吸がない場合は、ただちに胸骨圧迫を始める。成人の圧迫部位は胸骨の下半分（目安は胸の真ん中）、圧迫の深さは少なくとも 5cm、テンポは 100 回/分以上で行う。
⑥ **人工呼吸**：胸骨圧迫の後、人工呼吸ができる場合は、気道を確保して人工呼吸を「胸骨圧迫 30 回に対し人工呼吸 2 回」の比で行う。人工呼吸がためらわれる場合は、省略してもよい。
⑦ **AED の使用**：電源を入れ、音声メッセージに従う。AED で自己心拍再開を目指す。

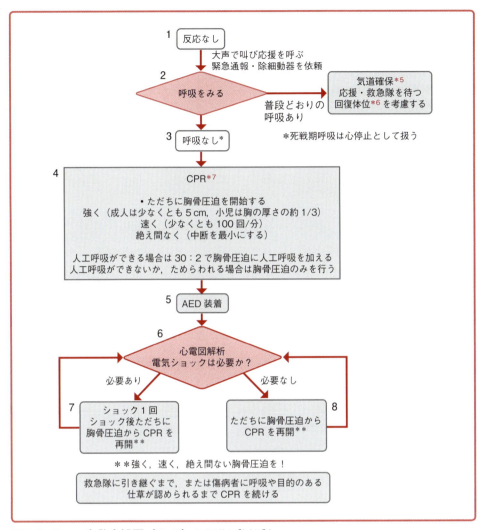

図 13-3　一次救命処置（BLS）のアルゴリズム
（日本蘇生協議会：一次救命処置（BLS）．http://jrc.umin.ac.jp/pdf/BLS0615_c.pdf（最終確認 2014 年 12 月 15 日））

*5　**気道確保**：頭部後屈顎先（あごさき）挙上法などを行い，鼻腔あるいは口腔から肺胞に至るガス交換のための通路を閉鎖しないようにする（p.195 コラム参照）。

*6　**回復体位**：呼吸しているときの，舌根沈下や嘔吐物による窒息を防ぐための気道を保つ体位（p.195 コラム参照）。

*7　**CPR**：心臓と肺は共働しており，片方が障害されるともう片方も障害される。また心停止の状態になると脳は不可逆的に障害される。胸骨圧迫によって正常な脳血流量の約 1/3 を補うが，さらに人工呼吸で酸素を血液に供給する。CPR を行うことで一時的に脳への酸素供給を補助する。

⑧救急車が到着するまで，⑤⑥⑦を繰り返す。

3. 応急手当

　応急手当とは急変した命を守るために行われる諸手当で，圧迫止血，回復体位なども含まれる。応急手当の目的は第一に**救命**である。反応がない，呼吸停止，気道内異物などは救命が最優先である。次に**悪化防止**のため，すぐに生命にかかわることはない傷病者には症状や訴えを把握し手当を行う。さらに**心身の苦痛を軽減**する。傷病者は突然の身体的苦痛とそれに伴う精神的な不安に対する配慮が必要となる。

　施設や在宅介護の場でも緊急対応を要するときは，その場を離れず緊急コールを押し，救援を頼み，医療職に連絡する，あるいは救急搬送する。

　また利用者の「いつもと違う」少しの変化に気がついたときには，よく観察をし，バ

表13-1 緊急を要する状態の応急手当

症状	対応	留意点
意識消失	・頭部を打撲している場合は利用者の状態を観察し、名前を呼びかけるなど意識の確認を行う ・返答がない、意識低下があると思われるときは、すぐに救急車の手配を行う ・どのように起きたか、意識レベル、呼吸の有無を確認し、医療職に連絡もしくは救急搬送する	・脳卒中、高血圧、心臓病、糖尿病、肝機能障害で起こすことが多いので悪化を予防する ・日常生活のパターンを把握し、睡眠との違いを見極める
悪心・嘔吐	・吐物で窒息しないように、側臥位か顔を横に向ける ・口腔内の残渣物を取り除く ・嘔吐が続く場合は吸引の準備をする ・衣類・リネンが汚染していれば手早く交換する	・脳出血、消化器疾患の既往を把握しておく ・バイタルサインなどを勘案し、緊急性を判断する
吐血・下血	・出血量、性状、顔色、意識状態を確認する ・安静臥床にし側臥位か、顔を横に向けておく ・吐血後は換気・消臭・口腔ケアを行う ・食事や水分の摂取を中止し、医療機関を受診する	・胃・十二指腸潰瘍などの既往を把握しておく ・多量の吐血、血圧低下、冷感、激しい腹痛がある場合は出血性ショックや急性腹症の疑いがあり、救急搬送する
悪寒・発熱	・悪寒(寒気)緩和のため、湯たんぽや電気毛布を使用するが、解熱し悪寒がおさまれば、除去する ・食事、水分補給は医師に指示を受ける	・誤嚥性肺炎、尿路感染症で発熱を頻回に繰り返す場合もあるので、予防に留意する ・陰部などの清潔を保持する
出血	・出血時の危険な症状の観察:顔面蒼白、耳鳴り、めまい、吐き気、嘔吐、あくび、呼吸が速くなる、痙攣の有無など ・止血法 　血液に直接触れないよう注意する(手袋、ビニール袋などを使用する) 〈直接圧迫法〉きれいな布を傷の上に強く押し当てて圧迫することによって止血する方法(静脈の出血に効果的) 〈間接圧迫法〉出血部よりも心臓に近い血管を圧迫することにより出血量を減少させ止血する。動脈の出血に効果的 出血部位を心臓より高く上げる	・出血の種類 　動脈血の出血:勢いよく飛び出す 　静脈血の出血:持続的にジワジワと出る 　外出血→体表面に現れる 　内出血→皮下組織、臓器内に現れる ・出血の危険度 　全血液の1/3以上出血で生命の危険 　全血液の1/2以上出血で死亡 ・安静と保温に留意する

イタルサインチェック、食事、排泄(はいせつ)などの生活行動も把握し、正しい判断につなげる。

1 応急手当の心得

　一般的には急変時は救急蘇生が行われる。これにより急性疾患の治癒も期待できるが、致死的疾患を有し末期状態の利用者の延命治療とは異なることを考慮しておかなければならない。施設や在宅の介護現場においては、利用者本人、家族ならびに多職種での連携を図り、「事前指示書」などにより利用者の意思を把握しておくなどの配慮が必要であろう。

①落ち着き、慌てず冷静な判断をすること。
②自己判断で行動せず、医師・看護職および救急隊員の指示に従うこと。
③複数の職員で協力し対応すること。疾病(しっぺい)の管理や処置、電話連絡など、正確な情報を共有し、手際よく的確に進める。
④利用者やその家族の同意を得ること。普段から利用者やその家族とはよく話し合っておき、延命治療などに対する「事前指示書」[*8]の内容を把握し状況に応じて適切に対応する。

2 緊急時の対応

　事前に、急変時の連絡手順、利用者個々の今後予期される状態の変化と応急手当を確認し「急変時対応マニュアル」などを医師・看護職と相談して作成しておく。また状

[*8] 事前指示(advance directives):終末期において本人の対応力が低下した場合、どのように治療をしてほしいのかを自身が事前に指示し意思表示(リビングウィルについてはp.34参照)しておくこと。

況を想定した訓練などもしておく。

　受診あるいは救急車要請に備え，保険証や必要な個人情報のコピーをすぐに準備できるようにしておく。①氏名，住所，緊急連絡先，家族構成など，②現病歴，既往歴，服薬や処置など，③日常生活状況とケアなど（個人情報の使用については，施設入所時などにあらかじめ書面にて同意を得ておく）。

> ### コラム
>
> #### 気道異物除去
>
> 　気道に食べ物や異物，嘔吐物などが詰まると窒息し，放置すれば心停止に至る可能性がある。迅速に気道異物除去を行うことが重要である。
>
> ##### 1．窒息の発見
> 　窒息が疑われる症状として以下のようなものがある。
> - チョークサイン（片手あるいは両手で首を押さえている）。
> - 声が出せない。
> - 顔色や口唇（くちびる）が急速に青紫色になる。
> - 咳をすることができない（咳をすることができれば，咳によって異物が除去されることがある）。
>
>
> チョークサイン
>
> ##### 2．気道異物除去法
> 　気道の異物を除去する方法として，背部叩打法，腹部突き上げ法（ハイムリック法）がある。
>
> ①背部叩打法
> 【傷病者が立っている場合】後方から傷病者の脇の下に腕を入れ，傷病者の前胸壁と下顎部分を支えて突き出し，片手の手掌基部で，傷病者の肩甲骨の中間あたりを強く数回連続してたたく。
> 【傷病者が倒れている場合】傷病者を手前に引き起こして横向きにし，救助者の足で傷病者の胸を支え，片手で傷病者の下顎を支えて突き出し，片手の手掌基部で，傷病者の肩甲骨の中間あたりを強く数回連続してたたく。
>
>
> 背部叩打法
>
> ②腹部突き上げ法（ハイムリック法）
> 　傷病者の背部から体を密着させて両手を腹部へ回し，こぶしをつくった手をもう一方の手で握る。
> 　傷病者の上腹部（臍とみぞおちの中間部）にこぶしを当て，斜め上方に向かって圧迫するように一瞬で引き上げる。
> ＊本法は，反応のない人や妊婦，1歳未満の乳児には，内臓損傷の危険があるので実施してはならない。また，それ以外の傷病者の場合でも，異物が除去できても内臓損傷の可能性があるため，異物除去後には，できるだけ早く医療機関を受診する必要がある。
>
>
> 腹部突き上げ法
> （ハイムリック法）

演習編

「社会福祉士及び介護福祉士法施行規則等の一部を改正する省令の施行について（介護福祉士養成施設における医療的ケアの教育及び実務者研修関係）」（厚生労働省社会・援護局長通知，社援発1028第1号，平成23年10月28日）の「9の2（2）演習に関する事項」に示された演習の枠組みと，本書の演習ならびにチェックリストの枠組みを以下に併記した。

厚生労働省通知			本書の演習ならびにチェックリストの枠組み
演習	喀痰吸引	口腔	口腔内・鼻腔内吸引（通常手順）
		鼻腔	
		気管カニューレ内部	気管カニューレ内部吸引 （通常手順）（人工呼吸器装着者：侵襲的人工呼吸療法）
	経管栄養	経鼻経管栄養	経鼻経管および胃ろう・腸ろうによる経管栄養 【液体栄養剤の場合】
		胃ろうまたは腸ろう	胃ろう（腸ろう）による経管栄養 【半固形化栄養剤の場合】
	救急蘇生法		救急蘇生法（一次救命処置）

喀痰吸引について

厚生労働省通知では，喀痰吸引演習の想定対象者が人工呼吸器装着者であるか否かについては指定されていない。そのため，人工呼吸器装着者でない者と人工呼吸器装着者の場合が考えられる。また，人工呼吸器装着者の場合は，侵襲的人工呼吸療法と非侵襲的人工呼吸療法の場合が考えられる。

本書の演習ならびにチェックリストでは，「口腔内」「鼻腔内」の喀痰吸引は，人工呼吸器装着者でない者を対象とする手順を示し，これを（通常手順）と表記している。

また，「気管カニューレ内部」の喀痰吸引については，2つの手順を示した。1つは，人工呼吸器装着者でない者を対象とする手順で，これを（通常手順）と表記している。2つめは，人工呼吸器装着者を対象とする手順で，これを（人工呼吸器装着者：侵襲的人工呼吸療法）と表記している。チェックリストは，（通常手順）を基準に示しているが，（人工呼吸器装着者：侵襲的人工呼吸療法）の場合は，必要項目を追記して使用することとする。

経管栄養について

厚生労働省通知では，経管栄養演習で使用する「経管栄養剤の種類」は指定されていない。

本書の演習ならびにチェックリストでは，【液体栄養剤】を用いた「経鼻経管栄養」ならびに「胃ろう・腸ろう」の手順と，【半固形化栄養剤】を用いた胃ろう（腸ろう）の手順を示した。

| 喀痰吸引 | **口腔内・鼻腔内吸引**（通常手順） |

STEP 1　観察

利用者の全身状態および口腔内・鼻腔内の状態を観察し、吸引の必要性を確認する

到達目標

 1 利用者の状態を観察することができる

❶ 観察することの説明をし、同意を得る

声かけ
「○○さん。これから吸引の必要があるか、お体の様子を確認します。よろしいですか」

❷ 利用者の状態を観察する

【観察内容】
- 利用者の訴え：痰が多い、息苦しい、痰を出しにくいなど
- 呼吸状態：呼吸音、痰などの貯留物や痰の絡む音の有無、呼吸数、酸素飽和度など
- 全身状態：顔色、脈拍数、意識レベルなど
- 口腔内の状態：貯留物の有無、食物残渣の有無、出血や傷、義歯の装着状態
- 鼻腔内の状態：貯留物の有無、出血や傷

❶ どうして？
同意を得ることで、苦痛を伴う可能性のある吸引に対し、不安を軽減し、安全に実施することができる。

❷ どうして？
利用者の呼吸状態や全身状態などから、介護職が実施できる状況にあるかを確認することができる。

注意！
看護職は、毎朝またはその日の第1回目の喀痰吸引実施時に、介護職による吸引の実施が可能かを判断している。介護職の観察で、利用者の状態に変化があった場合、直ちに看護職に報告する。

注意！
口腔内、鼻腔内の見えにくいところはペンライトを使用していねいに観察する。

喀痰吸引 ◆ 口腔内・鼻腔内吸引（通常手順）

STEP 2　準備
口腔内・鼻腔内吸引を実施するために医師の指示書などを確認し，必要な物品を準備する

到達目標 医師の指示書などを確認することができる

❶ 医師の指示書を確認する

【確認事項】
- 氏名
- 留意点
- 吸引圧
- 吸引時間
- 吸引の深さ
- 吸引チューブの太さ

注意！
実施する本人の指示書であることをフルネームで確認する。

❷どうして？
喀痰吸引は，迷走神経反射や低酸素状態などを引き起こす危険もあることから，看護職からの指示は，注意点を確認するうえで重要である。

❷ 利用者の状態について看護職に確認する

［看護師への確認］
「○○さんについて，注意したほうがよい点はありますか」

注意！
実施前の利用者の呼吸状態，全身状態などを看護職に確認し，実施できる状況にあるかの判断や特別な実施上の注意点を確認する。

到達目標 手洗いを行うことができる

❶ 石けんと流水，または擦り込み式アルコール製剤の使用により，手洗い方法を守る

基本的な感染予防の方法の1つとして，確実に行う。

❶どうして？
介護職の手を媒体として感染を引き起こすおそれがある。

注意！
目に見える汚れがなければ，擦り込み式のアルコール製剤により手指を清潔にする。

到達目標 必要物品をそろえ，作動状況などを確認することができる

❶ 必要物品を確認し，使用する順番を考慮して用意する

【必要物品】
①擦り込み式アルコール製剤，②ペンライト，③ディスポーザブル手袋，④セッシ，⑤セッシ立て，⑥吸引チューブ，⑦吸引チューブ用保管容器（消毒液入り），⑧吸引器，⑨洗浄水（水道水），⑩消毒液，⑪清浄綿など，⑫膿盆，⑬ゴミ箱（医療廃棄物専用）

❶どうして？
- 使用する順番を考慮して準備することで，不足している物に気づきやすく，手順を踏まえることができる。
- 利用者の安全，安楽への配慮につながる（実施の途中に足りないものを取りにいくと，利用者への負担が増す）。

❷ 物品に劣化や汚染などの不備がないかを確認する

❸ 吸引器の作動状況を確認する

❷どうして？

連結管に破損があると、適切な吸引圧がかからなくなる。また、汚染している物品は感染源になる。

❸どうして？

事前に吸引器の作動状況を確認しておくことで、必要時に適切に使用することができる。

注意！

- 吸引圧がかからない理由として、吸引びんのふたがしっかり閉まっていないこと、ふたのパッキンが劣化していることがあげられる。
- 吸引びんの排液を廃棄し、逆流によるモーターの故障を防ぐ。

【確認事項】
- 連結管に破損がないか
- 吸引びんのふたがしっかり閉まっているか
- 吸引びんの排液が廃棄されているか
- 電源が入り、吸引圧が指示どおり上がるか

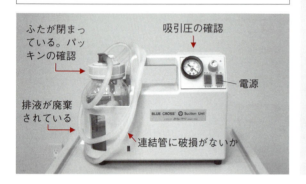

到達目標 必要物品を利用者のもとへ運び、使いやすいように配置することができる

❶ 必要物品を利用者のもとへ運び配置する

【吸引器】
- 水平な場所に設置する
- 電源を確保できる位置に設置する
- 連結管が利用者に届く位置に設置する

【ワゴン】
- 使いやすく利用者を観察しやすい配置にする
- 清潔に物品を扱えるようスペースを確保する

❶どうして？

吸引器の操作をしながらも、利用者の様子を常に観察できるワゴンの配置にする必要がある。また、清潔操作が可能なスペースを確保する必要がある。

注意！

- 利用者のもとで吸引器を使用しやすいように配置する。
- 吸引器の振動により他の物品が落下しないようにする。

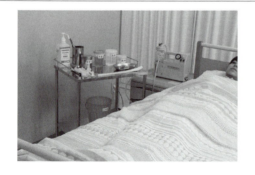

喀痰吸引 ◆ 口腔内・鼻腔内吸引（通常手順）

STEP 3　実　施
口腔内・鼻腔内吸引について利用者に説明し，安全に実施する

到達目標 6　利用者に説明し，同意を得ることができる

❶ 吸引の必要性や方法について説明し，同意を得る

声かけ
「○○さん。お口の中に痰がたまっているようなので吸引しますがよろしいですか」

❶どうして❓
苦痛を伴う可能性がある喀痰吸引は，利用者の協力が必要である。難聴や認知症の人にもわかるような伝え方を工夫する。

注意❗
吸引が必要となる場面では，時間的余裕は限られていることが多い。事前に喀痰吸引の説明と同意が得られているのなら，そのつど簡単に説明や声かけをし，同意を得ながら進めていくとよい。

到達目標 7　吸引の環境，利用者の姿勢を整えることができる

❶ プライバシー保護に配慮する

❷ 吸引チューブを挿入しやすい姿勢に整える
【口腔内吸引】
上半身を 30°程度挙上し，顔を横に向ける。

【鼻腔内吸引】
上半身を 15～30°程度挙上し，顔を正面に向ける。

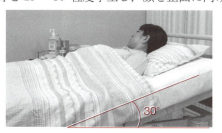

声かけ
「○○さん。頭のほうのベッドを少し上げますね」
「ご気分悪くありませんか」
「吸引しやすくするために，顔を横に向けられますか」

❶どうして❓
スクリーンをするなどして，プライバシーを保護することは，利用者の尊厳の確保につながる。

❷どうして❓
・口を開けることや吸引チューブの挿入により，唾液などが気管や肺に落ち込み，誤嚥性肺炎を起こす危険があるため。
・吸引しやすい姿勢にすることで，利用者の苦痛が軽減しやすい。

演習編

  口腔内・鼻腔内を観察することができる

❶ 痰などの貯留物，口腔内・鼻腔内の状態を観察する

【観察内容】
《口腔内》
- 痰などの貯留物（量，粘性の確認）
- 食物残渣の有無
- 出血や傷の有無，義歯の状態

《鼻腔内》
- 痰などの貯留物（量，粘性の確認）
- 出血や傷の有無

声かけ
「○○さん。口の中を確認したいのですがよろしいですか」
「○○さん。鼻の中を確認したいのですがよろしいですか」

❶ どうして？
- 口腔内，鼻腔内の状況に変化があれば，すぐに看護職に報告する。
- 貯留物の量が多く粘性が強い場合はその原因を検討するため，食事・水分摂取量，活動などを医療チームで話し合う必要もある。

注意！
- 口を開けにくい場合は，舌圧子で口角を引きながら観察することもある。
- 食事の直後や経管栄養直後は，口角を引き上げたりすると嘔吐を引き起こすこともあるので注意する。
- 出血や腫れがある場合は，吸引チューブ挿入の刺激により悪化することもある。

 手袋の装着またはセッシを持つことができる

❶ 手袋を装着する

❷ セッシを使用する場合は，先端が下を向くように持つ

注意！
滅菌手袋でなくてよい。

注意！
セッシ立てからセッシを取り出す際は，セッシの先端がセッシ立ての内側と縁に触れないようにする。

新品チューブ：パッケージから取り出す場合（手袋使用の場合）

到達目標 10 吸引チューブを清潔に取り出し，吸引チューブと連結管を接続することができる

❶ 吸引チューブのパッケージを5cmほど開封し，利き手で吸引チューブの接続部を持ち，もう一方の手でパッケージを持ち，吸引チューブの先端を清潔に取り出す

❷ パッケージをゴミ箱に捨てる

❸ 利き手で吸引チューブの接続部を持ち，もう一方の手で連結管を持ち，吸引チューブの先端を清潔に保って接続する

❶どうして？
チューブを確実に扱うためには「利き手」のほうがやりやすい（そのため本書では，「利き手」と「もう一方の手」と表現する）。

注意！
- 先端を不潔にしないように注意する。
- 吸引チューブの先端が周囲に触れた場合，速やかに廃棄し，新しいものを準備する。
- 確実に装着するために，ねじるように接続する。

再利用チューブ：浸漬法の場合（手袋使用の場合）

到達目標 10 吸引チューブの外側を清浄綿で拭き，吸引チューブと連結管を接続することができる

❶ もう一方の手で，清浄綿の入っている容器と，チューブの入っている保管容器のふたを開けたか

❷ 利き手で吸引チューブの接続部を持ち，消毒液の中から取り出し，もう一方の手に持ち変えたか

❸ 利き手で清浄綿を清潔に取り出し，接続部から先端に向かって清浄綿で消毒薬を拭き取る

注意！
- 利き手で吸引チューブを取り出した後に，もう一方の手で，吸引チューブの接続部を持つ。

注意！
- 吸引チューブに付着している消毒液が落ちる可能性があるため，膿盆（あるいはビニール袋など）の上で行うとよい。
- アルコールで拭く場合は，拭いた後に十分に乾燥させる。

❹ 清浄綿をゴミ箱に捨てる

❺ 利き手で吸引チューブの接続部を持ち，もう一方の手で連結管を持ち，吸引チューブの先端を清潔に保って接続する。容器のふたを閉める

注意！
- もう一方の手に持っていた吸引チューブを，利き手に持ち変えて利き手で接続部を持つ。
- 吸引チューブの先端が，連結管，その他の物品と接触しないように注意する。
- 吸引チューブが他の物品と接触しないよう，空間を確保する。

演習編

到達目標 11 吸引器の電源を入れ，洗浄水（水道水）を吸い，決められた吸引圧になることを確認することができる

❶ もう一方の手で吸引器の電源を入れる

❷ もう一方の手で吸引チューブの接続部を持ち，利き手で吸引チューブの中央あたりを持つ

❸ 洗浄水（水道水）を吸引し，吸引圧を確認する

❸ どうして？
- 吸引チューブをぬらすことで，挿入時の滑りをよくする。また，痰が吸引チューブ内に付着しにくくなる。
- 実施直前に再度吸引圧が正常に上がることを確認することで，利用者の安全を確保する。

注意！
浸漬法の場合は，消毒液を洗い流すために水を十分に吸引する。

到達目標 12 吸引チューブの先端の水をよく切ることができる

❶ 吸引チューブの先端から水が垂れていないかを確認する

❶ どうして？
口腔内・鼻腔内に水滴が入らないようにする。

注意！
水滴がついている場合は，膿盆（またはビニール袋）などに振り落とす。

口腔内吸引

到達目標 13 吸引開始について説明することができる

❶ わかりやすい言葉で協力が得られるように話しかけ，反応や返答を確認する

声かけ
「〇〇さん。これから吸引します。口を開けてくださいますか」

注意！
- 協力を得られるような声かけをする。
- 返答や反応を確認する。

喀痰吸引 ◆ 口腔内・鼻腔内吸引（通常手順）

到達目標 14　適切な吸引圧で，適切な深さまで吸引チューブを挿入することができる

❶ 利き手の3本指で，吸引チューブの先端から10〜15 cmのところをペンを持つように持つ

❷ もう一方の手の親指で，吸引チューブを完全に折った状態（吸引圧をかけない状態）にする

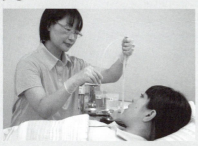

❸ 挿入の際，吸引チューブの先端が周囲に触れず，かつ粘膜を刺激しないように挿入する

注意！
咽頭の手前までの長さは個人によって異なる。10 cmを目安に演習を行うが，実際には医師の指示書に従うこと。

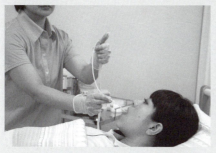
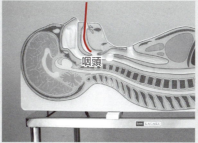

咽頭

❹ 決められた吸引圧と深さを守る

鼻腔内吸引

到達目標 13　吸引開始について説明することができる

❶ わかりやすい言葉で協力が得られるように話しかけ，反応や返答を確認する

声かけ
「○○さん。鼻が詰まっているようなので，吸引しますがよろしいですか」

どうして？

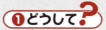
吸引は苦痛を伴う可能性があることから，利用者の協力が必要である。利用者の理解力に合わせて説明する。

到達目標 14 適切な吸引圧で，適切な深さまで吸引チューブを挿入することができる

❶ 吸引チューブの先端から 10 ～ 15 cm 程度のところを，利き手の 3 本の指でペンを持つように持つ

❷ もう一方の手の親指で，吸引チューブを完全に折った状態（吸引圧をかけない状態）にする

❸ 吸引チューブを挿入する際，先端を鼻孔から 1 cm 上向きに挿入し，その後，下向きに向きを変えて挿入する

❹ 片方の鼻腔から挿入しづらい場合はもう片方の鼻腔に挿入しなおす

❺ 挿入の際，吸引チューブの先端が周囲に触れないよう，粘膜を刺激しないように挿入する

注意！
- 吸引チューブ挿入の長さは，「咽頭の手前まで」であり，実際は医師の指示に従うこと。
- 咽頭より奥に入ると嘔吐反射を誘発する。

❷どうして？
鼻腔の入り口に近いキーゼルバッハ部位は血管が多く出血を起こしやすいところである。粘膜を刺激しないように吸引圧をかけずにていねいに挿入する。

❸どうして？
吸引チューブで鼻甲介や鼻腔を突かないよう，鼻腔の底に沿うように挿入する。

注意！
- 痛みの訴えや表情を確認しながら，ゆっくりと挿入する。
- 周囲に吸引チューブが触れないように挿入する。
- 入りにくいときは，手首の位置を固定し，吸引チューブの先端をわずかにゆらしながら挿入する。

❹どうして？
鼻中隔が彎曲している場合は吸引チューブが入りにくく，鼻粘膜を傷つけてしまう可能性がある。奥で左右の鼻腔はつながっていることから，反対側から吸引することもできる。

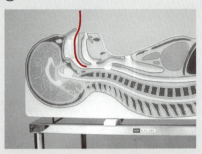

到達目標 15 適切な吸引時間で，分泌物などの貯留物を吸引することができる

❶ 吸引チューブを折った親指を離し，吸引圧をかける

❷ 利き手の 3 本の指の間を滑らせるようにチューブを回転させながら（こよりをよるように）吸引する

❷どうして？
吸引圧が 1 か所にかからないよう吸引することで，口腔内および鼻腔内の粘膜を傷つけたり出血を防ぐことができる。

❸ 吸引時間は 10 秒以内（指示書に従う）とする

注意
口腔内吸引では，口蓋垂を刺激しない（咽頭よりも奥に入ると嘔吐反射を誘発する）。

❸どうして？
吸引時間が長いほど，経皮的動脈血酸素飽和度（SpO_2）が低下し，その後の回復に時間がかかる。吸引時間はできるだけ短いほうがよく，長くても 10 秒程度を目安とする。

注意
- 吸引時に異常があった場合は，ただちに看護職に報告する。
- 吸引時間を守る。

16 吸引チューブを静かに抜くことができる

❶ もう一方の手の親指で吸引チューブを完全に折った状態（吸引圧をかけない状態）で，静かに抜く

声かけ
「○○さん。終わりました。チューブを抜きますね」

❶どうして？
吸引圧で粘膜を傷つけないようにする。

注意
吸引チューブを噛んでしまう場合は，無理に引っ張らずに吸引を止め，少しずらしながら口が開いたときにはずす。

浸漬法で保管する場合

17 吸引チューブの外側を清浄綿で拭くことができる

❶ 利き手で清浄綿を清潔に取り出す
❷ もう一方の手で吸引チューブの接続部を持ち，利き手で先端に向かって清浄綿で拭く
❸ 清浄綿をゴミ箱に捨てる

注意
- 拭くときは，後戻りしない。特に吸引チューブの下から 10 cm 程度のところは喀痰が付着している可能性が高いことから，後戻りはせず力を入れてしっかりと拭き取る。
- 使用した清浄綿は，1 回ごとに破棄する。

18 吸引チューブ・連結管の内側の汚れを落とし，消毒することができる

❶ 利き手で吸引チューブを持ち，洗浄水（水道水）・消毒液を吸引する

注意
吸引チューブの内側の汚れが除去できたか，見て確認する。

演習編

❷ 吸引した洗浄水（水道水）・消毒液が連結管を通り，吸引びんに入るところまで目で確認する

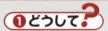
吸引チューブ，接続チューブ内に細菌を繁殖させないために，チューブの内側全体を消毒するために行う。

到達目標 19 吸引器の電源を切ることができる

❶ 利き手で吸引チューブの接続部を持つ
❷ もう一方の手で電源を切る

到達目標 20 吸引チューブを接続部からはずし，保管容器に入れることができる

❶ 吸引チューブの汚れ，破損の有無を確認する
❷ もう一方の手で保管容器のふたを開ける
❸ 吸引チューブを接続部からはずす
❹ もう一方の手に持っている連結管を，吸引器のホルダーに入れる
❺ 利き手に持っている吸引チューブを，周囲に触れないように保管容器に入れる
❻ もう一方の手で保管容器のふたを閉める

汚れは感染源となり，破損があれば適切な吸引圧がかからなくなる。よって，保管する前に吸引チューブを点検する必要がある。

注意！
吸引チューブと連結管をはずすとき，ねじるようにしてはずすこと。無理に引っ張ると破損や反動で周囲に触れる可能性がある。

単回使用の場合

到達目標 17 連結管の内側の汚れを落とし，消毒することができる

❶ 利き手で吸引チューブを持ち，洗浄水（水道水）・消毒液を吸引する
❷ 吸引した洗浄水（水道水）・消毒液が，連結管を通り，吸引びんに入るところまで目で確認する

注意！
吸引チューブの内側の汚れが除去できたか，見て確認する。

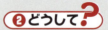
吸引チューブ，接続チューブ内に細菌を繁殖させないために，チューブの内側全体を消毒するために行う。

喀痰吸引 ◆ 口腔内・鼻腔内吸引（通常手順）

到達目標 18　吸引器の電源を切ることができる

❶ 利き手で吸引チューブの接続部を持つ

❷ もう一方の手で電源を切る

到達目標 19　吸引チューブを接続部からはずし，廃棄することができる

❶ 吸引チューブを接続部からはずす

❷ 吸引チューブはゴミ箱(医療廃棄物専用)に廃棄する

到達目標 21　手袋をはずす，またはセッシを戻すことができる

❶ 手袋は表側を内側に入れるようにはずし，廃棄する

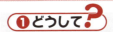

手袋をはずす際，表側を内側にすることで，汚染源を広げない。

❷ セッシを使用した場合は，セッシを周囲や容器の縁に触れないようにして戻す

到達目標 22　吸引終了の説明を行い，姿勢を整えることができる

❶ 終了したことを告げ，ねぎらいの言葉をかける

利用者に確認できる場合は，声をかけ確認する。

声かけ
「○○さん，吸引が終わりました。お疲れさまでした」

❷ 分泌物などの貯留物が取りきれたかどうか確認する

声かけ
「呼吸は楽になりましたか。痰は取れましたか」

❸ 頭部を戻すなどして，安楽な姿勢に整える

注意!
呼吸が楽な姿勢か，利用者に確認する。

到達目標 23 利用者の状態および吸引物を観察することができる

❶ 利用者の状態を観察する

【観察内容】
- 利用者の訴え
- 呼吸状態（息苦しさ，呼吸音，痰の絡む音の有無，呼吸数，酸素飽和度など）
- 全身状態
- 口腔内・鼻腔内の観察

口腔内吸引	鼻腔内吸引
・口腔内の出血，損傷，痛みがないかを確認する	・ペンライトで鼻腔内の損傷，出血の有無を確認する ・吸引チューブの刺激による痛みはないか確認する

❷ 吸引物の量・性状を観察する

【観察内容】
- 量
- 色
- 粘稠性(ねんちゅう)
- におい
- 血液混入の有無

注意!
低酸素状態の有無の確認のために，パルスオキシメータによる測定が指示されていれば行う。

【経鼻経管栄養チューブ挿入の場合】
❸ 口腔内にチューブが出てきていないかを確認する

注意!
口腔内に栄養チューブが出てきているときは，すぐに看護職に報告する。

到達目標 24 吸引前後の状態の変化を観察することができる

❶ 吸引前の状態と比較して観察する

状態が吸引前後で変化することもあるのでしっかり観察する。

注意!
吸引直後に問題なくても，その後，状態変化が起こる危険性がある。呼吸が速い，努力呼吸，顔面蒼白などの異常を発見した場合は，ただちに看護職に報告する。

到達目標 25 手洗いをすることができる

❶ 石けんと流水，または擦り込み式アルコール製剤の使用により，手洗い方法を守る

感染予防のため。

STEP 4　報　告　吸引実施後の利用者の状態を看護職に報告する

到達目標 26　利用者の状態および吸引物の状態を看護職に報告することができる

❶ 吸引中，吸引後の状態を報告する
　23 で観察した内容について報告する。

❷ 吸引物の状態を報告する
　23 で観察した内容について報告する。

【経鼻経管栄養チューブ挿入の場合】

❸ 口腔内にチューブが出てきていないかを報告する

 口腔内にある場合は，観察した時点ですぐに報告する。

到達目標 27　ヒヤリハット・アクシデントを看護職に報告することができる

❶ 利用者の状態や機器などの状況が「いつもと違う」と気づいたら，報告する

❷ 手順のミスがあった場合，報告・連絡・相談する

 観察の不十分さ，技術不足，手順忘れ，手順間違え，手順飛ばし，看護職との連携不足なども報告する。

STEP 5　片づけ　吸引に使用した物品について，感染に留意し，速やかに片づける

到達目標 28　吸引びんの排液量が 70 ～ 80％になる前に排液を捨てることができる

❶ 排液量を確認する

❷ 排液量が吸引びんの 70 ～ 80％になる前に排液を捨てて，洗浄・消毒をする

 故障の原因や感染源になることもあるので，適切に処理する。

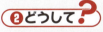
・排液の入った吸引びんは両手で持ち上げ，片方の手は必ずびんの底を支えるように持つ。
・吸引びんはガラス製のものが多く，排液が入っている場合，重さは数 kg になる。また，排液は汚染されていることを考え，落として割らないようにする。

演習編

到達目標 29 使用物品を速やかに片づける，または交換することができる

❶ 洗浄液の汚染や吸引チューブの破損があった場合，交換する

❷ 清浄綿，手袋などを適切な場所に廃棄する

❸ ベッド周囲や洗い場など，実施場所周辺の環境汚染がないことを確認する

注意！

喀痰吸引の使用後に不要になったものは，医療廃棄物として各自治体のルールに則って処分する。

❷どうして？

- 緊急時に速やかに対応できるように，常に使用できるよう整理し補充しておく。
- 洗浄液の汚染，連結管の破損，吸引びんのふたのパッキンの劣化があれば，速やかに交換する。

STEP 6　記　録　吸引の実施に基づいた記録を記載する

到達目標 30 実施記録を書くことができる

❶ 実施記録を書く

以下の内容に関して，事実をわかりやすく記録する。

【記録内容】
- 実施時刻
- 利用者の訴え
- 呼吸状態（息苦しさ，呼吸音，痰の絡む音の有無，呼吸数，酸素飽和度など）
- 全身状態（顔色，バイタルサインなど）
- 口腔内・鼻腔内の状態，出血の有無
- 吸引物の性状，量
- 実施者名

注意！

- 共通に理解できる用語や表現を使用する。
- 実施後速やかに記録する。

| 喀痰吸引 | # 気管カニューレ内部吸引

（通常手順）（人工呼吸器装着者：侵襲的人工呼吸療法）

＊（通常手順）とは，人工呼吸器装着者でない者を対象とする手順をいう。
　（人工呼吸器装着者：侵襲的人工呼吸療法）とは，人工呼吸器装着者を対象とする手順をいう。
＊ここでは，（通常手順）を基準に記載している。（人工呼吸器装着者：侵襲的人工呼吸療法）の場合は，（通常手順）に下記を追加して用いること。
　① 〈到達目標8〉に，「人工呼吸器が正常に作動していることを確認したか」を追加する。
　② 〈到達目標14〉の後に，「気管カニューレの扱いに留意して人工呼吸器をはずす」を追加する。
　③ 〈到達目標17〉の後に，「気管カニューレの扱いに留意して人工呼吸器を装着する」を追加する。
　④ 〈到達目標25〉の後に，「人工呼吸器が正常に作動していることを確認したか」を追加する。

STEP 1　観察
利用者の全身状態および気管カニューレ内部の状態を観察し，吸引の必要性を確認する

到達目標 1　利用者の状態を観察することができる

❶ 観察することの説明をし，同意を得る

【声かけ】
「○○さん。これから吸引の必要があるか，お体の様子を確認します。よろしいですか」

❷ 利用者の状態を観察する

【観察内容】
- 利用者の訴え：痰が多い，息苦しい，痰を出しにくいなど
- 呼吸状態：呼吸音，痰などの貯留物や痰の絡む音の有無，呼吸回数，酸素飽和度など
- 全身状態：顔色，脈拍数，意識レベルなど
- 気管カニューレの周囲や固定状態：出血やびらん，固定のゆるみ，カフの状態，痰のあふれ出しの有無など

❶どうして❓
同意を得ることで，苦痛を伴う可能性のある吸引に対し，不安を軽減し，安全に実施することができる。

❷どうして❓
利用者の呼吸状態や全身状態などを観察することで，吸引実施の必要性を確認することができる。

【注意】
看護職は，毎朝またはその日の第1回目の喀痰吸引実施時に，介護職による吸引の実施が可能かを判断しているが，吸引直前の介護職の観察で，利用者の状態に変化があった場合，ただちに看護職に報告する。

【注意】
口腔内，気管カニューレ周囲の見えにくいところはペンライトを使用する。

STEP2 準備

気管カニューレ内部からの吸引を実施するために，医師の指示書などを確認し，必要な物品を準備する

到達目標 2　医師の指示書などを確認することができる

❶ 医師の指示書を確認する

【確認事項】
- 氏名
- 吸引圧
- 吸引時間
- 気管カニューレの内腔の長さ
- 吸引チューブの太さ
- 留意点

注意！
本人の指示書であることをフルネームで確認する。

❷ 利用者の状態について看護職に確認する

［看護師への確認］
「○○さんについて，注意したほうがよい点はありますか」

❷どうして？
喀痰吸引は，迷走神経反射や低酸素状態などを引き起こす危険もあることから，看護職からの報告は，注意点を確認するうえで重要である。

注意！
実施前の利用者の呼吸状態，全身状態などを看護職から確認し，実施できる状況にあるかの判断や特別な実施上の注意点を確認する。

到達目標 3　手洗いを行うことができる

❶ 石けんと流水，または擦り込み式アルコール製剤の使用により，手洗い方法を守る

基本的な感染予防の方法の1つとして，確実に行う。

❶どうして？
- 介護職の手を媒体として感染を引き起こすおそれがある。
- 下気道は無菌状態である。
- 気管カニューレ装着の対象者は免疫力が低下している可能性がある。

注意！
目に見える汚れがなければ，擦り込み式アルコール製剤により手指を清潔にする。

到達目標 4　必要物品をそろえ，作動状況などを確認することができる

❶ 必要物品を確認し，使用する順番を考慮して用意する

【必要物品】
①擦り込み式アルコール製剤，②ペンライト，③マスク，④滅菌手袋，⑤セッシ，⑥セッシ立て，⑦吸引チューブ，⑧吸引チューブ用保管容器（消毒液入り），⑨吸引器，⑩滅菌精製水，⑪消毒液，⑫清浄綿など，⑬ゴミ箱（医療廃棄物専用）

❷ 物品に劣化や汚染などの不備はないか確認する

❸ 吸引器の作動状況を確認する

【確認事項】
- 連結管の破損がないか
- 吸引びんのふたがしっかり閉まっているか
- 吸引びんの排液が廃棄されているか
- 電源が入り，吸引圧が指示どおり上がるか

❶ どうして？
- 使用する順番に物品を準備することで，不足している物に気づきやすく，手順を踏まえることができる。
- 実施前に必要な物品をそろえることで，中断することなく実施でき，利用者の安全・安楽への配慮につながる（実施の途中に足りないものを取りにいくと利用者への負担が増す）。

❷ どうして？
破損していると，適切な吸引圧がかからなくなる。また，汚染している物品は感染源になる。

❸ どうして？
事前に吸引器の作動状況を確認しておくことで，必要時に適切に使用することができる。

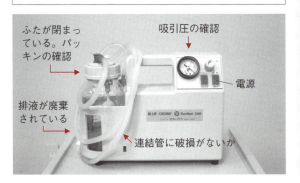

到達目標 5 必要物品を利用者のもとへ運び，使いやすいように配置することができる

❶ 必要物品を利用者のもとへ運び配置する

【吸引器】
- 水平な場所に設置する
- 電源を確保できる位置に設置する
- 連結管が利用者に届く位置に設置する

【ワゴン】
- 使いやすく利用者を観察しやすい配置にする
- 清潔に物品を扱えるようスペースを確保する

❶ どうして？
吸引器の操作をしながらも，利用者の様子を常に観察できるワゴンの配置にする必要がある。また，清潔操作が可能なスペースを確保する必要がある。

注意！
- 吸引器の振動により他の物品が落下しないようにする。
- 利用者のもとで吸引器を使用しやすいように配置する。

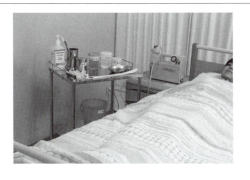

演習編

STEP 3　実　施
気管カニューレ内部からの吸引について，利用者に説明し，安全に実施する

到達目標 6　利用者に説明し，同意を得ることができる

❶ 吸引の必要性や方法について説明し，同意を得る

声かけ
「○○さん。のどの管に痰がたまっているようですので吸引しますが，よろしいですか」

❶どうして？
苦痛を伴う可能性がある喀痰吸引は，利用者の協力が必要である。難聴や認知症の人にもわかるように伝える工夫をする。

注意！
吸引が必要となる場面では，時間的余裕は限られていることが多い。事前に喀痰吸引の説明と同意が得られているのなら，そのつど簡単に説明や声かけをし，同意を得ながら進めていくとよい。

到達目標 7　吸引の環境，利用者の姿勢を整えることができる

❶ プライバシー保護に配慮する

❷ 吸引チューブを挿入しやすい姿勢に整える
顔は正面を向く。

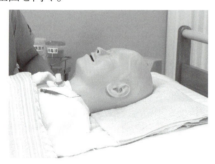

声かけ
「痰をとりやすい姿勢にしますね」
「ご気分は悪くないですか」

❶どうして？
スクリーンをするなどして，プライバシーを保護することは，利用者の尊厳の確保につながる。

❷どうして？
気管カニューレ内部が見えやすく，清潔に吸引チューブを挿入できるような姿勢にする。

注意！
体位を変えることにより自律神経の失調や痰の移動から気道の閉塞が起こり，低酸素症に陥ることがある。意識レベルの低下がないか，顔面蒼白にならないかを観察し，ゆっくりと行う。

喀痰吸引 ◆ 気管カニューレ内部吸引

到達目標 8 気管カニューレ周囲や固定の状態を確認できる

❶ 気管カニューレの周囲や固定の状況を確認する

【確認事項】
- 皮膚の状態（出血，ただれなど）を確認する
- 固定ベルトに緩みはないかを確認する
- パイロットバルーンがつぶれていないか（カフ圧）を確認する
- 気管カニューレの損傷がないかを確認する

声かけ
「〇〇さん，首の周りの皮膚やのどの管の状態を確認させていただきますね」

❷ 痰などの貯留物を観察する

注意
- 異常があった場合，看護職にただちに報告する。
- 固定ベルトに緩みがあると，気管カニューレが抜ける可能性がある。
- パイロットバルーンがつぶれていると，カフの空気が抜けていることが予測される。その場合，気管カニューレが抜ける，肺に酸素が十分に送られない，痰や唾液が下気道に流れる，などが生じやすい。

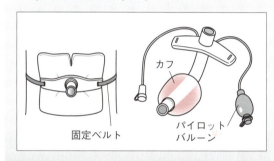
固定ベルト　カフ　パイロットバルーン

人工呼吸器装着者の場合
人工呼吸器が正常に作動していることを確認する

新品チューブ：パッケージから取り出す場合（手袋使用の場合）

到達目標 9 吸引チューブのパッケージの開封口を清潔に開封することができる

❶ 吸引チューブのパッケージの開封口を5 cmほど，不潔にしないように開封する

❶どうして？
滅菌手袋装着後にチューブを清潔に取り出すことができるように，あらかじめ開封口を5 cmほど開封しておく。

❷ 吸引チューブが不潔にならないように，ワゴンの上に置く

到達目標 10 マスク，滅菌手袋を清潔に装着することができる（滅菌手袋を使用しない場合は，セッシを清潔に持つことができる）

❶ マスクを正しく装着する

❷ 滅菌手袋を清潔に装着する

❶どうして？
気管カニューレ吸引は，喀痰や唾液の飛沫を受けることが多いため，マスクを必要とする。

❷どうして？
気管カニューレの挿入されている下気道は無菌状態のため，滅菌手袋を使用する。

注意！
- 着用方法を厳守する。
- 滅菌手袋着用後は不用意に物に触れない。

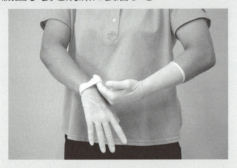

❸ セッシを使用する場合は，先端が下を向くように持つ

注意！
- セッシ立ての内側や縁は，清潔に取り扱うために触れない。
- セッシを使用する場合は，非滅菌手袋でよい。

到達目標 11 吸引チューブを清潔に取り出し，吸引チューブと連結管を接続することができる

❶ 利き手で吸引チューブの接続部を持ち，もう一方の手でパッケージを持ち，吸引チューブの先端を清潔に取り出す

- 利き手：吸引チューブの操作
- もう一方の手：連結管，吸引器の電源など，滅菌の扱いではないところに触れる

❶どうして？
気管カニューレに病原体を入れないようにするため，「利き手」は確実に清潔を保持する必要がある。利き手で触れるところと，「もう一方の手」で触れるところを明確に分けなければならない。

注意！
パッケージの内側は滅菌，外側は滅菌ではない*ことを意識する。
*滅菌ではない：滅菌状態でなくても，感染性のある「不潔」の意味ではない。ワゴンの上にある吸引に必要な物品は，より清潔に取り扱う必要があることは変わらない。

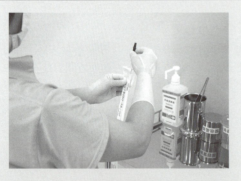

❷ パッケージをゴミ箱に捨てる

❸ 利き手で吸引チューブの接続部を持ち，もう一方の手で連結管を持ち，吸引チューブの先端を清潔に保って接続する

注意！
- 吸引チューブが他の物品と接触しないように，空間を確保する。
- 吸引チューブが周囲に触れた場合，速やかに廃棄し，新しいものを準備する。

喀痰吸引 ◆ 気管カニューレ内部吸引

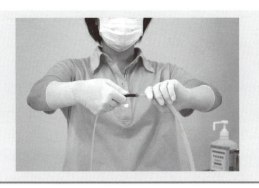

> **注意！**
> - 確実に装着するためにねじるように接続する。
> - 吸引チューブの先端が，連結管の他の部分や，その他の物品と接触しないように注意する。

再利用チューブ：浸漬法の場合（手袋使用の場合）

到達目標 9 吸引チューブの外側を清浄綿で拭き，吸引チューブと連結管を接続することができる

❶ もう一方の手で，清浄綿の入っている容器と，チューブの入っている保管容器のふたを開けておく

❷ もう一方の手で，チューブの入っている保管容器のふたを開ける

❸ 利き手で吸引チューブの接続部を持ち，消毒液の中から取り出し，もう一方の手に持ち変える

> **注意！**
> 吸引チューブが他の物品と接触しないように，空間を確保する。

❹ 利き手で清浄綿を取り出し，接続部から先端に向かって消毒液を拭き取る

> **注意！**
> - もう一方の手は，吸引チューブの接続部を持つ。
> - 吸引チューブに付着している消毒液が落ちる可能性があるため，膿盆（あるいはビニール袋など）の上で行う。
> - アルコールで拭く場合は，拭いた後に十分に乾燥させる。

❺ 清浄綿をゴミ箱に捨てる

❻ 利き手で吸引チューブの接続部を持ち、もう一方の手で連結管を持ち、吸引チューブの先端を清潔に保って接続する。容器のふたを閉める

> 注意！
> 吸引チューブの先端が、接続チューブの他の部分やその他の物品と接触しないように注意する。

到達目標 12 吸引器の電源を入れ、滅菌精製水を吸い、決められた吸引圧になることを確認することができる

❶ 利き手で吸引チューブの接続部を持ち、もう一方の手で吸引器の電源を入れる

❷ もう一方の手に吸引チューブの接続部を持ち変え、利き手で吸引チューブの中央あたりを持つ

> 注意！
> 吸引器の電源は清潔な手（利き手）では触れないこと。

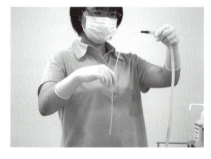

❸ 滅菌精製水を吸引し、吸引圧を確認する

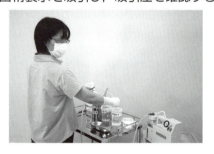

> ❸どうして？
> 滅菌精製水を吸引することで吸引圧の確認のほか、気管カニューレ挿入時の滑りをよくする。また、痰が吸引チューブ内に付着しにくくなる。

> 注意！
> 浸漬法の場合は、消毒液を洗い流すために滅菌精製水を十分に吸引する。

到達目標 13 吸引チューブの先端の水をよく切ることができる

❶ 吸引チューブの先端から水が垂れていないかを確認する

> ❶どうして？
> 気管カニューレ内に水滴が入るとむせこみの原因になる。

> 注意！
> 水滴がついている場合は、膿盆（あるいはビニール袋など）に振り落す。

喀痰吸引 ◆ 気管カニューレ内部吸引

到達目標 14 吸引開始について説明することができる

❶ わかりやすい言葉で協力が得られるように話しかけ，反応や返答を確認する

声かけ
「○○さん。これから吸引しますね」

注意！
- 協力が得られるような声かけをする。
- 返答や反応を確認する。

人工呼吸器装着者の場合

気管カニューレの扱いに留意して，人工呼吸器をはずす

到達目標 15 適切な吸引圧で，適切な深さまで吸引チューブを挿入することができる

❶ 利き手の3本の指で，吸引チューブの先端から10～15 cmのところをペンを持つように持つ

❶どうして？
- 気管カニューレより奥にチューブが入ることのないよう，気管カニューレ内腔の長さ（7～10 cm）に持つ部分を加えた長さとして10～15 cmのところを持つ。
- 気管カニューレ内腔の長さは，未使用の気管カニューレに吸引チューブを挿入することで測定できる。

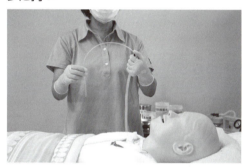

❷ もう一方の手の親指で，吸引チューブを完全には折らない状態（吸引圧を少しかけた状態）にする

❸ 周囲に吸引チューブが触れないように気管カニューレに挿入する

❷どうして？
- 吸引圧がかかっていても，吸引チューブの挿入は気管カニューレ内部だけとなるため，粘膜を傷つけることはない。
- 吸引圧を少しかけることで，気管カニューレ内部の喀痰を気管に落とし込む危険がない。

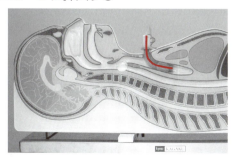

❹ 決められた吸引圧と深さを守る

❹どうして？
吸引チューブが気管カニューレより深く挿入すると，迷走神経反射を起こす危険がある。血圧低下，呼吸抑制，心停止などが起こるため，最も注意が必要である。

演習編

到達目標 16 適切な吸引時間で，分泌物などの貯留物を吸引することができる

❶ もう一方の手の親指を離し，吸引圧をかける

❷ 利き手は3本の指の間を滑らせるように（こよりをよるように）チューブを回転させながら吸引する

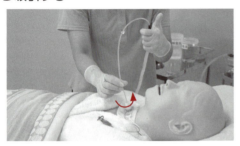

❸ 吸引時間は10秒以内（指示書に従う）とする

❷どうして？
気管カニューレ内側の分泌物をしっかりと取り除くため。

注意！
吸引時に異常があった場合，ただちに看護職に報告する。

❸どうして？
吸引時間が長いほど経皮的動脈血酸素飽和度（SpO_2）が低下し，その後の回復に時間がかかる。吸引時間はできる限り短いほうがよく，長くても10秒以内を目安とする。

到達目標 17 吸引チューブを静かに抜くことができる

❶ もう一方の手の親指で吸引チューブを完全には折らない状態（吸引圧を少しかけた状態）で静かに抜く

声かけ
「〇〇さん，終わりました。吸引チューブを抜きますね」

❶どうして？
- 気管カニューレ内のため，粘膜を刺激することがないことから，吸引圧をかけたまま吸引チューブを抜いてよい。
- 下気道へ痰を落としこむことも防止できる。

人工呼吸器装着者の場合
気管カニューレの扱いに留意し，人工呼吸器を装着する

浸漬法で保管する場合

到達目標 18 吸引チューブの外側を清浄綿で拭くことができる

❶ 利き手で清浄綿を清潔に取り出す

❷ もう一方の手で吸引チューブの接続部を持ち，利き手で先端に向かって清浄綿で拭く

注意！
拭くときは，後戻りしない。特に吸引チューブの下から10 cm程度のところは喀痰が付着している可能性が高いことから，後戻りはせず，力を入れてしっかりと拭き取る。

❸ 清浄綿をゴミ箱に捨てる

注意! 使用した清浄綿は，1回ごとに破棄する。

到達目標 19　吸引チューブ・連結管の内側の汚れを落とし，消毒することができる

❶ 利き手で吸引チューブを持ち，滅菌精製水・消毒液を吸引する

❷どうして? 吸引チューブ，接続チューブ内に細菌を繁殖させないために，チューブの内側全体を消毒するために行う。

❷ 吸引した滅菌精製水・消毒液が，連結管を通り，吸引びんに入るところまで目で確認する

注意! 吸引チューブ，接続チューブの内側の汚れが除去できたか確認する。

到達目標 20　吸引器の電源を切ることができる

❶ 利き手で吸引チューブの接続部を持つ

❷ もう一方の手で電源を切る

到達目標 21　吸引チューブを接続部からはずし，保管容器に入れることができる

❶ 吸引チューブの汚れ，破損の有無を確認する

❷ もう一方の手で保管容器のふたを開ける

❸ 吸引チューブを接続部からはずす

❹ もう一方の手に持っている連結管を，吸引器のホルダーに入れる

❺ 利き手に持っている吸引チューブを，周囲に触れないように保管容器に入れる

❻ もう一方の手で保管容器のふたを閉める

❶どうして? 汚れは感染源となり，破損があれば適切な吸引圧がかからなくなる。よって，保管する前に吸引チューブを点検する必要がある。

注意! 吸引チューブと連結管をはずすときは，ねじるようにしてはずすこと。無理に引っ張ると破損や反動で周囲に触れる可能性がある。

単回使用の場合

到達目標 18 連結管の内側の汚れを落とし,消毒することができる

❶ 利き手で吸引チューブを持ち,滅菌精製水・消毒液を吸引する

❷ 吸引した滅菌精製水・消毒液が,連結管を通り,吸引びんに入るところまで目で確認する

吸引チューブの内側の汚れが除去できたか,見て確認する。

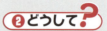
吸引チューブ,接続チューブ内に細菌を繁殖させないために,チューブの内側全体を消毒するために行う。

到達目標 19 吸引器の電源を切ることができる

❶ 利き手で吸引チューブの接続部を持つ

❷ もう一方の手で電源を切る

到達目標 20 吸引チューブを接続部からはずし廃棄することができる

❶ 吸引チューブを接続部からはずす

❷ 吸引チューブはゴミ箱(医療廃棄物専用)に廃棄する

到達目標 22 滅菌手袋,マスクをはずすことができる(または,セッシを戻すことができる)

❶ 手袋は,表側を内側に入れるようにはずし,ゴミ箱に廃棄する

❷ マスクはひものみを持ってはずし,ゴミ箱に廃棄する

手袋をはずすときは,表側を内側にすることで,汚染源を広げないですむ。

ひも以外のところには触れないようにする。

❸ セッシを使用した場合は，セッシを周囲や容器の縁に触れないようにして戻す

到達目標 23 吸引終了の説明を行い，姿勢を整えることができる

❶ 終了したことを告げ，ねぎらいの言葉をかける

声かけ
「○○さん，吸引が終わりました。お疲れさまでした」

❷ 分泌物などが取りきれたかどうかを確認する

声かけ
「呼吸は楽になりましたか。痰は取れましたか」

注意!
- 利用者に確認できる場合は，声をかけて確認する。
- 呼吸が楽な姿勢か確認する。

❸ 呼吸のしやすい安楽な姿勢に整える

到達目標 24 利用者の状態および吸引物を観察することができる

❶ 利用者の状態を観察する

【観察内容】
- 利用者の訴え
- 呼吸状態（息苦しさ，呼吸音，痰の絡む音の有無，呼吸数，酸素飽和度など）
- 全身状態　　・気管カニューレの状態など

注意!
低酸素状態の有無を確認のためにパルスオキシメータによる測定が指示されていれば行う。

❷ 吸引物の性状・量を観察する

【観察内容】
- 量　・色　・粘稠性　・におい　・血液混入の有無

到達目標 25 吸引前後の状態の変化を観察することができる

❶ 吸引前の状態と比較して観察する

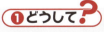 **❶どうして?**
状態が吸引後に変化することもあるのでしっかり観察する。

【経鼻経管栄養チューブ挿入の場合】
❷ 口腔内にチューブが出てきていないかを確認する

吸引直後に問題なくても，その後，状態変化が起こる危険性がある。呼吸が速い，努力呼吸，顔面蒼白などの異常を発見した場合は，ただちに看護職に報告する。

口腔内に栄養チューブが出てきているときは，看護職にすぐに報告する。

到達目標 26　手洗いをすることができる

❶ 物品を利用者のもとから運び出した後，石けんと流水，または擦り込み式アルコール製剤の使用により，手洗い方法を守る

感染予防のため。

STEP 4　報　告
吸引実施後の利用者の状態を看護職に報告する

到達目標 27　利用者の状態および吸引物の状態を看護職に報告することができる

❶ 吸引中，吸引後の状態を報告する
　24 で観察した内容について報告する。

❷ 吸引物の状態を報告する
　24 で観察した内容について報告する。

【経鼻経管栄養チューブ挿入の場合】
❸ 口腔内にチューブが出てきていないかを報告する

口腔内にある場合は，観察した時点ですぐに報告する。

到達目標 28　ヒヤリハット・アクシデントを看護職に報告することができる

❶ 利用者の状態や機器などの状況が「いつもと違う」と気づいたら報告する

❷ 手順のミスがあった場合，報告・連絡・相談する

観察の不十分さ，技術不足，手順忘れ，手順間違え，手順飛ばし，看護職との連携不足なども報告する。

喀痰吸引 ◆ 気管カニューレ内部吸引

> **②どうして？**
> 同じようなヒヤリハット・アクシデントを繰り返さないためには，なぜ，そのようなことが起きたのかを具体的に検討し，医行為にかかわる関係者全員で共有する必要がある。

STEP 5　片づけ
吸引に使用した物品について，感染に留意し，速やかに片づける

到達目標 29　吸引びんの排液量が 70 〜 80%になる前に排液を捨てることができる

❶ 排液量を確認する

❷ 排液量が吸引びんの 70 〜 80%になる前に排液を捨てて，洗浄・消毒をする

> **❶どうして？**
> 故障の原因や感染源になることもあるので，適切に処理する。

> **注意！**
> ・排液の入った吸引びんは両手で持ち上げ，片方の手は必ずびんの底を支えるように持つ。
> ・吸引びんはガラス製のものが多く，排液が入っている場合，重さは数kgにおよぶ。また，排液は汚染されていることを考え，落として割らないようにするため。

到達目標 30　使用物品を速やかに片づける，または交換することができる

❶ 清浄綿，手袋などを適切な場所に廃棄する

❷ 滅菌精製水の汚染や吸引チューブの破損があった場合，交換する

❸ ベッド周囲や洗い場など，実施場所周辺の環境汚染がないことを確認する

> **注意！**
> 使用後に不要になったものは，医療廃棄物として各自治体のルールに則って処分する。

> **❷どうして？**
> ・緊急時に速やかに対応できるように，常に使用できるよう整理し補充しておく。
> ・洗浄液の汚染，連結管の破損，吸引びんのふたのパッキンの劣化があれば，速やかに交換する。

STEP 6　記　録　吸引の実施に基づいた記録を記載する

到達目標 31　実施記録を書くことができる

❶ 実施記録は次のことを記入する

以下の内容に関して，事実をわかりやすく記録する。

【記録内容】
- 実施時刻
- 利用者の訴え
- 呼吸状態（息苦しさ，呼吸音，痰の絡む音の有無，呼吸数，酸素飽和度など）
- 全身状態（顔色，バイタルサインなど）
- 出血の有無
- 気管カニューレの状態など
- 吸引物の性状・量
- 実施者名

> **注意**
> - 実施後速やかに記録する。
> - 共通に理解できる用語や表現を使用する。

| 経管栄養 | # 経鼻経管および胃ろう（腸ろう）による経管栄養
【液体栄養剤の場合】 |

STEP 1　観察
利用者の全身状態および経鼻経管チューブ（胃ろうまたは腸ろうチューブ）を確認するとともに，経管栄養の必要性を確認する

到達目標 **利用者の状態を観察することができる**

❶ 観察することの説明をし，同意を得る

声かけ
「○○さん。お食事の時間になりますので，お体の状態を確認します。よろしいですか」

❷ 利用者の状態を観察する

【観察内容】
- 利用者の訴え
- 全身状態（顔色，バイタルサインなど）
- 嘔気・嘔吐や腹部膨満感の有無
- チューブの挿入状態や固定状況
- 排泄の必要性など

注意!
- チューブの先端が胃に入っていることを毎回看護職が確認したうえで介護職は実施する。
- 胃ろう・腸ろうの状態に異常がないかどうかは，看護職が1日1回以上確認する。

❷どうして?
利用者の全身状態を確認することで，経管栄養が実施可能な状態にあるか，注入後に推測される問題がないかを把握し，経鼻経管栄養（胃ろう・腸ろうによる経管栄養）を安全に実施することができる。

注意!
介護職の観察で，利用者の状態に変化があった場合，ただちに看護職に報告する。

❷どうして?
経鼻経管チューブが抜けかかると，誤嚥の危険性が生じる。

STEP 2　準備

経管栄養を実施するために医師の指示書などを確認し，必要な物品を準備する

到達目標 2　医師の指示書などを確認することができる

❶ 医師の指示書を確認する

【確認事項】
- 氏名
- 注入量
- 注入時間
- 経管栄養剤の種類
- 注入開始時刻
- 留意点

注意
- 本人の指示書であることをフルネームで確認する。
- 注入量や注入開始時刻，注入時間を確認し，そのための滴下速度を計算する。

❷ 看護職から経管栄養を実施するうえで必要な利用者の状態について確認する

❸ 前回の経鼻経管栄養（胃ろう・腸ろうによる経管栄養）実施時の状況を確認する

注意
実施前の利用者の状態，経鼻経管チューブ（胃ろう・腸ろうチューブ）の状態を看護職から確認し，実施できる状況にあるかの判断や特別な実施上の注意点を確認する。

❷❸どうして？
前回の実施状況について記録や看護職や介護職から情報を得ることで，状態の変化を早期に発見できる。

到達目標 3　手洗いを行うことができる

❶ 石けんと流水，または擦り込み式アルコール製剤の使用により，手洗い方法を守る

❶どうして？
- 介護職の手を媒体として感染を引き起こすおそれがある。

注意
- 基本的な感染予防の方法の1つとして，確実に行う。
- 目に見える汚れがない場合には，擦り込み式アルコール製剤により手指を清潔にする。

経管栄養 ◆ 経鼻経管および胃ろう（腸ろう）による経管栄養

| 到達目標 | **4** 必要物品をそろえ，使用する順番を確認することができる |

❶ 必要物品を確認し，使用する順番を考慮して用意する

【必要物品】
①経管栄養剤，②イルリガートル，③イルリガートル台，④栄養点滴チューブ（必要に応じて接続チューブ），⑤計量カップ，⑥膿盆（あるいはビニール袋など），⑦ものさし，⑧時計またはストップウォッチ，⑨ペンライト，⑩白湯（カップ），⑪カテーテルチップシリンジ（50 mL），⑫消毒のための容器，⑬ワゴン

❷ 物品の劣化や汚染，破損などの不備の有無を確認する

❶ どうして？
- 実施前に必要な物品をそろえることで，中断することなく実施でき，利用者の安全，安楽への配慮につながる（実施の途中に足りないものを取りにいくと利用者への負担が増す）。
- 使用する順番にそろえることで，不足している物に気づきやすく，手順を踏まえることができる。

注意！
- クレンメを上下に動かし，あらかじめ開閉調節できるかを確認しておく。
- 栄養点滴チューブが破損していると漏れの原因になる。

| 到達目標 | **5** 指示された栄養剤の種類・量・時間を確認することができる |

❶ 利用者の氏名をフルネームで確認する

❷ 経管栄養剤の種類，量，使用期限，注入開始時刻，注入時間を確認する

❸ 栄養剤の滴下数を計算する

注意！
- 栄養剤は，保管場所の気温の影響を受ける。
- 使用温度は，利用者の状態によって異なる場合がある。
- 栄養剤の有効期限に注意する。

| 到達目標 | **6** 栄養剤の注入準備をすることができる |

❶ 利用者本人の栄養剤であるかを確認する

❷ 栄養剤を適温で用意する

❸ 水平な場所で栄養剤を指示どおり計量する

❹ クレンメの開閉操作を確認し，クレンメを閉めた状態にする

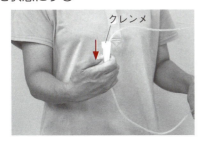
クレンメ

注意！
- 他の利用者のものと取り違えることがないよう一貫して準備を進める。
- 栄養剤は体温に近い温度（37～38℃）を目安にする。

❷ どうして？
栄養剤の温度が低いと腸の蠕動運動を亢進させ，腹痛や下痢などの腹部症状を引き起こしやすい。

注意！
- 経管栄養剤は，指示された種類，量を用意する。
- 計量は水平な場所で行い，目線を容器の高さに合わせて正確に測定する。

❺イルリガートルに栄養剤を注ぎ，ふたを閉める

❻ドリップチャンバー（点滴筒）を指でゆっくり押しつぶし，チャンバー内に栄養剤を1/3〜1/2量満たす

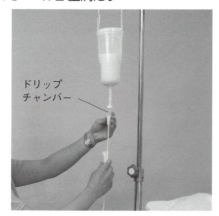

ドリップチャンバー

❼栄養点滴チューブの先端まで栄養剤を満たす

❽栄養点滴チューブ先端が不潔にならないように注意し，イルリガートルを台にかける

❺どうして？
ふたが開いていると，ほこりや落下菌などで汚染される危険がある。

注意！
感染防止のため，イルリガートルに注ぐ際には計量カップと接触させない，イルリガートル内に触れない。

❻どうして？
ドリップチャンバーを満たしすぎると滴下が見えず確認しにくい。少なすぎると栄養剤がはねて速度を確認しにくい。

❼どうして？
チューブの先まで満たすことで空気が胃に入ることを防ぐ。

注意！
栄養点滴チューブに栄養剤を満たす際に先端から栄養剤が漏れ出る可能性があるため膿盆（あるいはカップ，ビニール袋など）で受ける。その際にチューブ先端が容器に触れて不潔にならないように注意する。

到達目標 7　栄養剤を利用者のもとへ運ぶことができる

❶栄養剤が利用者のものであるかを確認し，本人のもとへ運ぶ

注意！
指示書と利用者のフルネーム，栄養剤を照らし合わせ，間違いがないことを再度確認する。

STEP 3　実施
注入のための本人確認，環境整備を行い，安全に実施する

到達目標 8　本人であることを確認し，経鼻経管栄養（胃ろう・腸ろうによる経管栄養）の実施について説明し，同意を得ることができる

❶本人であることをフルネームで確認する

❷利用者に食事開始の説明を行い，同意を得る

注意！
本人であることを名のってもらう，または介護職が名前を呼びかける，ベッドネームなどで確認する。

声かけ
「○○さん。お食事の時間になりました。お食事の準備をしますが，よろしいでしょうか」

❸ 利用者に排泄の必要性の有無を確認し，必要に応じて事前に排泄をすませる

❹ 本人・家族の協力を得る

❷どうして？
適切に説明することで，利用者の不安を軽減することができる。また，食事をする意欲や生活リズムをつくることなどにつながる。

注意！
- 利用者に食事を開始することの説明をし，本人の意思を確認する。
- 意識レベルが低い場合にも，説明を行う。
- 経管栄養の実施は時間を要するため，本人の理解と協力が大切になる。

❹どうして？
経鼻経管チューブ（胃ろう・腸ろうチューブ）を無意識に抜去する可能性があり，本人や家族の協力が必要である。

到達目標   利用者の状態を確認することができる

❶ 経鼻経管チューブ（胃ろう・腸ろうチューブ）挿入部の皮膚の状態，固定状況を確認する

【観察内容】
《経鼻経管栄養》
- チューブの固定状態
- 周囲の皮膚や粘膜の状態
- 鼻腔からの出血の有無
- チューブが口腔内で出てきていないか

《胃ろう・腸ろう》
- ろう孔周囲の皮膚の状態（赤み，ただれ）

【経鼻経管栄養チューブ挿入の場合】
❷ 口腔内に経鼻経管チューブが停滞，蛇行していないかを確認する

注意！
挿入部の皮膚の状態，テープの固定位置が変わっていないかを確認する。

注意！
- 経管チューブが胃に適切に挿入されていない可能性がある場合には，看護職に報告する。

到達目標 10 適切な体位をとり，環境を整備することができる

❶ 座位または半座位に体位を整え，体位の安定を確認する

❶どうして？
- 栄養剤の気管や肺への逆流を防ぐため，上半身を30～60°挙上した半座位にする。
- 座位姿勢を保つことで肺炎などの感染を予防する。

演習編

> **注意！**
> - 急に頭部を挙上するとめまいや血圧の低下を引き起こすことがある。
> - 可能であれば車いすやソファーで行う。
> - 座位が困難な場合には，半座位にし，顔を横に向ける。
> - 体位がずれることや，腰や臀部への圧迫を防ぐために膝を軽度屈曲位にし，枕などを使用して体型に合わせた安楽な体位を整える。
> - 円背がある場合は，軽度右側臥位も考慮する。
> - 腹部が圧迫されないように注意する（拘縮や体型によっては，仰臥位がよい場合がある）。
> - 頭側の起立が不十分であると，逆流を引き起こし，十二指腸へ流れていかないことがある。
> - 胃の中に栄養剤が入っても，頭側の起立が不十分だと胃での停滞時間が延長され，胃部膨満感や嘔吐などを引き起こすことがある。

声かけ
「お食事をしやすいように姿勢を整えますが，よろしいでしょうか」
「どこかつらいところはありますか」

注意！
本人の希望を考慮する。

❷ 胃部とイルリガートルの液面の高さの差が50 cm程度になっていることを確認する

❷どうして？
胃部とイルリガートルの高低差が大きすぎると滴下速度が速くなり，小さすぎると遅くなる。また，高低差が小さいと，胃の内容物が逆流するおそれもある。

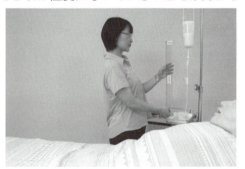

到達目標 11 経鼻経管チューブ（胃ろう・腸ろうチューブ）に不具合がないかを確認し，確実に接続することができる

❶ 経鼻経管チューブ（胃ろう・腸ろうチューブ）であることを確認する

❶どうして？
経鼻経管チューブ（胃ろう・腸ろうチューブ）であることの確認を怠ると誤注入を引き起こす危険性がある。

❷ チューブのねじれの有無や固定の状態を確認する

❸ 経鼻経管チューブ（胃ろう・腸ろうチューブ）と栄養点滴チューブがはずれないように接続する

❷どうして？
経鼻経管チューブ（胃ろう・腸ろうチューブ）のねじれや，周囲の物による圧迫があると，栄養剤が適切に落下しない。

注意！
利用者の体動でチューブの接続部が簡単にはずれることがないよう，しっかり装着する。

経管栄養 ◆ 経鼻経管および胃ろう（腸ろう）による経管栄養

> **注意!**
> チューブ固定により鼻翼に潰瘍を形成する可能性がある。

> **注意!**
> 栄養剤の漏れによる汚染の可能性がある場合は、使い捨て（ディスポーザブル）手袋を装着する。

到達目標 12　注入を開始し，注入直後の観察をすることができる

❶ 注入前に利用者の状態を確認する

【確認事項】
- 顔色
- 呼吸状態
- 消化器症状の有無など

> **注意!**
> 利用者の衣服や利用者周囲のベッド環境を整える。

❷ 食事を開始することを伝える

声かけ
「○○さん，お変わりありませんか。お食事を始めます」
「何かございましたらお知らせください」

> **注意!**
> 本人が訴えられない場合には，不安が増強するおそれがある。

❸ クレンメを開け，1分間の滴下数を指示どおりに調整する

> **❸どうして?**
> 注入速度が速いと下痢などを引き起こし，注入が遅いと利用者の負担が増えるため，速度を指示どおりに調整する。

❹ 開始時刻を確認する

> **注意!**
> - ドリップチャンバーを右手で持ち，左手の時計と同じ高さにならべ，1分間の滴下数を調整する。
> - 経鼻経管栄養の場合，むせることでチューブが抜けて誤嚥することがある。その際はただちに中止し，看護職に報告する。

❺ 開始直後はすぐにその場を離れず，利用者の状態を観察する

しばらくの間，以下の内容を観察する。

【観察内容】
- 利用者の訴え
- 全身状態（顔色，バイタルサインなど）
- 嘔気・嘔吐や腹部膨満感，腹痛の有無
- むせこみや呼吸状態の変化など

演習編

STEP 4　観察　実施中の利用者の状態を観察し，異常時には看護職に速やかに報告する

到達目標 13　注入中の利用者の表情や状態を適宜観察することができる

❶ 注入中，利用者の状態を観察する

【観察内容】
- 利用者の訴え
- 全身状態（顔色，バイタルサインなど）
- 嘔気・嘔吐や腹部膨満感の有無
- むせこみや呼吸状態の変化など
- チューブ挿入部や接続部の異常
- 滴下速度

注意!
- できる限り見守るとよい。
- 利用者の不安を軽減することで，食事をスムーズに進めることができる。
- 胃に栄養剤が入ることで，胃袋が拡張し，横隔膜を挙上するため，呼吸が苦しくなることもある。

❷ 異常がある場合には注入を中止し，看護職に報告・連絡・相談する

到達目標 14　注入中の利用者の体位を観察することができる

❶ 注入のための適切な体位かを確認する

声かけ
「○○さん，お変わりはありませんか。ご気分は悪くないですか。お体はつらくないですか」

❷ 体位を変えた場合には，滴下速度を確認する

注入のための適切な体位を維持できているか，利用者に苦痛が生じていないかを確認する。

注意!
体位によって注入速度は変化するため，途中で体位を変えた場合には必ず滴下速度を確認する。

到達目標 15　注入中の滴下状態を観察することができる

❶ 滴下速度が適切か，時計を用いて確認する
❷ チューブの詰まりやねじれがないか確認する

注意!
不適切な滴下が見られるときには，その原因がどこにあるかを見極める。

注意!
異常時には，看護職に報告・連絡・相談する。

経管栄養 ◆ 経鼻経管および胃ろう（腸ろう）による経管栄養

到達目標 16 接続部から栄養剤の漏れがないかを確認することができる

❶ 接続部から栄養剤の漏れがないかを確認する

❷ 挿入部や接続部に異常がないかを確認する

❶❷ どうして？
- 接続部から栄養剤が漏れている場合には，適切な栄養量を摂取することができない。
- 汚染による不快感や，途中での着替えの負担などが生じる。

注意！
胃ろう，腸ろうのろう孔周囲から栄養剤が漏れている場合には，ろう孔が広すぎる場合もある。

到達目標 17 クレンメを閉め，栄養点滴チューブの接続をはずし，半座位の状態を保つことができる

❶ 栄養剤の注入を終えたことを利用者に説明する

❷ クレンメを閉める

声かけ
「お食事が終わりました。召し上がったばかりなので，少し体を休めましょう」

❸ 点滴栄養チューブをはずし，経鼻経管チューブ（胃ろう・腸ろうチューブ）のふたを閉める

❹ 座位または半座位の姿勢を保つ

注意！
栄養剤の注入が終えたことを利用者に説明後，栄養点滴チューブをはずす。

到達目標 18 注入終了後，白湯を注入し，状態を観察することができる

❶ 指示された量の白湯をカテーテルチップシリンジで吸い，シリンジ内の空気を抜く

❶ どうして？
シリンジに空気が入っていると，胃内に空気が入り，腹部膨満感や不快感を生じるおそれがある。

❷ 経鼻経管チューブ（胃ろう・腸ろうチューブ）にカテーテルチップシリンジを接続し，ゆっくり白湯を注入する

❷ どうして？
胃ろう・腸ろうチューブに栄養剤が残ると，次の食事のときに栄養剤を注入できなかったり，チューブ内に細菌が増殖する。詰まりや細菌の増殖を防ぐため白湯を注入する。

演習編

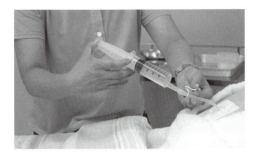

❸ カテーテルチップシリンジをはずし，経鼻経管チューブ（胃ろう・腸ろうチューブ）のふたを閉める

❹ 終了時刻を確認する

❺ 全身状態に異常がないか観察し，異常がないかを本人に確認する

| 声かけ |
「ご気分はいかがですか。つらいところはございませんか」

注意!
- ボタン型胃ろう・腸ろうの場合は，ストッパー（ロック）を止めてはずす。チューブ型胃ろう・腸ろうの場合は，ふたを閉める。
- 胃ろう・腸ろうチューブのふたが皮膚の同じところに触れていると潰瘍を形成することもあるので，接続をはずした後のチューブの位置に注意する。

STEP 5　報　告　注入後の利用者の状態を観察し，看護職に報告する

到達目標 19　注入後，利用者の状態を観察し，看護職に報告することができる

❶ 利用者の全身状態を観察する

❷ 適切な体位が保たれているかを確認し，衣類やベッド周囲の環境を整える

❸ 実施内容，実習前・中・後の観察内容を看護職に報告する

注意!
看護職に報告するために，実施内容，実施前・中・後の観察内容を簡潔に整理する。

注入直後は，逆流性の肺炎などを引き起こすおそれがあるため，半座位の姿勢を保つ。

到達目標 20　ヒヤリハット・アクシデントを看護職に報告することができる

❶ 通常とは異なる利用者の変化や，手順のミスがあった場合，報告・連絡・相談する

STEP 6　実施　体位変換が必要な利用者に対して，異常がなければ体位変換を再開する

到達目標 21　体位変換が必要な利用者に対して，異常がなければ体位変換を再開することができる

❶ 利用者に異常がないかを確認する

【観察内容】
- 利用者の訴え
- 全身状態（顔色，バイタルサインなど）
- 嘔気・嘔吐や腹部膨満感の有無

❷ 終了後は30分以上同一体位を保ち，異常がなければ本人の意向に合わせて体位を変える，または実施前の状態に体位を整える

声かけ
「時間が経ちましたので頭側を下げます。よろしいでしょうか」

注意！
栄養剤が吸収されることで，一時的な高血糖を引き起こし，これにインスリンが反応することで低血糖症状（冷汗，めまいなど）をきたすことがある。

注意！
- 体位変換による嘔吐の誘発に注意する。
- 経管栄養で食事を摂取している人は，栄養状態が低下していることがある。また同一体位を強いられることから褥瘡を発生しやすいので，姿勢や体位保持時間に注意する。

STEP 7　片づけ　感染に留意し，速やかに片づける

到達目標 22　環境を汚染させないよう使用物品を速やかに片づけることができる

❶ 物品の固定金具や接続部をはずして中性洗剤で洗浄して流水ですすぐ。その後，消毒し，消毒液を流水ですすいだ後に乾燥させる

❷ 不足した物を補充する

❸ 定められた場所へ片づける

❹ ベッド周囲や洗い場など，実施場所周辺の環境汚染がないことを確認する

洗浄，消毒が不十分であると細菌が増殖する。

注意！
- 毎回，洗浄と消毒を行い，よく乾燥させ，清潔を維持する。
- 固定具や接続部をはずして洗う。
- 使用するチューブ類は，チューブの内腔に水道水を通して洗浄する。

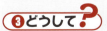
指定の場所に片づけることで，介護職の交替時に混乱がない。

演習編

> **注意！**
> 干すときには筒底は上に，下にはタオルなどの水滴を吸収できるものを敷く。チューブ類はS字フックなどを利用して干す。

STEP 8　記　録　実施に基づいた記録を記載する

到達目標 23　実施記録を書くことができる

❶ 実施記録を書く

【記録内容】
- 実施時刻
- 注入した栄養剤の種類・量
- 利用者の状態（全身状態，腹部症状の有無，利用者の訴えなど）
- 実施者名

> **注意！**
> - 記入漏れや記載した内容に誤りがないかを確認する。
> - 誰が見てもわかりやすい表現，内容で記載する。
> - 実施後速やかに記録する。

| 経管栄養 | # 胃ろう（腸ろう）による経管栄養
【半固形化栄養剤の場合】

| **STEP 1** | 観　察 | 利用者の全身状態および胃ろう（腸ろう）チューブを確認するとともに，経管栄養の必要性を確認する |

到達目標 利用者の状態を観察することができる

❶ 観察することの説明をし，同意を得る

【声かけ】
「○○さん。お食事の時間になりますので，体の状態を確認します。よろしいですか」

❷ どうして❓
利用者の全身状態を確認することで，経管栄養が実施可能な状態にあるか，注入後に推測される問題がないかを把握し，胃ろう（腸ろう）による経管栄養を安全に実施することができる。

【注意！】
介護職の観察で，利用者の状態に変化があった場合，ただちに看護職に報告する。

❷ 利用者の状態を観察する

【観察内容】
- 利用者の訴え
- 全身状態（顔色，バイタルサインなど）
- 嘔気・嘔吐や腹部膨満感の有無
- チューブの挿入状態や固定状況
- 排泄の必要性など

【注意！】
胃ろう（腸ろう）の状態に異常がないかどうかは，看護職が1日1回以上確認する。

| **STEP 2** | 準　備 | 経管栄養を実施するために医師の指示書などを確認し，必要な物品を準備する |

到達目標   医師の指示書などを確認することができる

❶ 医師の指示書を確認する

【確認事項】
- 氏名
- 注入量
- 注入時間
- 経管栄養剤の種類
- 注入開始時刻
- 留意点

> **注意!**
> - 本人の指示書であることをフルネームで確認する。
> - 注入量や注入開始時刻，注入時間を確認し，注入速度を判断する。

❷ 看護職から経管栄養を実施するうえで必要な利用者の状態について確認する

❸ 前回の胃ろう（腸ろう）による経管栄養実施時の状況を確認する

> **注意!**
> 実施前の利用者の状態，胃ろう（腸ろう）チューブの状態を看護職から確認し，実施できる状況にあるかの判断や特別な実施上の注意点を確認する。

> **❷❸どうして?**
> 前回の実施状況について記録および看護職，介護職から情報を得ることで，状態の変化を早期に発見できる。

到達目標 3 手洗いを行うことができる

❶ 石けんと流水，または擦り込み式アルコール製剤の使用により，手洗い方法を守る

> **❶どうして?**
> 介護職の手を媒体として感染を引き起こすおそれがある。

> **注意!**
> - 基本的な感染予防の方法の1つとして，確実に行う。
> - 目に見える汚れがない場合には，擦り込み式アルコール製剤により手指を清潔にする。
> - 手洗いの後に不潔な物を触わると感染の危険がある。

到達目標 4 必要物品をそろえ，使用する順番を確認することができる

❶ 必要物品を確認し，使用する順番を考慮して用意する

【必要物品】
①清潔なトレイ，②半固形化栄養剤，③連結チューブ，④白湯（カップ），⑤カテーテルチップシリンジ（50 mL），⑥膿盆（あるいはビニール袋など），⑦必要に応じて加圧バッグ，ディスポーザブル手袋など

> **❶どうして?**
> - 実施前に必要な物品をそろえることで，中断することなく実施でき，利用者の安全，安楽への配慮につながる（実施の途中に足りないものを取りにいくと利用者への負担が増す）。
> - 使用する順番に準備することで，不足している物に気づきやすく，手順を踏まえることができる。

❷ 物品の劣化や汚染，破損などの不備の有無を確認する

❷ どうして？
- チューブなどの破損や物品の汚染は，栄養剤の漏れや感染を引き起こす原因になる。
- 加圧バッグを使用する場合，適切な空気圧にならないと注入の速度を保てない。

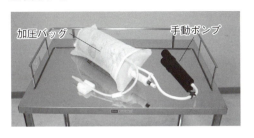
加圧バッグ　　手動ポンプ

到達目標 5　指示された栄養剤の種類・量・時間を確認することができる

❶ 利用者の氏名をフルネームで確認する
❷ 半固形養剤の種類，量，使用期限，注入開始時刻，注入時間の確認をする
❸ 栄養剤の注入速度を確認する

注意！
- 栄養剤は，保管場所の気温の影響を受ける。
- 使用温度は，利用者の状態によって異なる場合がある。
- 栄養剤の有効期限に注意する。
- 経管栄養剤は，指示された種類，量を用意する。

到達目標 6　栄養剤の注入準備をすることができる

❶ 利用者本人の栄養剤であるかを確認する

注意！
- 他の利用者のものと取り違えることがないよう一貫して準備を進める。
- 開封した栄養剤は，細菌汚染防止のため，開封後8時間以内に使用し，残ったものを再使用しない。
- 栄養剤は体温に近い温度（37〜38℃）を目安に用意する。

❷ 栄養剤を適温で用意する

❷ どうして？
栄養剤の温度が低いと腸の蠕動運動を亢進させ，腹痛や下痢などの腹部症状を引き起こしやすい。

注意！
ゼラチンは，体温で溶けてしまうため適さない。

到達目標 7　栄養剤を利用者のもとへ運ぶことができる

❶ 栄養剤が利用者のものであるかを確認し，利用者のもとへ運ぶ

注意！
指示書と利用者のフルネーム，栄養剤を照らし合わせ，間違いがないことを再度確認する。

演習編

STEP 3　実　施　注入のための本人確認，環境整備を行い，安全に実施する

到達目標 8　本人であることを確認し，胃ろう（腸ろう）による経管栄養の実施について説明し，同意を得ることができる

❶ 本人であることをフルネームで確認する

注意！
本人であることを名のってもらう，または介護職が名前を呼びかける，ベッドネームなどで確認する。

❷ 利用者に食事開始の説明を行い，同意を得る

❷どうして？
適切に説明することで，利用者の不安を軽減することができる。

声かけ
「○○さん。お食事の時間になりました。お食事の準備をしますが，よろしいでしょうか」

注意！
利用者に食事を開始することの説明をし，本人の意思を確認する。意識レベルが低い場合にも，説明をする。

❸ 利用者に排泄の必要性の有無を確認し，必要に応じて事前に排泄をすませる

❸どうして？
胃ろう（腸ろう）による半固形化栄養剤の経管栄養の実施は，短時間で注入するため腹部膨満感が生じる可能性がある。

❹ 本人・家族の協力を得る

❹どうして？
胃ろう（腸ろう）チューブを無意識に抜去する可能性があり，本人や家族の協力が必要である。

到達目標 9　利用者の状態を確認することができる

❶ 胃ろう・腸ろうチューブ挿入部の皮膚の状態，固定状況を確認する

注意！
- 挿入部の皮膚が赤みをおびていたり，ただれていないかを観察する。
- テープの固定位置が変わっていないか，ねじれや折れが生じていないかを確認する。
- 胃ろう（腸ろう）チューブが適切に固定されていない場合や，胃に適切に挿入されていない可能性がある場合には，看護職に報告する。

経管栄養 ◆ 胃ろう（腸ろう）による経管栄養

到達目標 10 適切な体位をとり，環境を整備することができる

❶ 座位または半座位に体位を整え，体位の安定を確認する

- 栄養剤の逆流防止のため，上半身を 30 ～ 60° 挙上した仰臥位にする。
- 胃部の圧迫や身体のずり落ち防止のため，膝下に安楽枕などを入れて膝を軽度屈曲位にする（拘縮や体型によっては，仰臥位がよい場合がある）。

❶どうして？
座位姿勢を保つことで，気管や肺への逆流を防ぎ，肺炎などの感染を予防する。

注意！
- 本人の希望を考慮する。
- 可能であれば車いすやソファーで行う。
- 腹部を圧迫しないように注意する。
- 頭側の起立が不十分だと逆流を引き起こし，十二指腸へ流れていかないことがあり，胃での停滞時間が延長される。その結果，胃部膨満感や嘔吐などを引き起こすことがある。
- 円背がある場合は，軽度右側臥位も考慮する。

注意！
急に頭部を挙上するとめまいや血圧の低下を引き起こすことがある。

声かけ
「お食事をしやすいように姿勢を整えますが，よろしいでしょうか」「どこかつらいところはありますか」

到達目標 11 胃ろう（腸ろう）チューブに不具合がないかを確認し，確実に接続することができる

❶ 胃ろう（腸ろう）チューブであることを確認する

❷ チューブのねじれの有無や固定の状態を確認する

❸ 胃ろう（腸ろう）チューブ挿入部の皮膚の状態を確認する

【確認事項】
- 発赤
- ただれ
- 滲出液
- 出血などの有無

❹ 半固形化栄養剤パックに連結チューブを装着し，胃ろう（腸ろう）チューブにはずれないように接続したか

❶どうして？
胃ろう（腸ろう）チューブであることの確認を怠ると誤注入を引き起こす危険性がある。

❷どうして？
胃ろう（腸ろう）チューブのねじれや周囲の物による圧迫があると，栄養剤が適切に落下しない。

注意！
- 利用者の体動でチューブの接続部が簡単にはずれることがないよう，しっかり装着する。
- ろう孔周囲からの漏れがないか観察する。

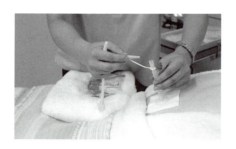

> **注意！**
> - ボタン型の胃ろう（腸ろう）の場合は，接続チューブが必要。接続チューブの先端まで栄養剤を満たし，胃ろう（腸ろう）ボタンに接続する。
> - 半固形化栄養剤パックの開封口に固まった栄養剤がある場合には，あらかじめ破棄してから使用する。

> **注意！**
> 腹部を圧迫したら，チューブを引っ張ることがないように接続する。

到達目標 12　注入を開始し，注入直後の観察をすることができる

❶ 注入前に利用者の状態を確認する

【確認事項】
- 顔色
- 呼吸状態
- 消化器症状の有無など

声かけ
「○○さん，お変わりありませんか」「何かございましたらお知らせください」

❷ 食事を開始することを伝える

❸ 開始時刻を確認する

❹ 両手で半固形化栄養剤パックを圧迫し，調整しながら注入する

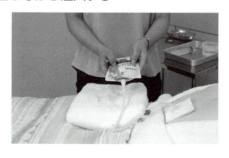

> **注意！**
> 利用者の衣服や利用者周囲のベッド環境を整える。

> **注意！**
> - 本人が訴えられない場合には，不安が増強するおそれがある。
> - 利用者の不安を軽減することで，食事をスムーズに進めることができる。

> **注意！**
> - 半固形化栄養剤パックの底面を開封口に向かって折りつつ圧迫すると，パックに栄養剤が残りにくい。
> - 加圧バッグを使用する際には，送気装置で加圧バッグの圧を 150 mmHg 以上 300 mmHg 以下に調整し加圧する。300 mmHg で注入できないときは注入を中止する。
> - 栄養剤の漏れによる汚染の可能性がある場合は，エプロン，使い捨て（ディスポーザブル）手袋を装着する。
> - カテーテルチップシリンジで半固形化栄養パックから栄養剤を吸い，胃ろうチューブに直接注入することもできる。

経管栄養 ◆ 胃ろう（腸ろう）による経管栄養

STEP 4　観察
実施中の利用者の状態を観察し，異常時には看護職に速やかに報告する

到達目標 13　注入中の利用者の表情や状態を適宜観察することができる

❶ 注入中，利用者の状態を観察する

【観察内容】
- 利用者の訴え
- 全身状態（顔色，バイタルサインなど）
- 嘔気・嘔吐や腹部膨満感の有無
- むせこみや呼吸状態の変化など
- チューブ挿入部や接続部の異常
- 注入速度

> **注意**
> - 胃に栄養剤が入ることで，胃袋が拡張し，横隔膜を挙上するため，呼吸が苦しくなることもある。
> - 胃の内容物が急に増えるため，逆流による誤嚥や腹部膨満感の不快感が生じる可能性がある。

❷ 異常がある場合には，注入を中止し，看護職に報告・連絡・相談する

到達目標 14　注入中の利用者の体位を観察することができる

❶ 注入のための適切な体位かを確認する

「○○さん，お変わりはありませんか。ご気分は悪くないですか。お体はつらくないですか」

> **注意**
> - 利用者に苦痛が生じていないか確認する。
> - 注入のための適切な体位を維持できているか確認する。

到達目標 15　栄養剤の注入状態を観察することができる

❶ 注入速度が適切か確認する
注入は，5〜15分で終了する。

❷ チューブの詰まりやねじれがないか確認する

> **注意**
> 半固形化栄養剤により胃が十分に伸展することで胃の蠕動運動が促される。

> **注意**
> - 適切に注入されない場合，その原因がどこにあるかを見極める。
> - 異常時には，看護職に報告・連絡・相談する。

到達目標 16　挿入部，接続部からの栄養剤の漏れがないかを確認することができる

❶ 挿入部や接続部から栄養剤の漏れがないかを確認する

❷ 挿入部や接続部に異常がないかを確認する

❶どうして？
ろう孔周囲から栄養剤が漏れている場合には，ろう孔が広すぎる場合もある。

❶❷どうして？
- 接続部から栄養剤が漏れている場合には，適切な栄養量を摂取することができない。
- 汚染による不快感や，途中での着替えの負担などが生じる。

到達目標 17　胃ろう（腸ろう）チューブから半固形化栄養剤パックをはずし，座位または半座位を保つことができる

❶ 栄養剤の注入を終えたことを利用者に説明する

声かけ
「お食事がすみましたので，片づけを行います。よろしいでしょうか」

❷ 胃ろう（腸ろう）チューブから半固形化栄養剤パックをはずす

❸ 胃ろう（腸ろう）チューブのふたを閉める

❹ 座位または半座位の姿勢を保つ

注意！
半固形化栄養剤パックをはずした際に，胃ろう（腸ろう）チューブから栄養剤が漏れ出ることもあるので注意する。

❹どうして？
白湯を注入するため，座位または半座位の姿勢を保つ。

到達目標 18　注入終了後，白湯を注入し，状態を観察することができる

❶ 指示された量の白湯をカテーテルチップシリンジで吸い，シリンジ内の空気を抜く

❷ 胃ろう（腸ろう）チューブにカテーテルチップシリンジを接続し，ゆっくり白湯を注入する

❶どうして？
シリンジに空気が入っていると，胃内に空気が入り，腹部膨満感や不快感を生じるおそれがある。

❷どうして？
胃ろう（腸ろう）チューブに栄養剤が残ると，詰まりのために次に栄養剤を注入できなくなったり，チューブ内に細菌が増殖する。詰まりや細菌の増殖を防ぐため，白湯を注入する。

経管栄養 ◆ 胃ろう（腸ろう）による経管栄養

❸ カテーテルチップシリンジをはずし，胃ろう（腸ろう）チューブのふたを閉める

- チューブ型胃ろう（腸ろう）の場合は，ふたを閉める。
- ボタン型胃ろう（腸ろう）の場合は，ストッパーを止めてはずす。

注意! 胃ろう（腸ろう）のふたが皮膚の同じところに触れる場合は，潰瘍を形成することもあるので，接続をはずした後のチューブの位置に注意する。

注意! はずす際，腹部を圧迫したり挿入部を引っ張ることがないよう注意する。

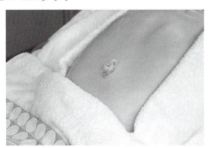

❹ 終了時刻を確認する

❺ 全身状態に異常がないかを観察し，異変がないかを本人に確認する

声かけ「ご気分はいかがですか。つらいところはございませんか」

STEP 5　報告　注入後の利用者の状態を観察し，看護職に報告する

到達目標 19　注入後，利用者の状態を観察し，看護職に報告することができる

❶ 利用者の全身状態を観察する

【観察内容】
- 全身状態
- 表情
- 腹部膨満感
- 嘔気・嘔吐
- むせこみ

❷ 終了後に異常がなければ，本人の意向に合わせて体位を変える，またはベッドの頭部を下げるなどを行い，姿勢を整える

声かけ「終わりました。このままの姿勢がよいですか，頭側を下げたほうがよいですか」

注意!
- 看護職に報告するために，実施内容，実習前・中・後の観察内容を簡潔に整理する。
- 介護職の観察で，利用者の状態に異常を見つけた場合には，ただちに看護職に報告する。
- 栄養剤が吸収されることで，一時的な高血糖を引き起こし，これにインスリンが反応することで低血糖症状（冷汗，めまいなど）をきたすことがある。

❷どうして? 半固形栄養剤は，胃食道逆流による誤嚥性肺炎の危険が少ないため，ギャッチアップの必要はなく，体位の制限もない。

演習編

❸ 衣類やベッド周囲の環境を整える

❹ 実施内容，実習前・中・後の観察内容を報告する

体位変換による嘔吐の誘発に注意する。

到達目標 20 ヒヤリハット・アクシデントを看護職に報告することができる

❶ 通常とは異なる利用者の変化や，手順のミスがあった場合に報告・連絡・相談する

STEP 6 片づけ　感染に留意し，速やかに片づける

到達目標 21 環境を汚染させないよう使用物品を速やかに片づけることができる

❶ 中性洗剤で洗浄し流水ですすぐ。その後，消毒し，消毒液を流水ですすいだ後に乾燥させる

❷ 不足した物品を補充する

❸ 定められた場所へ片づける

❹ ベッド周囲や洗い場など，実施場所周辺の環境汚染がないことを確認する

洗浄，消毒が不十分であると細菌が増殖する。

毎回，洗浄と消毒を行い，よく乾燥させ，清潔を維持する。

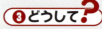
指定の場所に片づけることで，介護職の交替時に混乱がない。

経管栄養 ◆ 胃ろう（腸ろう）による経管栄養

STEP 7　記　録　実施に基づいた記録を記載する

到達目標 22　実施記録を書くことができる

❶ 実施記録を書く

【記録内容】
- 実施時刻
- 注入した栄養剤の種類・量
- 利用者の状態（全身状態，腹部症状の有無，利用者の訴えなど）
- 実施者名

注意
- 記入漏れや記載した内容に誤りがないかを確認する。
- 誰が見てもわかりやすい表現，内容で記載する。
- 実施後速やかに記録する。

救急蘇生法（一次救命処置）

安全確保と確認	安全を確保しながら傷病者の状態を観察し，心肺蘇生の必要の有無を確認する

1 周囲の安全を確保する

❶ 倒れている傷病者を発見したら，近づきながら現場周囲の状況が安全であるか確認する
❷ 傷病者が危険な場所にいる場合は，自分の安全を確保したうえで傷病者を安全な場所に移動する
❸ 発見時間を確認しておく

2 反応を確認する

❶ 両肩を叩きながら大きな声で呼びかける
・耳元の近くで名前を呼んだり，呼びかける。

声かけ
「○○さんわかりますか」「大丈夫ですか」

【乳児の場合】
足の裏を刺激しながら呼びかける

 注意
・意識状態が悪い場合は脊髄損傷の可能性もあるため，強く揺すったりしていけない。
・傷病者に片麻痺がある場合もある。両肩を叩いて確認する。

❷ 何らかの応答や，目的のある動作・反応がなければ「反応なし」と判断する

3 応援を呼ぶ

❶ 反応がなければ大きな声で周囲の人に協力を求める
・協力者へは具体的に依頼する。

協力者への依頼
「あなたは119番へ通報してください」
「あなたはAEDを持ってきてください」

【救助者が一人の場合】
・傷病者が成人の場合は，自分で119番通報し，AEDが近くにある場合はAEDを取りに行く
・傷病者が子ども・乳児の場合は，5サイクル（2分間）心肺蘇生を試みた後，自分で119番通報し，AEDが近くにあれば取りに行く

4 呼吸を確認する

❶ 10秒以内に呼吸の有無を確認する
- 傷病者の胸と腹部の動き（上がったり，下がったりしているか）に注目して確認する。
- 右のようなサインが見られたときは，すぐに心肺蘇生を開始する。

【心停止のサイン】
- 呼吸がない
- しゃくりあげるような途切れ途切れの呼吸（死戦期呼吸）
- 一時的に止まり，また開始するような呼吸

心肺蘇生　確実に心肺蘇生を行う

5 胸骨圧迫を行う

❶ 胸骨圧迫を行う
- 圧迫の強さは，胸が少なくとも5cm沈むまで。
- 圧迫の速さは，1分間に100回以上のテンポで。
- 胸骨の下半分あるいは胸の真ん中に一方の手の手掌基部（しゅしょうきぶ：手の根元）を置き，その上に他方の手を重ねる。
- 肘をまっすぐ伸ばし，傷病者の身体に対して腕が垂直になるように圧迫する。
- 沈んだ胸が元の位置まで広がる（戻る）ように圧迫を解除する。

【小児・乳児の場合】
- 小児（1〜15歳程度）：少なくとも胸の厚さの1/3が沈む程度，両手もしくは片手で行う
- 乳児（1歳未満）：少なくとも胸の厚さの1/3が沈む程度，手指2本で行う

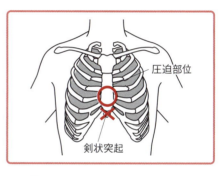

注意
- 心臓の位置は，胸の中央にある胸骨の裏，やや左側に寄った位置にあるが，圧迫位置は胸骨の真上になる。
- 足部側を圧迫すると，剣状突起を圧迫し，内臓を傷つけるおそれがあるため，真下に押す。
- 腕の力で押すのではなく，体重をかけて押すようにすると力が伝わりやすいだけでなく，疲れにくい。

演習編

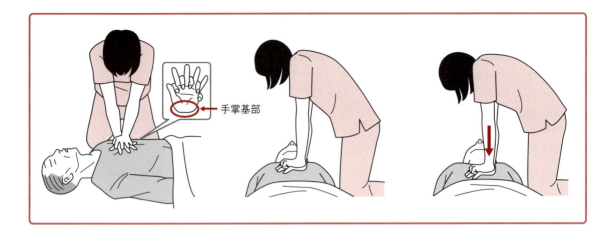

6 胸骨圧迫の後，人工呼吸を2回行う

❶「頭部後屈顎先挙上法」（p.195 コラム参照）による気道確保をしたまま，額を押さえていた手の親指と人差指で，傷病者の鼻をつまみ，鼻孔をふさぐ

❷ 救助者は，口を傷病者の口より大きく開けて傷病者の口を覆い，呼気が漏れないよう密着させる

❸ 胸が上がるのを確認しながら，約1秒かけて静かに吹き込む

❹ 吹き込んだらいったん口を離し，息が出てくるのを待ち，もう一度息を吹き込む

【人工呼吸と胸骨圧迫を同時に行う方法】
- 胸骨圧迫30回，人工呼吸2回を交互に繰り返す
- 救助者が複数いる場合は，1〜2分ごとに胸骨圧迫の役割を交代する

> **注意**
> 人工呼吸を行うときは，感染を防止するため，傷病者の口や鼻に直接触れないよう，人工呼吸用マウスピース（一方弁付き）などの使用が推奨される。

> **注意**
> - 吹き込む前に深呼吸をしない。
> - 1回目の人工呼吸で胸の上がりが見られない場合は再度気道確保し，2回目の人工呼吸を行う。
> - 2回目で胸の上がりが確認できなくても，人工呼吸は2回までとし，胸骨圧迫を行う。
> - 吹き込みすぎに注意する。吹き込む量が多すぎると，胃に空気が流れ込み，嘔吐を引き起こすことがある。
> - 感染の危険性などで人工呼吸ができないか躊躇する場合は，胸骨圧迫を続ける。

◆ 救急蘇生法（一次救命処置）

AEDの使用　AEDが用意できたら，AEDのアナウンスに従い確実に使用する

AEDの電源を入れ，電極パッドを装着する

❶ AEDが到着したらすぐに電源を入れる
- ふたを開けると自動的に電源が入るタイプもある。

AEDは頭の近くに置くと操作しやすい。

❷ 電極パッドを右前胸部と左側胸部に装着する（パッドにも貼りつける部位が描いてあるのでそのとおり体に密着させて貼る）
- AEDのから音声ガイダンスが流れるので，その指示に従う。

> **AEDの声**
> 「パッドを傷病者の胸に装着してください」

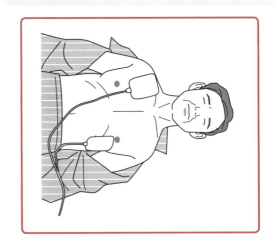

【傷病者に合わせたパッドの貼り方】
- **成人**：成人用パッドを用いる（小児用パッドはエネルギーが低いため）。
- **乳児・小児（6歳程度まで）**：小児用パッドを用いる。ない場合には成人用パッドを使用するが，パッドが重ならないように貼る。重なってしまう場合は，心臓を挟むように前後に貼る。
- **ペースメーカー装着者**：鎖骨下に埋め込まれていることが多い。鎖骨の隆起を避けて貼る（通電効果が低下する可能性があるため）。
- **植え込み型除細動器（ICD）装着者**：作動してしまうようであれば（通電による筋肉の収縮でわかる），作動完了（30～60秒）後に必要であればAEDパッドを装着する。
- **高濃度酸素投与中の人**：パッドと皮膚の間でスパークすると発火原因となる。酸素マスクなどは遠ざける。
- **貼付薬剤使用者**：貼付薬剤をはがし，皮膚に残った薬剤も拭き取る（貼付薬剤の上に貼ると，効果が減少するとともに熱傷の原因となるため）。
- **乳房の大きい人**：乳房を避け，左側に貼るパッドは乳房の下に貼る。
- **毛深い人**：パッドを押しつける。AEDが解析しない場合には除毛する。
- **胸が濡れている場合**：パッドを貼る部分を乾いたタオルで拭く（体表の水を伝わって電気が流れてしまうため）。
- **金属アクセサリー装着の場合**：金属製ネックレスなどは，はずすか頭側にできるだけ遠ざける（感電し，熱傷の原因となるため）。

演 習 編

8 AEDが解析を開始したら，周囲にも配慮する

❶ AEDの心電図解析が開始されたら心肺蘇生を中断し，傷病者に触れないようにする

> **AEDの声**
> 「解析中です」「傷病者に触れないでください」

❷ 周囲の人の安全にも配慮する

> **声かけ**
> 「電気ショックを行います。皆さん離れてください」

9 電気ショックの指示が出たら，安全に通電を行う

❶ 周囲の人が離れたことを確認する

> **AEDの声**
> 「ショックが必要です」

> **声かけ**
> 「電気ショックを行います，皆さん離れてください」

上のAEDの場合は3の通電ボタンを押す

❷ 通電ボタンを押す

> **AEDの声**
> 「通電ボタンを押してください」

> **声かけ**
> 「通電！」

> **注意！**
> AEDが「電気ショックは必要ありません」とアナウンスした場合も，胸骨圧迫から心肺蘇生を再開する（p.131 図13-3 参照）。

10 AEDの指示に従い，心肺蘇生を再開する

> **AEDの声**
> 「心肺蘇生を再開してください」

◆ 救急蘇生法（一次救命処置）

❶ 胸骨圧迫30回につき人工呼吸2回の比で，心肺蘇生を繰り返す

❷ 2分ごとにAEDが自動的に心電図解析を行うので，そのつど音声メッセージの指示に従い，必要であれば電気ショックを行う

❸ 傷病者に，呼吸や目的のある動作・反応が認められたら，回復体位にして，呼吸状態を観察しながら救急隊の到着を待つ

電気ショックの後は，ただちに胸骨圧迫することが重要。

コラム

気道の確保と回復体位

1．頭部後屈顎先挙上法による気道の確保
①一方の手の人差し指と中指，2本の指を傷病者の顎先に当て，もう片方の手は額に当てる。
②顎先を持ち上げながら，額を後方に押し下げ，頭を反らせて，気道を確保する。

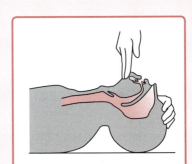

2．回復体位
①傷病者を側臥位にする。
②下顎を前に出して（頭をやや後ろに反らせて）気道を確保し，上側の膝を約90°に曲げて前方に出す。
③上側の手の甲を顔の下に入れて姿勢を安定させる（下側の手を軽く曲げてもよい）。
＊回復体位には，以下のメリットがある。
　• 舌根沈下を防ぐ。
　• 嘔吐物の肺内誤嚥を防ぐ。
　• 口腔内の異物除去がやりやすくなる。

回復体位
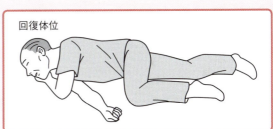

☑ チェックリスト

喀痰吸引 口腔内・鼻腔内吸引（通常手順）

		到達目標	評価の視点	1回 /	2回 /	3回 /	4回 /	5回 /
観察	1	利用者の状態を観察することができる	① 観察することの説明をし，同意を得たか					
			② 利用者の状態を観察したか（利用者の訴え，呼吸状態，全身状態，口腔内・鼻腔内の状態など）					
準備	2	医師の指示書などを確認することができる	① 医師の指示書を確認したか（氏名，吸引圧，吸引時間，吸引の深さ，吸引チューブの太さ，留意点）					
			② 利用者の状態について看護職に確認したか					
	3	手洗いを行うことができる	石けんと流水，または擦り込み式アルコール製剤の使用により，手洗い方法を守ったか					
	4	必要物品をそろえ，作動状況などを確認することができる	① 必要物品を確認し，使用する順番を考慮して用意したか					
			② 物品に劣化や汚染などの不備がないかを確認したか					
			③ 吸引器の作動状況を確認したか					
	5	必要物品を利用者のもとへ運び，使いやすいように配置することができる	必要物品を利用者のもとへ運び配置したか					
実施	6	利用者に説明し，同意を得ることができる	吸引の必要性や方法について説明し，同意を得たか					
	7	吸引の環境，利用者の姿勢を整えることができる	① プライバシー保護に配慮したか					
			② 吸引チューブを挿入しやすい姿勢に整えたか					
			【口腔内吸引】上半身を30°程度挙上し，顔を横に向けたか					
			【鼻腔内吸引】上半身を15～30°程度挙上し，顔は正面を向いた状態にしたか					
	8	口腔内・鼻腔内を観察することができる	痰などの貯留物，口腔内・鼻腔内の状態を観察したか					
	9	手袋の装着またはセッシを持つことができる	手袋を装着したか（セッシを使用する場合は，先端が下を向くように持ったか）					
	【新品チューブ：パッケージから取り出す場合】（手袋使用の場合）							
	10	吸引チューブを清潔に取り出し，吸引チューブと連結管を接続することができる	① 利き手で吸引チューブの接続部を持ち，もう一方の手でパッケージを持ち，吸引チューブの先端を清潔に取り出したか					
			② パッケージをゴミ箱に捨てたか					
			③ 利き手で吸引チューブの接続部を持ち，もう一方の手で連結管を持ち，吸引チューブの先端を清潔に保って接続したか					
	【再利用チューブ：浸漬法の場合】（手袋使用の場合）							
	10	吸引チューブの外側を清浄綿で拭き，吸引チューブと連結管を接続することができる	① もう一方の手で，清浄綿の入っている容器と，チューブの入っている保管容器のふたを開けたか					
			② 利き手で吸引チューブの接続部を持ち，消毒液の中から取り出し，もう一方の手に持ち変えたか					
			③ 利き手で清浄綿を清潔に取り出し，接続部から先端に向かって清浄綿で消毒液を拭き取ったか					
			④ 清浄綿をゴミ箱に捨てたか					
			⑤ 利き手で吸引チューブの接続部を持ち，もう一方の手で連結管を持ち，チューブの先端を清潔に保って接続したか。容器のふたを閉めたか					
	11	吸引器の電源を入れ，洗浄水（水道水）を吸い，決められた吸引圧になることを確認することができる	① もう一方の手で吸引器の電源を入れたか					
			② もう一方の手で吸引チューブの接続部を持ち，利き手で吸引チューブの中央あたりを持ったか					
			③ 洗浄水（水道水）を吸引し，吸引圧を確認したか					
	12	吸引チューブの先端の水をよく切ることができる	吸引チューブの先端から水がたれていないかを確認したか					
	13	吸引開始について説明することができる	わかりやすい言葉で協力が得られるように話しかけ，反応や返答を確認したか					
	14	適切な吸引圧で，適切な深さまで吸引チューブを挿入することができる	① 利き手の3本指で吸引チューブの先端から10～15cmのところをペンを持つように持っているか					
			② もう一方の手の親指で吸引チューブを完全に折った状態（吸引圧をかけない状態）にしたか					
			③ 挿入の際，吸引チューブの先端が周囲に触れず，かつ粘膜を刺激しないように挿入したか					
			④ 決められた吸引圧と深さを守っているか					

（次頁につづく）

実施	15	適切な吸引時間で，分泌物などの貯留物を吸引することができる	① 吸引チューブを折った親指を離し，吸引圧をかけたか				
			② 利き手の3本の指の間を滑らせるようにチューブを回転させながら吸引したか				
			③ 吸引時間は10秒以内（指示書に従う）だったか				
	16	吸引チューブを静かに抜くことができる	もう一方の手の親指で吸引チューブを完全に折った状態（吸引圧をかけない状態）で，静かに抜いたか				
	【浸漬法で保管する場合】（17～20）						
	17	吸引チューブの外側を清浄綿で拭くことができる	① 利き手で清浄綿を清潔に取り出したか				
			② もう一方の手で吸引チューブの接続部を持ち，利き手で先端に向かって清浄綿で拭いたか				
			③ 清浄綿をゴミ箱に捨てたか				
	18	吸引チューブ・連結管の内側の汚れを落とし，消毒することができる	① 利き手で吸引チューブを持ち，洗浄水（水道水）・消毒液を吸引したか				
			② 吸引した洗浄水（水道水）・消毒液が連結管を通り，吸引びんに入るところまで目で確認したか				
	19	吸引器の電源を切ることができる	① 利き手で吸引チューブの接続部を持ったか				
			② もう一方の手で電源を切ったか				
	20	吸引チューブを接続部からはずし，保管容器に入れることができる	① 吸引チューブの汚れ，破損の有無を確認したか				
			② もう一方の手で保管容器のふたを開けたか				
			③ 吸引チューブを接続部からはずしたか				
			④ もう一方の手に持っている連結管を，吸引器のホルダーに入れたか				
			⑤ 利き手に持っている吸引チューブを，周囲に触れないように保管容器に入れたか				
			⑥ もう一方の手で保管容器のふたを閉めたか				
	【単回使用の場合】（17～19）						
	17	連結管の内側の汚れを落とし，消毒することができる（評価の視点は「浸漬法」18と同じ）					
	18	吸引器の電源を切ることができる　（評価の視点は「浸漬法」19と同じ）					
	19	吸引チューブを接続部からはずし，廃棄することができる					
	21	手袋をはずす，またはセッシを戻すことができる	① 手袋は表側を内側に入れるようにはずし，廃棄したか				
			② セッシを使用した場合は，セッシを周囲や容器の縁に触れないようにして戻したか				
	22	吸引終了の説明を行い，姿勢を整えることができる	① 終了したことを告げ，ねぎらいの言葉をかけたか				
			② 分泌物などの貯留物が取りきれたかどうか確認したか				
			③ 頭部を戻すなどして，安楽な姿勢に整えたか				
	23	利用者の状態および吸引物を観察することができる	① 利用者の状態を観察したか（利用者の訴え，呼吸状態，全身状態，口腔内・鼻腔内の状態など）				
			② 吸引物の性状・量を観察したか				
			③【経鼻経管栄養チューブ挿入の場合】口腔内にチューブが出てきていないかを確認したか				
	24	吸引前後の状態の変化を観察することができる	吸引前の状態と比較して観察したか				
	25	手洗いをすることができる	物品を利用者のもとから運び出した後に，石けんと流水，または擦り込み式アルコール製剤の使用により，手洗い方法を守ったか				
報告	26	利用者の状態および吸引物の状態を看護職に報告することができる	① 吸引中，吸引後の状態を報告したか（利用者の訴え，呼吸状態，全身状態，吸引物の性状・量，口腔内・鼻腔内の状態など）				
			② 吸引物の状態を報告したか				
			③【経鼻経管栄養チューブ挿入の場合】口腔内にチューブが出てきていないかを報告したか				
	27	ヒヤリハット・アクシデントを看護職に報告をすることができる	① 利用者の状態や機器などの状況が「いつもと違う」と気づいたら報告したか				
			② 手順のミスがあった場合，報告・連絡・相談したか				
片づけ	28	吸引びんの排液量が70～80％になる前に排液を捨てることができる	① 排液量を確認したか				
			② 排液量が吸引びんの70～80％になる前に排液を捨て，洗浄・消毒したか				
	29	使用物品を速やかに片づける，または交換することができる	① 洗浄液の汚染や吸引チューブの破損があった場合，交換したか				
			② 清浄綿，手袋などを適切な場所に廃棄したか				
			③ ベッド周囲や洗い場など，実施場所周辺の環境汚染がないことを確認したか				
記録	30	実施記録を書くことができる	実施時刻，利用者の訴え，呼吸状態，全身状態，口腔内・鼻腔内の状態，出血の有無，吸引物の性状・量，実施者名を書いたか				

演習編

喀痰吸引 気管カニューレ内部吸引（通常手順），人工呼吸器装着者（侵襲的人工呼吸療法）

		到達目標	評価の視点	1回 /	2回 /	3回 /	4回 /	5回 /
観察	1	利用者の状態を観察することができる	①観察することの説明をし，同意を得たか					
			②利用者の状態を観察したか（利用者の訴え，呼吸状態，全身状態，気管カニューレの周囲や固定状態など）					
準備	2	医師の指示書などを確認することができる	①医師の指示書を確認したか（氏名，吸引圧，吸引時間，気管カニューレ内腔の長さ，吸引チューブの太さ，留意点）					
			②利用者の状態について看護職に確認したか					
	3	手洗いを行うことができる	石けんと流水，または擦り込み式アルコール製剤の使用により，手洗い方法を守ったか					
	4	必要物品をそろえ，作動状況などを確認することができる	①必要物品を確認し，使用する順番を考慮して用意したか					
			②物品に劣化や汚染などの不備はないか確認したか					
			③吸引器の作動状況を確認したか					
	5	必要物品を利用者のもとへ運び，使いやすいように配置することができる	必要物品を利用者のもとへ運び配置する					
実施	6	利用者に説明し，同意を得ることができる	吸引の必要性や方法について説明し，同意を得たか					
	7	吸引の環境，利用者の姿勢を整えることができる	①プライバシー保護に配慮したか					
			②吸引チューブを挿入しやすい姿勢に整えたか					
	8	気管カニューレ周囲や固定の状態を確認できる	①気管カニューレの周囲や固定の状態を確認したか					
			②痰などの貯留物を観察したか					
	【新品チューブ：パッケージから取り出す場合】（手袋使用の場合）							
	9	吸引チューブのパッケージの開封口を清潔に開封することができる	①吸引チューブのパッケージの開封口を5cmほど，不潔にしないように開封したか					
			②吸引チューブが不潔にならないように，ワゴンの上に置いたか					
	10	マスク，滅菌手袋を清潔に装着することができる（滅菌手袋を使用しない場合は，セッシを清潔に持つことができる）	①マスクを正しく装着したか					
			②滅菌手袋を清潔に装着したか（セッシを使用する場合は，先端が下を向くように持ったか）					
	11	吸引チューブを清潔に取り出し，吸引チューブと連結管を接続することができる	①利き手で吸引チューブの接続部を持ち，もう一方の手でパッケージを持ち，吸引チューブの先端を清潔に取り出したか					
			②パッケージをゴミ箱に捨てたか					
			③利き手で吸引チューブの接続部を持ち，もう一方の手で連結管を持ち，吸引チューブの先端を清潔に保って接続したか					
	【再利用チューブ：浸漬法の場合】（手袋使用の場合）							
	9	吸引チューブの外側を清浄綿で拭き，吸引チューブと連結管を接続することができる	①もう一方の手で，清浄綿の入っている容器と，チューブの入っている保管容器のふたを開けたか					
			②もう一方の手で，チューブの入っている保管容器のふたを開けたか					
			③利き手で吸引チューブの接続部を持ち，消毒液の中から取り出し，もう一方の手に持ち変えたか					
			④利き手で清浄綿を取り出し，接続部から先端に向かって消毒液を拭き取ったか					
			⑤清浄綿をゴミ箱に捨てたか					
			⑥利き手で吸引チューブの接続部を持ち，もう一方の手で連結管を持ち，吸引チューブの先端を清潔に保って接続したか。容器のふたを閉めたか					
	12	吸引器の電源を入れ，滅菌精製水を吸い，決められた吸引圧になることを確認することができる	①利き手で吸引チューブの接続部を持ち，もう一方の手で吸引器の電源を入れたか					
			②もう一方の手に吸引チューブの接続部を持ち変え，利き手で吸引チューブの中央あたりを持ったか					
			③滅菌精製水を吸引し，吸引圧を確認したか					
	13	吸引チューブの先端の水をよく切ることができる	吸引チューブの先端から水がたれていないか確認したか					
	14	吸引開始について説明することができる	わかりやすい言葉で協力が得られるように話しかけ，反応や返答を確認したか					
	人工呼吸器装着者の場合：気管カニューレの扱いに留意して，人工呼吸器をはずす							

（次頁につづく）

段階	No.	項目	評価の視点				
実施	15	適切な吸引圧で，適切な深さまで吸引チューブを挿入することができる	① 利き手の3本の指で，吸引チューブの先端から10〜15cmのところをペンを持つように持っているか				
			② もう一方の手の親指で吸引チューブを完全には折らない状態（吸引圧を少しかけた状態）にしたか				
			③ 周囲に吸引チューブが触れないように気管カニューレに挿入したか				
			④ 決められた吸引圧と深さを守っているか				
	16	適切な吸引時間で，分泌物などの貯留物を吸引することができる	① もう一方の手の親指を離し，吸引圧をかけたか				
			② 利き手の3本の指の間を滑らせるようにチューブを回転させながら吸引したか				
			③ 吸引時間は10秒以内（指示書に従う）だったか				
	17	吸引チューブを静かに抜くことができる	もう一方の手の親指で吸引チューブを完全には折らない状態（吸引圧を少しかけた状態）で，静かに抜いたか				
	人工呼吸器装着者の場合：気管カニューレの扱いに留意して，人工呼吸器を装着する						
	【浸漬法で保管する場合】（18〜21）						
	18	吸引チューブの外側を清浄綿で拭くことができる	① 利き手で清浄綿を清潔に取り出したか				
			② もう一方の手で吸引チューブの接続部を持ち，利き手で先端に向かって清浄綿で拭いたか				
			③ 清浄綿をゴミ箱に捨てたか				
	19	吸引チューブ・連結管の内側の汚れを落とし，消毒することができる	① 利き手で吸引チューブを持ち，滅菌精製水・消毒液を吸引したか				
			② 吸引した滅菌精製水・消毒液が連結管を通り，吸引びんに入るところまで目で確認したか				
	20	吸引器の電源を切ることができる	① 利き手で吸引チューブの接続部を持ったか				
			② もう一方の手で電源を切ったか				
	21	吸引チューブを接続部からはずし，保管容器に入れることができる	① 吸引チューブの汚れ，破損の有無を確認したか				
			② もう一方の手で保管容器のふたを開けたか				
			③ 吸引チューブを接続部からはずしたか				
			④ もう一方の手に持っている連結管を，吸引器のホルダーに入れたか				
			⑤ 利き手に持っている吸引チューブを，周囲に触れないように保管容器に入れたか				
			⑥ もう一方の手で保管容器のふたを閉めたか				
	【単回使用の場合】（18〜20）						
	18	連結管の内側の汚れを落とし，消毒することができる（評価の視点は「浸漬法」19と同じ）					
	19	吸引器の電源を切ることができる（評価の視点は「浸漬法」20と同じ）					
	20	吸引チューブを接続部からはずし，廃棄することができる					
	22	滅菌手袋，マスクをはずすことができる（または，セッシを戻すことができる）	① 手袋は表側を内側に入れるようにはずし，ゴミ箱に捨てたか				
			② マスクはひものみを持ってはずし，ゴミ箱に捨てたか				
			③ セッシを使用した場合は，セッシを周囲や容器の縁に触れないようにして戻したか				
	23	吸引終了の説明を行い，姿勢を整えることができる	① 終了したことを告げ，ねぎらいの言葉をかけたか				
			② 分泌物などが取りきれたかどうかを確認したか				
			③ 呼吸のしやすい安楽な姿勢に整えたか				
	24	利用者の状態および吸引物を観察することができる	① 利用者の状態を観察したか（利用者の訴え，呼吸状態，全身状態，気管カニューレの状態など）				
			② 吸引物の性状・量を観察したか				
	25	吸引前後の状態の変化を観察することができる	① 吸引前の状態と比較して観察したか				
			②【経鼻経管栄養チューブ挿入の場合】口腔内にチューブが出てきていないかを確認したか				
	26	手洗いをすることができる	物品を利用者のもとから運び出した後に，石けんと流水，または擦り込み式アルコール製剤の使用により，手洗い方法を守ったか				
報告	27	利用者の状態および吸引物の状態を看護職に報告することができる	① 吸引中，吸引後の状態を報告したか（利用者の訴え，呼吸状態，全身状態，吸引物の性状・量，気管カニューレの状態など）				
			②【経鼻経管栄養チューブ挿入の場合】口腔内にチューブが出てきていないかを報告したか				
	28	ヒヤリハット・アクシデントを看護職に報告をすることができる	① 利用者の状態や機器などの状況が「いつもと違う」と気づいたら報告したか				
			② 手順のミスがあった場合，報告・連絡・相談したか				
片づけ	29	吸引びんの排液量が70〜80％になる前に排液を捨てることができる	① 排液量を確認したか				
			② 排液量が吸引びんの70〜80％になる前に排液を捨て，洗浄・消毒したか				
	30	使用物品を速やかに片づける，または交換することができる	① 清浄綿，手袋などを適切な場所に廃棄したか				
			② 滅菌精製水の汚染や吸引チューブの破損があった場合，交換したか				
			③ ベッド周囲や洗い場など，実施場所周辺の環境汚染がないことを確認したか				
記録	31	実施記録を書くことができる	実施時刻，利用者の訴え，呼吸状態，全身状態，気管カニューレの状態，出血の有無，吸引物の性状・量，実施者名を書いたか				

＊本チェックリストを【人工呼吸器装着者：侵襲的人工呼吸療法】で用いる際は，到達目標8・25の[評価の視点]に，「人工呼吸器が正常に作動していることを確認したか」を追加して使用する。

演習編

経管栄養 経鼻経管および胃ろう（腸ろう）による経管栄養【液体栄養剤の場合】

		到達目標	評価の視点	1回 /	2回 /	3回 /	4回 /	5回 /
観察	1	利用者の状態を観察することができる	① 観察することの説明をし，同意を得たか					
			② 利用者の状態を観察したか（利用者の訴え，全身状態，嘔気・嘔吐や腹部膨満感の有無，チューブの挿入状態や固定状況，排泄の必要性など）					
準備	2	医師の指示書などを確認することができる	① 医師の指示書を確認したか（氏名，経管栄養剤の種類，注入量，注入開始時刻，注入時間，留意点）					
			② 看護職から経管栄養を実施するうえで必要な利用者の状態について確認したか					
			③ 前回の経鼻経管栄養（胃ろう・腸ろうによる経管栄養）実施時の状況を確認したか					
	3	手洗いを行うことができる	石けんと流水，または擦り込み式アルコール製剤の使用により，手洗い方法を守ったか					
	4	必要物品をそろえ，使用する順番を確認することができる	① 必要物品を確認し，使用する順番を考慮して用意したか					
			② 物品の劣化や汚染，破損などの不備の有無を確認したか					
	5	指示された栄養剤の種類・量・時間を確認することができる	① 利用者の氏名をフルネームで確認したか					
			② 経管栄養剤の種類，量，使用期限，注入開始時刻，注入時間を確認したか					
			③ 栄養剤の滴下数を計算したか					
	6	栄養剤の注入準備をすることができる	① 利用者本人の栄養剤であるかを確認したか					
			② 栄養剤を適温で用意したか					
			③ 水平な場所で栄養剤を指示どおり計量したか					
			④ クレンメの開閉操作を確認し，クレンメを閉めた状態にしたか【ボタン式胃ろうの場合は，栄養点滴チューブに接続チューブを接続することが必要】					
			⑤ イルリガートルに栄養剤を注ぎ，ふたを閉めたか					
			⑥ ドリップチャンバー（点滴筒）を指でゆっくり押しつぶし，チャンバー内に栄養剤を1/3～1/2量満たすことができたか					
			⑦ 栄養点滴チューブの先端まで栄養剤を満たすことができたか【接続チューブを接続している場合は，接続チューブの先端まで栄養剤を満たした後に，クランプを押し込み閉鎖する】					
			⑧ 栄養点滴チューブの先端が不潔にならないように注意し，イルリガートルを台にかけられたか					
	7	栄養剤を利用者のもとへ運ぶことができる	栄養剤が利用者のものであるかを確認し，本人のもとへ運んだか					
実施	8	本人であることを確認し，経鼻経管栄養（胃ろう・腸ろうによる経管栄養）の実施について説明し，同意を得ることができる	① 本人であることをフルネームで確認したか					
			② 利用者に食事開始の説明を行い，同意を得たか					
			③ 利用者に排泄の必要性の有無を確認し，必要に応じて事前に排泄をすませたか					
			④ 本人・家族の協力を得られたか					
	9	利用者の状態を確認することができる	① 経鼻経管チューブ（胃ろう・腸ろうチューブ）挿入部の皮膚の状態，固定状況を確認したか					
			② 【経鼻経管栄養チューブ挿入の場合】口腔内に経鼻経管チューブが停滞，蛇行していないかを確認したか					
	10	適切な体位をとり，環境を整備することができる	① 座位または半座位に体位を整え，体位の安定を確認したか					
			② 胃部とイルリガートルの液面の高さの差が50cm程度になっているか確認したか					
	11	経鼻経管チューブ（胃ろう・腸ろうチューブ）に不具合がないかを確認し，確実に接続することができる	① 経鼻経管チューブ（胃ろう・腸ろうチューブ）であることを確認したか					
			② チューブのねじれの有無や固定の状態を確認したか					
			③ 経鼻経管チューブ（胃ろう・腸ろうチューブ）と栄養点滴チューブがはずれないように接続したか【接続チューブ使用の場合は，接続チューブを接続する】					
	12	注入を開始し，注入直後の観察をすることができる	① 注入前に利用者の状態を確認したか					
			② 食事を開始することを伝えたか					
			③ クレンメを開け，1分間の滴下数を指示どおりに調整したか【接続チューブを接続している場合は，接続チューブのクランプを先に開ける】					
			④ 開始時刻を確認したか					
			⑤ 開始直後はすぐにその場を離れず，利用者の状態を観察したか					

（次頁につづく）

観察	13	注入中の利用者の表情や状態を適宜観察することができる	① 注入中，利用者の状態を観察したか				
			② 異常がある場合には注入を中止し，看護職に報告・連絡・相談したか				
	14	注入中の利用者の体位を観察することができる	① 注入のための適切な体位かを確認したか				
			② 体位を変えた場合には，滴下速度を確認したか				
	15	注入中の滴下状態を観察することができる	① 滴下速度が適切か，時計を用いて確認したか				
			② チューブの詰まりやねじれがないかを確認したか				
	16	接続部からの栄養剤の漏れがないかを確認することができる	① 接続部から栄養剤の漏れがないかを確認したか				
			② 挿入部や接続部に異常がないかを確認したか				
観察	17	クレンメを閉め，栄養点滴チューブの接続をはずし，半座位の状態を保つことができる	① 栄養剤の注入を終えたことを利用者に説明したか				
			② クレンメを閉めたか				
			③ 栄養点滴チューブをはずし，経鼻経管チューブ（胃ろう・腸ろうチューブ）のふたを閉めたか 【接続チューブを接続している場合は，クランプを確実に押し込み，チューブを閉鎖する。その後，栄養点滴チューブのみをはずす】				
			④ 座位または半座位の姿勢を保てたか				
	18	注入終了後，白湯を注入し，状態を観察することができる	① 指示された量の白湯をカテーテルチップシリンジで吸い，シリンジ内の空気を抜いたか				
			② 経鼻経管チューブ（胃ろう・腸ろうチューブ）にカテーテルチップシリンジを接続し，ゆっくり白湯を注入したか 【ボタン式胃ろうは，接続チューブのクランプを開放し注入する】				
			③ カテーテルチップシリンジをはずし，経鼻経管チューブ（胃ろう・腸ろうチューブ）のふたを閉めたか 【ボタン式胃ろうは，接続チューブのクランプを閉めてからチューブをはずし，胃ろうのふたを閉める】				
			④ 終了時刻を確認したか				
			⑤ 全身状態に異常がないか観察し，異変がないかを本人に確認したか				
報告	19	注入後，利用者の状態を観察し，看護職に報告することができる	① 利用者の全身状態を観察したか				
			② 適切な体位が保てているかを確認し，衣類やベッド周囲の環境を整えたか				
			③ 実施内容，実施前・中・後の観察内容を看護職に報告したか				
	20	ヒヤリハット・アクシデントを看護職に報告することができる	通常とは異なる利用者の変化や，手順のミスがあった場合，報告・連絡・相談したか				
実施	21	体位変換が必要な利用者に対して，異常がなければ体位変換を再開することができる	① 利用者に異常がないかを確認したか				
			② 終了後は30分以上同一体位を保ち，異常がなければ本人の意向に合わせて体位を変える，または実施前の状態に体位を整えたか				
片づけ	22	環境を汚染させないよう使用物品を速やかに片づけることができる	① 物品の固定金具や接続部をはずして中性洗剤で洗浄し，流水ですすぐ。その後，消毒し，消毒液を流水ですすいだ後に乾燥したか				
			② 不足した物品を補充したか				
			③ 定められた場所へ片づけたか				
			④ ベッド周囲や洗い場など，実施場所周辺の環境汚染がないことを確認したか				
記録	23	実施記録を書くことができる	実施時刻，注入した栄養剤の種類・量，利用者の状態（全身状態，腹部症状の有無，利用者の訴えなど），実施者名を書いたか				

演習編

経管栄養　胃ろう（腸ろう）による経管栄養【半固形化栄養剤の場合】

		到達目標	評価の視点	1回 /	2回 /	3回 /	4回 /	5回 /
観察	1	利用者の状態を観察することができる	① 観察することの説明をし，同意を得たか					
			② 利用者の状態を観察したか（利用者の訴え，全身状態，嘔気・嘔吐や腹部膨満感の有無，チューブの挿入状態や固定状態，排泄の必要性など）					
準備	2	医師の指示書などを確認することができる	① 医師の指示書を確認したか（氏名，経管栄養剤の種類，注入量，注入開始時刻，注入時間，留意点）					
			② 看護職から経管栄養を実施するうえで必要な利用者の状態について確認したか					
			③ 前回の胃ろう（腸ろう）による経管栄養実施時の状況を確認したか					
	3	手洗いを行うことができる	石けんと流水，または擦り込み式アルコール製剤の使用により，手洗い方法を守ったか					
	4	必要物品をそろえ，使用する順番を確認することができる	① 必要物品を確認し，使用する順番を考慮して用意したか					
			② 物品の劣化や汚染，破損などの不備の有無を確認したか					
	5	指示された栄養剤の種類・量・時間を確認することができる	① 利用者の氏名をフルネームで確認したか					
			② 半固形化栄養剤の種類，量，使用期限，注入開始時刻，注入時間を確認したか					
			③ 栄養剤の注入速度を確認したか					
	6	栄養剤の注入準備をすることができる	① 利用者本人の栄養剤であるかを確認したか					
			② 栄養剤を適温で用意したか					
	7	栄養剤を利用者のもとへ運ぶことができる	栄養剤が利用者のものであるかを確認し，本人のもとへ運んだか					
実施	8	本人であることを確認し，胃ろう（腸ろう）による経管栄養の実施について説明し，同意を得ることができる	① 本人であることをフルネームで確認したか					
			② 利用者に食事開始の説明を行い，同意を得たか					
			③ 利用者に排泄の必要性の有無を確認し，必要に応じて事前に排泄をすませたか					
			④ 本人・家族の協力を得られたか					
	9	利用者の状態を確認することができる	胃ろう・腸ろうチューブ挿入部の皮膚の状態，固定状況を確認したか					
	10	適切な体位をとり，環境を整備することができる	座位または半座位に体位を整え，体位の安定を確認したか					
	11	胃ろう（腸ろう）チューブに不具合がないかを確認し，確実に接続することができる	① 胃ろう（腸ろう）チューブであることを確認したか					
			② チューブのねじれの有無や固定の状態を確認したか					
			③ 胃ろう（腸ろう）チューブ挿入部の皮膚の状態を確認したか					
			④ 半固形化栄養剤パックに連結チューブを装着し，胃ろう（腸ろう）チューブにはずれないように接続したか					
	12	注入を開始し，注入直後の観察をすることができる	① 注入前，利用者の状態を確認したか					
			② 食事を開始することを伝えたか					
			③ 開始時刻を確認したか					
			④ 両手で半固形化栄養剤パックを圧迫し，調整しながら注入したか					
観察	13	注入中の利用者の表情や状態を適宜観察することができる	① 注入前，利用者の状態を確認したか					
			② 異常がある場合には，注入を中止し，看護職に報告・連絡・相談したか					
	14	注入中の利用者の体位を観察することができる	注入のための適切な体位かを確認したか					
	15	栄養剤の注入状態を観察することができる	① 注入速度は適切か確認したか					
			② チューブの詰まりやねじれがないかを確認したか					
	16	挿入部，接続部からの栄養剤の漏れがないかを確認することができる	① 挿入部や接続部からの栄養剤の漏れがないかを確認したか					
			② 挿入部や接続部に異常がないかを確認したか					
	17	胃ろう（腸ろう）チューブから半固形化栄養剤パックをはずし，座位または半座位を保つことができる	① 栄養剤の注入を終えたことを利用者に説明したか					
			② 胃ろう（腸ろう）チューブから半固形化栄養剤パックをはずしたか					
			③ 胃ろう（腸ろう）チューブのふたを閉めたか					
			④ 座位または半座位の姿勢を保てたか					

（次頁につづく）

観察	18	注入終了後，白湯を注入し，状態を観察することができる	① 指示された量の白湯をカテーテルチップシリンジで吸い，シリンジ内の空気を抜いたか					
			② 胃ろう（腸ろう）チューブにカテーテルチップシリンジを接続し，ゆっくり白湯を注入したか					
			③ カテーテルチップシリンジをはずし，胃ろう（腸ろう）チューブのふたを閉めたか					
			④ 終了時刻を確認したか					
			⑤ 全身状態に異常がないかを観察し，異変がないかを本人に確認したか					
報告	19	注入後，利用者の状態を観察し，看護職に報告することができる	① 利用者の全身状態を観察したか					
			② 終了後に異常がなければ，本人の意向に合わせて体位を変える，またはベッドの頭部を下げるなどを行い，姿勢を整えたか					
			③ 衣類やベッド周囲の環境を整えたか					
			④ 実施内容，実施前・中・後の観察内容を報告したか					
	20	ヒヤリハット・アクシデントを看護職に報告することができる	通常とは異なる利用者の変化や，手順のミスがあった場合，報告・連絡・相談したか					
片づけ	21	環境を汚染させないよう使用物品を速やかに片づけることができる	① 中性洗剤で洗浄し流水ですすぎ，その後，消毒し，消毒液を流水ですすいだ後に乾燥させたか					
			② 不足した物品を補充したか					
			③ 定められた場所へ片づけたか					
			④ ベッド周囲や洗い場など，実施場所周辺の環境汚染がないことを確認したか					
記録	22	実施記録を書くことができる	① 実施時刻，注入した栄養剤の種類・量，利用者の状態（全身状態，腹部症状の有無，利用者の訴えなど），実施者名を書いたか					

参考文献

- 厚生労働省：介護サービスの基盤強化のための介護保険法等の一部を改正する法律案（概要）．2011．
- 厚生労働省：社会保障制度改革の全体像．2014．
- 厚生労働省健康局長通知：医療ソーシャルワーカー業務指針．2002．
- 厚生労働省医政局長通知：介護職員等の実施する喀痰吸引等の取り扱いについて．2012．
- 厚生労働省医政局長通知：医療施設における院内感染の防止に関する通知．2005．
- 厚生省告示：地域保健対策の推進に関する基本的な指針〔第374号〕．1994．
- 厚生労働省チーム医療推進方策検討ワーキンググループ（チーム医療推進会議）：チーム医療推進のための基本的な考え方と実践的事例集．2011．
- 厚生労働省：高齢者介護施設における感染対策マニュアル．2012．
- 環境省大臣官房廃棄物・リサイクル対策部：感染性廃棄物処理法に基づく感染性廃棄物処理マニュアル．2012．
- 厚生労働省：平成23年 生活のしづらさなどに関する調査（全国在宅障害児・者等実態調査）結果．2013．
- 厚生労働統計協会：厚生の指標・国民の福祉と介護の動向．2013．
- 内閣府編：平成25年度版 高齢社会白書．2013．
- 内閣府編：平成25年度版 子ども・若者白書．2013．
- 社会福祉法人恩賜財団母子愛育会・日本子ども家庭総合研究所編：日本子ども資料年鑑2014．中央法規出版，2014．
- 社会保障の手引き－施策の概要と基礎資料〔平成24年度版〕．中央法規出版，2012．
- チーム医療の推進に関する検討会報告書：チーム医療の推進について．2010．
- 全国訪問看護事業協会：訪問看護と訪問介護の連携によるサービス提供のあり方についての調査研究事業報告書．2010．
- 日本訪問看護振興財団：医療的ケアを要する要介護高齢者の介護を担う家族介護者の実態と支援方策に関する調査研究事業報告書（平成23年度）．2011．
- 日本介護福祉士養成施設協会：医療的ケアに関する教育方法の手引き．2012．
- 後藤稠ほか編：最新医学大辞典．医歯薬出版社，1988．
- 相川直樹ほか編：医学大辞典〔第19版〕．南山堂，2006．
- 伊藤正夫・井村裕夫・高久史麿編：医学大辞典〔第2版〕．医学書院，2009．
- 見藤隆子・小玉香津子・菱沼典子編：看護学事典〔第1版〕．日本看護協会出版会，2003．
- 福井次矢・黒川清日本語版監修：ハリソン内科学〔第4版〕．メディカル・サイエンス・インターナショナル，2013．
- 伊藤道哉：医療の倫理資料集〔第2版〕．丸善出版，2013．
- 箕岡真子・稲葉一人編著：高齢者介ケアにおける介護倫理．医歯薬出版，2013．
- 小林寛伊監訳：医療保険施設における環境感染制御のためのCDCガイドライン．メディカ出版，2004．
- 押川眞喜子編著：在宅での感染対策．日本看護協会出版会，2010．
- 洪愛子編：院内感染予防必携ハンドブック〔第2版〕．中央法規出版，2013．
- セントケア・ホールディング：訪問介護のための医療的ケア．中央法規出版社，2012．
- 老人の専門医療を考える会編著：症状・疾病でわかる高齢者ケアブック．中央法規出版，2012．
- 角田直枝：実践できる在宅看護技術ガイド．学研メディカル秀潤社，2013．
- 村中陽子・玉木ミヨ子・川西恵美編著：看護ケアの根拠と技術〔第2版〕．医歯薬出版，2013．
- 藤本淳監修：ビジュアル解剖生理学．ヌーヴェルヒロカワ，2007．
- 佐伯由香・細谷安彦ほか：トートラ人体解剖生理学〔原書8版〕．丸善出版，2011．
- 藤本悦子編著：解剖生理学から見直す看護技術．学研メディカル秀潤社，2012．
- 川口有美子・小長谷百絵編著：在宅人工呼吸器ポケットマニュアル．医歯薬出版，2009．
- 道又元裕ほか編：人工呼吸管理実践ガイド．照林社，2009．
- 布宮伸・茂呂悦子：見てわかる医療スタッフのための痰の吸引．学研メディカル秀潤社，2012．
- 日本呼吸療法医学会気管吸引ガイドライン改訂ワーキンググループ：気管吸引ガイドライン2013．2013．
- 合田文則編著：胃ろうケアのすべて．医歯薬出版，2011．
- 東口高志編：胃ろう（PEG）管理Q&A．総合医学社，2011．
- 奈良間美保編：小児臨床看護各論．医学書院，2013．

索 引

英数字

1回換気量	72
1ケア1手洗い	49
AED	129
ALS	63
ASL	130
BSL	129
COPD	63
CPR	129
KYT	125
PDCAサイクル	120
SaO_2	41
SHELL法	122
SpO_2	41

あ

アクシデント	118
圧迫壊死	107
圧迫解除	107
アラーム	72

い

医業	12
医行為	12
医行為範囲外	12
医師	26
意識消失	132
医師の指示書	17, 109
一次救命処置	129
医療ソーシャルワーカー	27
医療的ケアの定義	5
医療の倫理	32
医療廃棄物	58
医療法	21
医療保険制度	22
医療倫理4原則	32
イリリガートル	106
イリリガートル台	106
胃ろう	99
胃ろうチューブ	99
インシデント	118
インターフェイス	70
咽頭	62
インフォームドコンセント	33

う

うがい	49

え

栄養点滴チューブ	106
エプロン	54
演習評価	16

お

応急手当	131
嘔吐	102, 132
嘔吐物	58
悪寒	132
悪心・嘔吐	132
汚染	46

か

加圧バッグ	111
外呼吸	63
介護事故	119
介護職員等喀痰吸引等指示書	17, 18
介護の倫理	31
介護保険法	20
咳嗽反射	67
回復体位	195
ガウン	54
下気道	61
喀痰吸引	65
喀痰吸引等	5
喀痰吸引等研修	14
喀痰吸引の必要物品	82
拡張期血圧	41
ガス交換	63
学校教育法	24
家庭用吸引器	84

205

索引

カテーテルチップシリンジ	106
カフ	70
換気	62
換気モード	72
環境整備	57
看護師	26
患者の権利	32
感染	47
感染経路	47
感染源	47
感染症	47
感染性廃棄物	58
乾燥法	86
管理栄養士	27

き

気管	62
気管カニューレ	70
気管カニューレ内吸引	91
気管カニューレ内部吸引	67
気管カニューレ内部吸引用チューブ	84
気管支	62
危険予知訓練	125
起座呼吸	64
気道	61
気道異物除去	133
気道内圧	72
逆流	102
吸引圧	90
吸引器	83
吸引時間	90
吸引チューブ	83
吸引びん	93
吸気	61
吸気時間呼気時間比	72
救急蘇生法	129

急変時対応マニュアル	132
急変状態	42
筋萎縮性側索硬化症	63

く

クレンメ	110

け

経管栄養	94
経管栄養剤	100
経管栄養の必要物品	106
経管栄養法	98
経静脈栄養法	98
経鼻胃管の固定	99
経鼻経管栄養	99
経皮的動脈血酸素飽和度	41
計量カップ	106
下血	132
血圧測定	41
血液	58
健康状態の観察	37
言語聴覚士	27
顕性感染	47
健側	39
権利	31

こ

後期高齢者医療制度	22
口腔	62
口腔ケア	80
口腔内吸引	67, 90
口腔用チューブ	84
喉頭	62
喉頭蓋	62
高齢者の医療の確保に関する法律	22
誤嚥	102
ゴーグル	54
呼気	61
呼吸	61
呼吸音	63
呼吸回数	72
呼吸器官	61
呼吸困難	63
呼吸数	63
呼吸数の測定	40
呼吸の速さ，深さ	63
呼吸のリズム	63
呼吸不全	69
告知	33
個人情報の保護	35
個人防護具	54
子どもの吸引の目安	115

さ

最高血圧	41
在宅医療廃棄物	59
最低血圧	41
作業療法士	27
酸素飽和度	65

し

シェル法	122
事故報告	128
事前指示書	132
実質的違法性阻却	10
実地研修	16
指導看護師	16
自動体外式除細動器	129

社会福祉士及び	
介護福祉士法	11
社会保障制度改革	
プログラム法	25
収縮期血圧	41
宿主	47
出血	132
守秘義務	35
障害者児	7
障害支援区分	24
障害者	7
障害者総合支援法	7, 23
消化器	95
消化態栄養剤	100
上気道	61
消毒	50
消毒薬	51
職域保険	22
除細動	129
自立	31
人工呼吸器	71
人工呼吸療法	69
人工鼻	72
心室細動	129
浸漬法	86
侵襲的人工呼吸療法	69
身体障害者	7
心肺蘇生法	129

す

スキントラブル	102
スクイージング	80
スタンダードプリコー	
ション	48

せ

生活支援	13, 29
清潔	46
精神障害者	7
清掃	57
成分栄養剤	100
摂食・嚥下のメカニズム	95
接続チューブ	106
説明と同意	33
洗濯	57

そ

尊厳	31

た

第1号研修	15
第2号研修	15
第3号研修	15
体位ドレナージ	80
体温計	38
体温測定	38
唾液	58
痰	65, 66
ダンピング症候群	101

ち

チアノーゼ	65
地域包括ケアシステム	3
地域包括ケア病棟	22
地域保険	22
地域保健法	24
地域連携クリティカルパス	22
チーム医療	24
窒息	133

知的障害者	7
チューブ型バルーン	99
チューブ型バンパー	99
チューブの固定	107
腸ろう	100

つ

通水	90

て

手洗い	49
抵抗力増進	47
滴下速度	109
手袋	55
電動ポータブル吸引器	83

と

頭部後屈顎先挙上法	195
動脈圧	41
動脈血酸素飽和度	41
当面のやむを得ない必要な	
措置	9
登録喀痰吸引等事業者	17
登録特定行為事業者	17
特別支援学校	8
吐血	132
ドリップチャンバー	109

な

内呼吸	63
難病	7

に

二次救命処置	130

の

濃厚流動食	100
膿盆	106

は

肺	62
排泄物	58
バイタルサイン	38, 42
背部叩打法	133
肺胞	62
ハイムリック法	133
拍出	39
拍動	39
発達障害者	7
発熱	132
ハッフィング	80
鼻マスク	70
パルスオキシメータ	41
半固形化栄養剤	100, 105
半消化態栄養剤	100

ひ

鼻腔	62
鼻腔内吸引	67, 90
鼻腔内用チューブ	84
非侵襲的人工呼吸療法	69
秘密保持義務	35
非滅菌手袋	55
ヒヤリハット	118
病原微生物	47
標準予防策	48
日和見感染	50

ふ

フェイスマスク	70
腹部突き上げ法	133
不潔	46
不顕性感染	47
プロセス評価	16

へ

扁桃	62

ほ

包括的ケア	3
ボタン型バルーン	99
ボタン型バンパー	99

ま

マスク	54, 70
マネジメント	118
慢性閉塞性肺疾患	63

み

ミキサー食	100
脈拍測定	39

む

無菌	50
無停電電源	71

め

滅菌	50
滅菌手袋	55
滅菌物	51

よ

要介護等認定等基準時間	21
予防接種	53

り

理学療法士	27
リスク	118
リスクの3要因	119
リビングウィル	34
流動食	100
利用者の権利	32
臨床工学技士	27
倫理	31

れ

連結管	89

わ

ワクチン	53

〔編著者〕　　　　　　　　　　　　　　　　　〔執筆分担〕
柊崎 京子（ふきざき きょうこ）　帝京科学大学　　　第1章, 第2章, 第5章, 第10章〔解説編Ⅰ・演習 編集責任〕
荏原 順子（えばら じゅんこ）　目白大学　　　　　　第12章,〔解説編Ⅲ 編集責任〕

〔執筆者〕
松沼 記代（まつぬま きよ）　高崎健康福祉大学　　　第3章
関谷 栄子（せきや えいこ）　元・白梅学園大学　　　第4章
吉賀 成子（よしが しげこ）　帝京科学大学　　　　　第4章
遠藤 由美子（えんどう ゆみこ）　聖ヶ丘教育福祉専門学校　第6章
倉持 有希子（くらもち ゆきこ）　東京YMCA医療福祉専門学校　第6章, 第8章, 演習：喀痰吸引,〔演習 編集責任〕
中島 たまみ（なかしま たまみ）　日本教育福祉専門学校　第6章
人見 優子（ひとみ ゆうこ）　元・貞静学園短期大学　　第6章, 演習：経管栄養,〔演習 編集責任〕
楠永 敏恵（くすなが としえ）　帝京科学大学　　　　　第7章
小林 結美（こばやし ゆみ）　世田谷福祉専門学校　　第7章,〔解説編Ⅱ 編集責任〕
斎藤 千秋（さいとう ちあき）　元・東京国際福祉専門学校　第7章
佐野 雪江（さの ゆきえ）　前橋医療福祉専門学校　　第7章
戸田 恭子（とだ きょうこ）　元・東京国際福祉専門学校　第7章
福沢 節子（ふくざわ せつこ）　帝京科学大学　　　　　第7章
初鹿 静江（はつしか しずえ）　聖徳大学　　　　　　　第8章
佐藤 富士子（さとう ふじこ）　大妻女子大学　　　　　第9章
土川 洋子（つちかわ ようこ）　白梅学園大学　　　　第9章, 第11章,〔解説編Ⅱ 編集責任〕
山岡 幸子（やまおか さちこ）　徳山大学　　　　　　　第9章
西方 規恵（にしかた のりえ）　白梅学園大学　　　　　第10章
功刀 仁子（くぬぎ にこ）　東京国際福祉専門学校　　第11章
野中 和代（のなか かずよ）　元・高崎健康福祉大学　　第11章
加藤 英池子（かとう えいこ）　浦和大学短期大学部　第13章, 演習：救急蘇生法

〔コラム・事例執筆者〕
福井 幾子（ふくい いくこ）　元・原町小規模多機能居宅介護センター　第4章 事例①
朴 美蘭（ぱく みらん）　元・千住介護福祉専門学校　第4章 事例②
龍 良子（りゅう りょうこ）　社会福祉法人すこやか福祉会　第7章 事例
大橋 千枝（おおはし ちえ）　訪問介護事業所桔梗　　第10章 コラム
原 梨沙（はら りさ）　　　　　　　　　　　　　　　第11章 事例

〔DVD製作スタッフ〕
西尾 典洋（にしお のりひろ）　目白大学社会学部メディア表現学科
荏原 順子, 倉持 有希子, 小林 結美, 人見 優子, 柊崎 京子

〔DVD製作協力〕
NPO法人自立生活センター・東大和

介護福祉士養成課程・介護職員等のための
医療的ケア

2015年（平成27年）2月25日　初版発行
2017年（平成29年）12月1日　第2刷発行

編著者　柊﨑　京　子

　　　　荏　原　順　子

発行者　筑　紫　和　男

発行所　株式会社 建帛社 KENPAKUSHA

〒112-0011　東京都文京区千石4丁目2番15号
　　　　　　TEL（03）3944-2611
　　　　　　FAX（03）3946-4377
　　　　　　http://www.kenpakusha.co.jp/

ISBN 978-4-7679-3376-4　C3036　　エイド出版／プロスト／愛千製本所
©柊﨑，荏原ほか，2015.　　　　　　Printed in Japan
（定価はカバーに表示してあります）

本書の複製権・翻訳権・上映権・公衆送信権等は株式会社建帛社が保有します。

JCOPY 〈出版者著作権管理機構　委託出版物〉

本書の無断複製は著作権法上での例外を除き禁じられています。複製される場合は，そのつど事前に，出版者著作権管理機構（TEL03-3513-6969，FAX03-3513-6979，e-mail：info@jcopy.or.jp）の許諾を得て下さい。